パワースポットがわかる本

松村 潔

はじめに

ここ数年は世の中ではパワースポットのブームが続いていました。私はアマゾンでパワースポットの名のついた本を手に入るかぎり、すべて手に入れてみましたが、パワースポットの定義は今一つわかりませんでした。基本的には体験的なものが多かったように思います。

また、一般的によく知られている神社とか有名な場所を紹介していることが多く、珍しい場所はあまり出てきませんでした。

これらを読んでみて、本書では「パワースポットはだいたいどんな構造なのか」ということについても触れてみたいと考えました。実は、この本を書く前に、トランシット占星術の本を書いた（『トランシット占星術』説話社）のですが、占星術では、天の配置は考えたとしても、「土地のどこ」ということに関しては全く触れることはないということを再認識しました。占星術が純粋に天の力を引き込むための道具だとしたら、パワースポットはもちろん大地の力そのものを表しています。この両方を組み合わせると、より理想的なものに近づくという点で、占星術と同じくらい、土地の力についても理論的に考える必要があるとも思いました。

この理論的に考えるという時に一般の科学的な方法を活用することに意味があるのかどうかはまだわかりません。物質を扱うことにもっぱら集中的に取り組んでいる体系では、パワースポットの意義についてはほとんど明らかにされることはないかもしれないからです。

基本的には、大地は人間個人よりも大きく、広大な領域を表しています。ある時代から人間個人が閉じこもり、人間だけの幸福や満足を追求するようになってから、この人間よりも巨大な大地というものに対しても、人間との関係を切り離して考えるようになってきたと思います。

「開発」という名の下での環境破壊は、大地を生きたものとはみなしていないことからきています。ある時代には、人間以外はみな生き物ではないと考えられていたので、それはしようがないことかもしれません。

これはとてももったいないことで、食物などの物資だけでなく、人間は心理的・精神的な面でも、大地や環境から大きく力を受け取っています。上から下に、大から小に力が流れ込んでくるように、大地から人間にチャージされているものがたくさんあります。この中で特に強力な場というのがパワースポットですが、程度というものがあり、やたらに強い場所の力は人間には役立たないし、使うことができません。

人の活動にとってほどほどの、そこそこの強い力が与えられる場所というのが、適切な力の場だということになります。たいていエネルギーのチャージの場所というのは物質的には脆弱で不安定です。そして異なる次元とか異なる世界とのつなぎ目になることが多いので、そこでは奇異な現象が増えることになります。

人の多く住む都市は基本的にパワースポットであってはならず、むしろかなり特徴のない場所の方が適しています。パワースポットの場所はあまり人が多く住んでおらず、時々そこを人が訪ねてくるというのがよいのかもしれません。聖地というものは、人が密集していません。それがもともとの姿なのでしょう。これは異界との接点になりやすいという意味では、そのような場所に都市を作ると、生活は混乱してしまうからです。

折口信夫は古代の日本は、夏至と冬至が死者との接点であるとみなしていたといいます。これは昼と夜の長さが最も不均衡になるポイントで、この陰陽のアンバランスの時に、次元の扉が開くのです。


「タマフリの儀式」というのがありますが、これは空中に偏在するエネルギーを吸引してより力強くなることを表し、その時に、「タマ」を大きく揺らすのです。タマは神という概念が生まれる前の時代では、よりトータルな命を意味していました。陰陽極端な「フリ」は、どきどきするような強い興奮を伴い、感情の高揚はピークに達します。感情の盛り上がりが極端になるのは夏至で、これは蟹座です。吸引された力を身体に封じ込めるのは冬至の力で、これは山羊座に対応します。古代の日本というのは、かなり激しい気質で、その象徴は赤色でした。

仏教が伝来すると、これは春分と秋分の陰陽が均衡し、ゼロ状態になる世界観を提示し、日本ではこの二つの流れが合流することになりました。仏教は穏やかな興奮しない性質で、それは色でいえば黄金色、あるいは黄色でした。夏至と冬至の力は、極端な興奮によって異次元と接点を持つこと。春分と秋分は、陰陽中和の、何もない無の気持ちの中で興奮作用を鎮めて、浄土との扉が開くという対比があるのです。

地上のレイラインやエネルギーのグリッドは、基本的にはこの春分と秋分、夏至と冬至の接点を作り出す場所をなぞっています。そこからは外部的なものが侵入しやすいので、そこを守護して、生活を守るということもあります。

春分と秋分の時に太陽は東西を貫きます。また夏至と冬至には、日の出・日没は、東西ラインに対してそれぞれおよそ三十度傾斜することになります。この北と南へそれぞれ三十度の傾斜をしたラインを合計すると、内角六十度の正三角形の図が出来上がり、地上に籠目状のラインが走ることになります。


ＵＦＯが発着する場所は、地図に三角形を描いた地点であるという話を、昔聞いたことがありますが、古い時代ならばマレビトや死霊、怪異なものですが、現代ならばそこにＵＦＯを加えてもよいのかもしれません。パワースポットはいつもの場所よりも力が強い場所であり、それはよその次元から持ち込まないかぎりは果たせないので、そこは変わったことが起こるラインだというわけです。

私たちがこれらにあまり敏感でなくなったのは、人と人の関係に熱中しすぎて、人の世界が環境から孤立したことからきています。例えば、人間には内面があると思われていますが、実際にそれがあるというよりも、盛んに興味を集中し続けたらあるように見えるという類のものです。

人は予想以上に土地の影響を受けていて、引っ越ししたとたんに職種が変わったり、考え方が変化したり、対人関係の地図ががらっと様変わりしたりします。まるで土地の力を吸い上げる装置が人間であるかのようで、場所をそのまま映す鏡のような面もあるのです。しかしそれに気がつかず無意識なままということもあります。変化があっても、変化があったということを見て取れるような大きな視点からものを見ていないということもあります。

西欧人は、基本的に人間には変わらない「個」があると信じています。だから内面もあると信じています。しかし、日本人にはそのような個はありません。そして内面もありません。その点では大地や環境などにも強く影響を受けやすいでしょう。それをもう一度思い出してみると、パワースポットを上手に利用できる人になることはいうまでもありません。

まずは自分の定番的な、お気に入りのパワースポットを選ぶのがよいでしょう。人によって一つだけということもあれば、二〜三箇所ありますという場合もあるでしょう。

私は水晶球透視の練習会をしていますが、この参加者には、特定の自分の力の場を探すことを勧めています。水晶は地球のエネルギーのグリッドに接続するためのまるで携帯電話のようなものですが、その人のパワースポットはこの地球のグリッドに接続するのに、さらに便利な場所で、いずれそれは、その人自身の所属する魂の源流に接続されるきっかけになります。猫の集会のように時々出かけては、そこでチャージするのがよいのです。その場所に行くと精神状態が変わります。

考えることも、気持ちも、時には体調も変わるでしょう。非常に長い期間にわたって、それはあなたの活動に貢献することになるでしょう。

もくじ

第一章

パワースポットとは何か？

chapter 1

1 大地のエネルギーライン

土地の精霊であるゲニウス・ロキ

ここ数年パワースポットというものが流行しています。といっても、一部の間ではパワースポットというのはいつの時代でも強い関心を持たれてきましたから、いつでも話題に上がるテーマです。

ヨーロッパでは、昔から土地にはその土地特有の「ゲニウス・ロキ（精霊）」というものがあり、土地を加工する時には、それに合う形で整地したり、建築をしたりしなくてはならないという考えがありました。そのため現代でも、ゲニウス・ロキという言葉は建築関係の本で登場してくる言葉でもあります。

日本でこのゲニウス・ロキについて強く関心を抱き、研究していた人に建築家の鈴木博之が知られています。鈴木博之の著作の一つに『都市のかなしみ―建築百年のかたち』（中央公論新社）がありますが、ここでいう「かなしみ」は、悲しいという意味ではなく、本居宣長のいう「あはれ」と似たような響きがありますから、土地には独特のトーンがあるのだということなのでしょう。

日本では高度経済成長期に、「開発」という名の下に、土地の景観を破壊していく行為が続いていました。例えば一九四〇年、秋田県の田沢湖は、発電所を作るために強酸性の水が入り込み、固有種のクニマスは絶滅し、魚類はほぼ死滅してしまいました。日本中でこのようなことが起こったのですが、今は少しずつ、土地の特徴を取り戻そうという意識も芽生えてきました。川も綺麗になり、魚も戻りつつあります。しかしその反面、全くそういうことを意に介さず、外資系のメーカーのテナントの入るビルを続々と建築するという姿勢も生き残っています。

気分が良いのも悪いのもその場の空気

本来、土地というものはどこもみな個性があり、どこも同じではありません。何かその場特有の活気があり、そこに行く人が元気になる場所というものもあれば、反対に、そこに行くと急に気分が暗くなり、また精神状態に乱れの出る場所もあります。さらに超越的になれる場所もあります。

どのような地域でも、「倒産通り」と名づけられているような道があり、半年ごとに店舗が変わるがやはり客が来ないというような名物の場所もある一方で、反対に本当に安らぐ気分の良い場所も確実にあります。そして町に住んでいる人のタイプは、たいていその町の個性と適合している気がします。

電車で毎日通勤している人は、ある場所を通過すると、いつも決まって気分が変動することを不思議に思うかもしれません。何かに夢中になっていると気がつかないけれど、リラックスしている時には、必ず気がつく空気の変化のようなものです。

- ある場所に来ると同じ歌を思い出す。
- ある場所に来ると急に怒りや否定的な感情が強まる。
- ある場所に来ると過去のことを思い出してしまう。
- 平坦なコースなのにまるで峠を越えるように苦しい一瞬がある。
- ある場所に来ると楽天的になり、どんなこともどうでもよくなってしまう。
- この角を曲がった瞬間にいつもこうなってしまう。

注意深くしていると、そのような規則的に同じ変化を起こす場所があることに気がつくはずです。自分の思いから離れることができる、つまりある程度広い視野に立つことができたら、場の個性や雰囲気、匂いがみな違うことに容易に気がつきます。

土地の影響力は予想外に強いので、引っ越ししてしまうと、することも変化してしまいますから、同じ仕事をずっと続けたい人は、なかなか引っ越ししません。

土地にはさまざまな特徴あるパワーが満ちている

ゲニウス・ロキという言葉を建築分野で初めて使った人は、十八世紀のイギリスの詩人、アレキサンダー・ポープだそうです。ポープは『書簡集4』「バーリントン卿への書簡」で、「すべてにおいて、その場所のゲニウスに相談せよ。それは水を昇らせるべきか落とすべきかを告げてくれる。丘が意気揚々と天高くそびえるのを助けるべきか、谷を掘って丸い劇場にするべきかを教えてくれる。」(「文士・事物起源探求家松永英明の絵分録ことのは」〈http://www.kotono8.com/7〉)と書いています。

土地は、さまざまな特徴のある生命的なパワーが満ちています。いろいろな種類のパワーがあるのです。今、マスコミなどで使われる「パワースポット」という言葉が示しているのは、そこに行くと等しく運が良くなったりする場所のことです。

しかしそれだと都合が良すぎたり、また単純すぎる気もします。つまり豪華なホテルのビュッフェに行っても、カレーライスしか食べない人に似ています。私たちの感情がもっとバラエティーを持つことができたら、土地にはさまざまなパワーとか個性があるのだから、いろいろな特徴のある場所に興味を持つはずです。

昔から神社はパワースポットだと思われています。パワースポットの本には神社ばかりが登場します。神社の効能としては、交通安全や開運類などがあります。それ以外にも効果があります。

・多くの人が訪れる場所であり、集団的なものに参加できる気持ちが刺激される。
・お祭りに行ったような気分になれる。
・元気になる。
・願いが叶う。
・人生のスケールが大きくなって、小さなことを気にしなくなる。
・視野が大きくなる。
・悩み事や迷いが整理される。
・自分にとって落ち着ける場所で気分が良い。

・いつも行かない場所なので、かえって新鮮な気持ちになり、生活が刷新できる。
・自分の生きる目的は何だったかをはっと思い出す。あるいは発見する。
・夢のある人生を歩むことができる。
・対人関係が円滑になる。
・頭が良くなる。
・お金が儲かるようになってくる。

これらは気のせいでなく、ちゃんとやり方さえ正しければ、神社の効果というのは確実に出てくると思います。

不幸に思えたものも後で幸運であるとわかる

たいてい私たちは、個人としてある程度閉鎖的な生活をしています。外部の多くを敵とみなし、警戒しながら生きています。

死ぬ気でがんばったりする人以外は人並みに就職して、結婚したり、家を建てたり、子供を育てたりというくらいで、びっくりするほどダイナミックな人生を展開するということはありませんし、それを望んでもいません。

パワースポットというのは、このいつもの自分以上の何かを期待していくか、あるいはマイナスをカバーするために行くものだと思うのですが、パワースポットに行くということは、心を開いて、そこで一人の個人として閉鎖的に生きる時よりも強い活力とオープンな姿勢を手にすることだと思います。

この、いつもの自分よりも水位の高いエネルギーをパワースポットで受け取った場合、一見すると否定的に見える効果も出てきます。

例えば、自分が隠していることが人にも自分にも表面化してきた。その結果として軽い人格クラッシュが起きやすくなる。しかし後で考えてみると、それが起きて良かったと感じるという体験も多いと思います。

つまり人生を開くには、心を開き、もっと器を大きくしないといけない。その人の人生は、その人の性格と似ています。だから、人生を変えるには性格もそれなりに変わっていくことを伴います。となると、器を小さくしている原因である細かい利害にこだわる姿勢から手を離す必要があり、手を離すと、ちょっとした何かを失うのです。

これらは、運が上がるためには必要な経過だったことがほとんどです。心理学者のカール・グスタフ・ユングは、幸運かどうかは誰にも判断できないといっています。その場で不幸に見えたものは、後でもっと大きな幸運を導く場合もあります。

小さな例かもしれませんが、オークションで目指す品物が落札できなくてへこんでいたら、その直後に、同じ欲しい品物が出品され、予定よりもはるかに安く手に入ったということがあったとします。このためには直前には落札できない方がよかったということになります。

気持ちが良い、居心地が良いというのは人によって違います。自分よりも大きな力の前にいると、不安や怖いという気持ちも刺激されます。しかし慣れてくると、それは気持ち良い、リラックスできるということに変わることも多いのです。

都会に住んでいると、真の暗闇とか真の静寂を体験できなくなります。それが当たり前になってしまうと、ある時に離れ小島に旅行に行ったりすると、本当に静かで暗い場所を体験して、驚くとともに、ちょっとした恐怖を感じることもあります。しかしそれも一日、二日と経過すると、馴染んでしまい、落ち着く結果になるのです。

このことを考えた場合、誰にとっても気持ち良い場所や元気になれる場所というのは、実はそんなにないかもしれませんが、誰にとってもパワーのある場所というのは、存在していると思います。そしてそれに触れることで、人生の展開に大きく役立てることができる、というのはいつの時代でもいえることだと思います。

chapter 1

2 天・地・人

パワースポットとは日本でいう神様のこと

私は本書を書くに当たって、今、出回っているパワースポットの本を手に入るかぎり読んでみました。たいていパワースポットは圧倒的に神社や寺などが多いようです。また、滝や湖、池など潤いのある場所。自然を感じさせる山や岩場。植物が豊かな所なども該当する場所として挙げられています。

霊能者の福山ていしんは、神と人の念が融合する場所をパワースポットと定義しています。パワースポットのパワーとは、インドではプラナであり、中国の風水では気、日本では神の力といえます。つまり日本では神様という言い方をした方が自然なのだそうです。

もちろん、ゲニウス・ロキもあります。鈴木博之は、ある時期からこれを「地霊」と訳すようになったようです。

私は十年前くらいに、クリスチャン・ノルベルグ＝シュルツの『ゲニウス・ロキ―建築の現象学をめざして』（加藤邦男・田崎祐生訳）がどうして欲しくて、版元である住まいの図書館出版局まで行って食い下がったのですが、今でも手に入れることができないままです。この本には毛綱毅曠《もづなきこう》・鈴木博之・松岡正剛の鼎談も収録されていて貴重なものだったのですが、多分その頃、ゲニウス・ロキのことを話題にする人が少なすぎたのでしょう。すぐに絶版になってしまったのです。

天の力を降ろした場所がパワースポット

パワースポットの仕組みとしてよくいわれるのは、「天・地・人」という三層構造です。これは天というのが、宇宙から降りてくる影響力です。占星術は、たいてい太陽系の惑星などを扱いますから、これも天から降りてくる影響力をもっぱら扱っていますが、しかし古代とか、あるいはまた伝説の場所では、占星術で活用する太陽系の惑星を通り越して、太陽系の外の星座や恒星などに関係する場所が頻繁に出てきます。今日の占星術ではこうした星座も恒星も使うことはありません。生まれ星座というのはサインであって星座とは違うものです。

例えば、大和の二上山はカシオペアに似ているといわれています。言い換えると、カシオペアは天の二上山といわれることになり、そこには似た作用があるといわれることになります。京都にある細川勝元が建立した龍安寺の石庭に置かれた十五個の石は、カシオペア座を地上に移し替えた「宇宙の庭」だったという説は有名です（明石散人『龍安寺石庭の謎』講談社）。

宇宙的な影響と山を結びつけることはよくされていますが、これがパワースポットの天と関係した場所、天の力を降ろした場所といえるのです。富士山や伊勢神宮の裏手の朝熊山は、シリウスの力を受け止める場所だといわれています。

古い時代には、異次元との接点は山、寺、神社、河原など決まった場所があり、修行者のステレオタイプとして、山で修行していると、そこに古老が現れ、奥義を教えてくれるというのがあります。山の頂上は遠いものを受け取る特別な場所だったのです。

日本ではよく人工山があるといわれます。ちょっとだけ作り変えただけの花崗岩の山です。円錐形の山などもそうかもしれません。古代にはこうした天の力を受け止めるための遺跡というものがあり、それが造営されたのがいつなのか、歳差活動から計算する宇宙考古学という分野も出てきたりしました。

文字通りこのパワースポットに行くと、天空の力を受け止めます。私はタロットカードに親しんでいますから、このような天空の力を受けるカードとしては、大アルカナの星のカードというものを思い浮かべます。日本の神話の天宇受賣命《あめのうずめ》や羽衣伝説と通底するカードです。

イスラエル・リガリディーという研究家はこのカードを「天空の娘。海の狭間に住む者」という言い方をしていますが、上空には北斗七星が描かれ、古い日本や韓国、中国には北辰《ほくしん》信仰がありましたから、各地に、北斗七星や北極星にまつわる場所や地名が残されています。

私が幼児の頃から十年以上住んでいた場所は、山口県の下松市というところです。これは「くだまつ」と読みます。推古天皇（五九五年）の頃に、鷲頭庄青柳浦《わしづのしょうあおやぎのうら》の松に北辰星が降りて、七日七夜光輝き、「百済の皇子がこの地へやって来る」というお告げをしたという伝説があります。三年後に百済からやってきたのは琳聖太子《りんしょうたいし》で、ここから「星が降りる松」つまり「下松」の名前の由来になったといわれています。もう一つの説は、百済の琳聖太子が渡来してから、百済と貿易する港としての百済津《くだらつ》が、くだまつになまったという説です。

こうした伝承のある場所も、やはり天との接点を持つパワースポットと考えてもよいでしょう。

各地の伝説の洞窟にはエネルギーが充満している

地の場所。これは天の場所に似ていますが、天が父的なものなら、地は母的なものです。地球自身が持つ生命力を表しているという話になりますが、この場合、地球に対して太陽の力が強く影響を持ち込んだ場所ということになります。

いわゆるレイラインも、地の場所に無関係とみなすことはできません。このレイラインというのは、大地をくまなく走る太陽光線の道筋のラインで、その線上に神社や寺、聖地などがくまなく配置されているという話です。つまりかつてこのレイラインに関して詳しい知識を持った人々がいて、彼らが意図的に配置したという話になります。例えば、三内丸山遺跡は青森県青森市の郊外にあり、縄文時代前期の中頃から中期の末葉（五五〇〇年前から四千年前）の大規模集落跡だといわれています。ここには六つの穴でできた長方形があり、長軸方向は冬至の日没と夏至の日の出方向にぴったりと照準を合わせて作られていて、その先に岩木山などがフォーカスされています。

これらは人工的に設計されたものですが、ゲニウス・ロキを壊さないように作られているので、そこにはやはり地の場所という条件も生かされています。地の力の場所は、天の力を受け止めるための場所でもあります。とりわけ窪みやへこみなどが多く、地形は複雑になります。また地下水脈があるとか、水に関係した場所も多くなります。これは風火水土という四元素の考えであれば、天が風と火だとすると、地は水と土です。

富士山の麓にある青木ヶ原樹海にはたくさんの洞窟があります。青木ヶ原に隠遁していた、知り合いの日蓮宗系指導者は、この洞窟の中でビールを冷やしていました。

富士山は木花咲耶姫《このはなのさくやびめ》と結びつけられていて、この富士山の近くの洞窟は、コノハナノサクヤビメの子宮だといわれました。

熊は冬眠して異次元をさまようところから、シャーマンのシンボルだといわれています。シャーマンの修行は、この熊のように身体が仮死状態になり、異次元に旅することが基本のようです。それに洞窟はフィットしています。

上九一色村の人穴は、その昔、富士講の開祖である藤原角行《ふじわらかくぎょう》が修行した場所で、角行という名前も、洞窟の中で木の角材の上に片足の親指で立って瞑想していたというところから取ったといわれています。そして夢の中に役行者《えんのぎょうじゃ》が現れていろいろ指示をしたといわれます。こうしたところでは著しく集中力が高まり、固めることや凝縮させることに効果があるようです。こうした閉じ込められた狭い空間も、地の場所の代表だと思えます。

江ノ島にも洞窟があります。江島神社は、欽明《きんめい》天皇十三年（五五二年）に、勅命によって島の岩屋（洞窟）に宮を建てたのが始まりなので、実はこの岩屋の中の小さな神社こそが本物ということになりますが、ここも弁財天の子宮だといわれていて、日本では洞窟＝子宮説は常識です。

男性の場合、仕事に成功してお金持ちになった人の中には、車に熱中する人がいるそうです。この車というのは、個人のパーソナルな空間で静かなシェルのような性質があり、これも子宮説が成り立ちます。しかし車は大自然から切り離されており、ほんの小さなものですから、本当に力を溜め込みパワーチャージしたいのなら、各地の伝説の洞窟が圧倒的に強力なのではないでしょうか。

人の膨大な集団が影響を与えることもある

人の作り出したパワースポットというのは、集団的な意識が作り出したものです。これは長い期間にたくさんの人が訪れて、その集団的な記憶が個人に働きかけるものです。

日頃は銀行の頭取で、お休みの日には魔術師をしていた日曜魔術師といわれたウォルター・アーネスト・バトラーという人は、これを集団的な「エグレゴレ」と呼び、荘厳な宗教施設はこの集団的な力によって、壮大なオーラが形成されると説明しています。

有名な神社などはみなこの効果を持っています。例えば、出雲大社や伊勢神宮などは、これまでの歴史の中で、参拝者の累積の人数は想像を絶するものです。このような時には、当初はそこが全くのところ意味のない場所であったとしても、影響力は甚大なものを持つでしょう。しかし、たいていこのような場所でも天と地の力は一緒に組み込まれていることが多いはずで、人の集団的な影響のみが単独に働く場所というのはそう多くはないのではないでしょうか。

人の作り出したパワースポットは、いわば集団幻覚の場所です。伊勢神宮には大量に人が押し寄せますが、一方で元伊勢といわれる大江山の場所は、あまり人が来ません。そもそも、一時間に一本しかない電車に乗り遅れると、また一時間待たねばならず、けっこう不便な場所にあります。私はこの電車を発車直前で止めて乗り込んだので、運転手の人から二度としないでくださいといわれたことがあります。そうでもしないとまた一時間待たなくてはならないのです。伊勢神宮と比較して、私はどちらかというとこの元伊勢の方が好きです。このような場所では、人の作り出したパワーというのはあまり効いていないかもしれません。

ただし、伝説や伝承というのは、人の集団が作り出し、受け継いできました。下松市が星降る街といわれているのも、それを伝えてきた多くの人がいることになります。これは人の力が組み合わさっていると考えてもよいでしょう。

墓地としてのパワースポットというものもあります。

西欧では、狐は生と死の境界線を行き来する動物だといわれていました。

同じく日本では稲荷神社は、元は墓地の場所に作られることが多いのです。稲荷神社の中には何とも異様な、この世あらざる雰囲気に作られている場所がたくさんあります。墓地というのは、意識と集団無意識の境界線の意味もあり、大脳辺縁系を刺激し、何か願い事を持って行くと実現する力があります。実は、稲荷神社も同じです。つまり意識していた目的を無意識の中に打ち込み、その後忘れてしまうと、集団無意識の力によって、その言葉が形になっていくというものです。これは天・地・人というよりも、ある意味、境界線のもの、つなぐものと考えてもよいかもしれませんが、どちらかというと地に属するものでしょう。

稲荷は土地神であり、それはブースターなので、特定の神道の神に属していません。そのためどんな神社でも、稲荷社を組み込むことができるのです。

３ スポットの組み合わせによる影響

島と湖、山と湖のセットには高い浄化作用がある

天には山が、地には窪みと水が関係しやすいといいましたが、日本では山と周囲の水のセットというのが実はかなり重視されています。湖の中の神社や周囲が水の場所の山、あるいは海の中に飛び出した島、富士五湖に取り囲まれた富士山などです。

これは山が男性的なもので、水が女性的な受容性という落差を利用しています。その二つの交流はプラスとマイナスの接触、つまりは陰陽のリズミカルな交流があるということを示しています。ここでは巫女さんが働く一つの儀式の場となります。例えば、古代の巫女の墓といわれる箸墓でも、その傍には小さな湖が作られています。突出した山とへこみの中にある水。この二つの落差は、精神作用として強い振幅をかけつつ、そこで高い浄化作用をもたらすので、このような場所を訪れてみるのもよいのではないでしょうか。

日本で最も有名なパワースポットの一つである広島の厳島神社は、島全体が神社で、こ

こではやはり日常の生活のことを忘れてしまう効果がはっきりと働いています。そして島と海という二つの落差のある交流の中で、日頃の雑念が消えていき、整理・整頓と力づけというのが起こります。この島と海、山と湖のセットは膨大にありますから、そのシリーズだけを狙って日本全国を旅するのもよいことだと思います。

山があることで水の情念が昇華される

湖というのは、情念や愛欲などの「水っぽい」ものに関係しますから、その周囲にはよく愛欲に関係した伝説が残っています。

東京の新宿中央公園近くには、昔は十二社池《じゅうにそういけ》という池がありました。紀州熊野の神官の血筋の鈴木九郎重家は中野で「中野長者（朝日長者）」と呼ばれていました。重家は、蓄えた黄金を十二社熊野神社の辺りに埋めて、その場所を知る下人を殺して帰ってきました。下人のたたりなのか、重家の娘小笹は婚礼の前日に蛇になってしまい、十二社池の上の溜井（大池、上池）である弁天池に身投げしたが遺体が発見できなかったといいます。重家は娘の入水で自分の強欲さを悔いて、春屋宗能禅師《しゅんおくそうのうぜんじ》に懺悔したのだそうです。この一帯は池の周囲に茶屋がありました。また明治以後、料亭や芸者置屋も数多く、花街として賑わっていたのです。強欲さという残留思念が残っているのか、この近くは今でも総会屋が集まる場所として知られていました。私もそういう人たちを見かけました。

しかし、この湖や池などの近くに山があると、それらは一気に天に昇華していくという作用が働き、この山と水が交互に働くことで、人に対して浄化的な影響があるということなのです。水は山が持ち込んだ天の力を実現化する力があり、山が溜め込んだ水の情念を昇華していくという作用です。理想と実現力です。

山だけの存在、あるいは湖や海などの水だけよりも、両方が組み合わされた場所というのは、二倍おいしい場所だといえるのです。

個人的な場と集団的な場

ところで、パワースポットには個人的パワースポットと集団的パワースポットがあります。個人には個人の個性や形成の歴史もあり、その人に特有の縁のある場所というものがあります。そしてそれは他の人にはピンとこないものもあります。

その背後に、今度は集団的な、多くの人に共有された場所というものがあります。この個人的な場所と集団的な場所は関係がありますが、自分だけの場所、そして多くの人に役立つ場所という両方を行き来することになると、それが正しい使い方ということにもなるでしょう。何といっても個人的に親しみがあり、縁がある場所は入りやすいのです。私だけの場所であり、そして多くの人に共有される場所。それは神社でいえば、その中でみんなと違う場所に行く、裏手のある場所に、本当の場所があるのだという意見になったりもします。

神社は建物の裏に山があることも多く、そこには磐座《いわくら》があります。歴史の中では、まずは磐座からから神を降ろし、依り代《よしろ》に取り憑かせ神事をしたのですが、神殿が常設される時代になって、信仰の対象が神社の建物に移っていきました。しかし古い神社であれば、境内に依り代として注連縄《しめなわ》が飾られた神木や霊石が置いてある場所もあり、また裏の山に磐座があることも多いのです。全く無視されている磐座もあり、それらを捜索するのもけっこう楽しいものです。

このような個人的な接点があると、それを夢に見たり、あなた特有の他の人にはない体験が加わってきますから、親近感がわき、それだけ強い力を発揮すると考えてもよいのです。人に教えたくない行きつけの場所というわけです。公共的で誰もが知っている場所は、多くの人に訴えかける放送局のような性質があり、願望実現が人がらみの場合には、集団的に知られている場所の方が優れています。

4 ソングライン

引っ越しをすると対人関係が変わる

パワースポットというと、何か特別な意味を持つ場所であり、限られた場所であると考えられていますが、実はどんな所もパワースポットです。

例えば、あなたは引っ越しした後で、仕事や対人関係ががらっと変わってしまったという体験をしたことがあるはずです。これは新しい引っ越し先の土地の個性があなたに影響を与えて、それまでのコースが変わってしまったということです。そのため、単に便利だからとか、たまたま見つけたから、という理由だけで引っ越ししてしまうと、せっかくそれまで続いていたものが終わってしまい、代わりに全く違うものが始まってしまったということが起きたりします。最も大きな影響を受けてしまうのは対人関係です。これはあなたが変わらなくても、相手の方があなたに抱く印象が変わってしまうこともあるからです。

私も相手が引っ越ししてしまったために、そして場所そのものはそんなに遠くなっていないのに、急に縁遠くなってしまったという体験が何度もあります。思い出すことが少なくなり、なぜか足が遠のくのです。

土地はどんな場所もパワースポットであり、違いは個性の違いです。うまく噛み合うとあなたの人生は成功します。

私はどこかに引っ越す時も、その土地との対話のような体験をします。夢の中で人物として出てきます。土地の象徴的な表現か、あるいはそこの管轄の神社の祭神のようなものが現れることもあります。自分で思い出してみると、一つの場所から次の場所に移る時には、物語の続きのような形で引き継がれていくことが多く、それは生活や仕事の変化と連動していて、結果として頭脳的に計画する形で引っ越しすることはそう多くないもので、何か土地に動かされているような引っ越しが多いようです。

原宿に引っ越した当日から、夢の中で『銀河鉄道９９９』に出てくるメーテルのような女性が現れました。はじめは数十メートル向こうにいたのですが、毎日、一メートルずつくらい夢の中で間合いを縮めてきて、最後の日に、布団の傍に触れたかと思った直後、後ろから羽交い締めにあいました。そして背後から耳の傍で囁かれたのですが、それは「なぜ、私を忘れたのか」という言葉でした。確かに私は二十年間原宿に近づかないようにしていたのです。これが原宿の土地の力のシンボル、あるいは大地母神《だいちぼしん》です。この女性に似たタイプの女性は原宿をよく歩いています。そういうタイプの人を土地が引き寄せるのです。その後、原宿の隣の千駄ヶ谷に移動しましたが、そこはお万の方に縁のある場所で、メーテルとお万の方は説明すると長くなるので書きませんが、地続きなのです。

ソングラインとはアカシックレコードのこと

オーストラリアのアボリジニの世界観では、大地には網の目のように歌が張り巡らされていて、その「ソングライン」を辿って移動するといわれています。それを世界に紹介したのは、作家のブルース・チャトウィンです。

ソングラインは、アボリジニの先祖の足跡を辿るルートマップ。そして天地創造の神話でもあるのです。あるいは法の道にして、情報としての財産とも。それを歌いつつさすらうのが、アボリジニの伝統的な風習なのですが、これを読んだ人は、これが宇宙的な記憶といわれる「アカシックレコード」のことをいっているのかと思う人は多いでしょう。そもそもアカシックの記録は、地球を網の目のように取り巻く地球グリッドそのものと結合しているともいわれ、それを図示している場合には、たいていこのグリッドは三角形の集積の形をしています。

彼らは大地の場所と結びついたアカシックの記録を読みながら旅をするので、同種族の間で情報を交換しますが、それは紙の記録などに残りません。紙の記録は燃えてしまうと失われますが、アカーシャの記録、日本式の言葉でいえば、虚空蔵《こくうぞう》の記録は長く残るのです。

アボリジニのそうした風習は、後にやってきた白人種によって大幅に破壊されてしまったのですが、たぶん日本のどこにでも、土地にはソングラインというものがあり、それが土地の伝承・説話として残っているのです。

私はそれを辿って、引っ越しをしていると思っています。引っ越しをする際に、生活の利便性よりもその土地のソングラインの方を優先したいと思います。昔はどこかに引っ越したいと思った時には、ともかく夜に歩くことをしました。昼は目で見たものに注意が奪われるのですが、夜はその土地の空気に意識が向くからです。

隠れた背後のものを見るには、夜に歩く方がよいのです。こういう話をすると必ず「自分は敏感ではないので、そういうことには気がつかない」という人が出てきます。しかし敏感かそうでないかという話ではありません。例えば、物理学と心理学を結合した体系を展開しているアーノルド・ミンデルが用語として頻繁に使っている「ドリームボディ」というものがあります。

ドリームボディを持つと一人でソングラインを辿れる

ドリームボディは機械としての自分というものでなく、夢見の自分ということです。今までの自分を客観化し、もう一つ大きな位置から自分を見る。機械としての自分というのは、例えば、誰もがみな同じ基準で計られる価値観に基づいて形成される人格です。学歴、教育、収入、地位などの基準の中で作られる人格も機械としてのものです。

ミンデルはこうした共通の判断で見るリアリティーを「合意的現実」と呼んでいますが、ドリームボディというのは、それに従うのではなく、むしろ自分自身の夢を生きようとするボディで、それは神話的な私と考えてもよいのかもしれません。

私たちは自分の人格を作る時に、それにとって邪魔な要素とか折り合いのつかないものを意識の外に追い出します。繊細で優しい私を作りたい時には、乱暴で粗雑な私を追い出します。それは意識の周縁領域へと追いやられ、その薄明かりの中で凍結しています。しかし、実際には本人が気がついていないだけで、その乱暴で粗雑な私は死んだわけではなく、自分が気がつかないところではいつでも働いています。むしろ繊細で優しい人であろうとすればするほど、それは裏側でやりたい放題になってくる面もあります。

私たちの日常の意識はパケット通信みたいなもので、途切れ途切れにしかスイッチが入っていません。それ以外の膨大な無意識の時間、目覚めた意識が周辺に追い出した違う人格が動いています。それらはメッセージを発信しますが、私たちはそれに気がつかないふりをします。ちょっと具合が悪くなった。何かむかつく。それらは隠された人格のメッセージです。ドリームボディは、この追い出してしまった残骸を集めて、小さな自己でなく大きな自己へと回帰しようとする時に、重大な役割を担うのです。

ミンデルは、生活の中で、身体反応のどんな細かい徴候も無視しない姿勢で生きる中でそれを確立しようということを提案しています。まっすぐの道なのに、そこで足がもつれてしまった。「なぜなのか?」と考え、いつもの自分の思いや考えから一歩離れてみることで、周縁部に追いやられた別の人格が、何か発信していることに気がつきます。すると、生活はみな物語になっていき、道を移動するコースでさえ、物語になってしまいます。

ドリームボディで生きる人は、衛星から発信される電波を受信するGPSではなく、地に張り巡らされたアカーシャのソングを辿って移動したり拠点を移したりします。

ドリームボディを持つと、私たちはマニュアルを読まないでも、一人でソングラインを辿ってパワースポットである自分の場所をあっという間に見つけ出してしまいます。そうすると、ベストの場所が見つかります。それらは本当に大切にしたい場所になってくるはずです。

chapter 1

5 次世代ネットワークとパワースポット

カフェにふらっと入り執筆する生活

少し話をパワースポットから脱線させますが、私は執筆活動をしています。時々中断はありますが、大まかにいえば、ずっと何かを書き続けています。生活の中心が原稿を書くという作業なので、場所にはこだわらず、あちこち移動しながら、カフェとか時には公園などで仕事をしていることが多いといえます。

二〇〇〇年に事務所を作ってからは、特定の場所にじっとしていることが多くなりましたが、それは重いオーディオを持つようになったからです。しかし、もともとはどこにも居場所を持たずに仕事をするのが二十代からの夢で、ホテル暮らしとか車で移動しながら執筆活動する生活を夢見ていました。その頃には電子機器の性能がその生活を追求するためには追いついてこなかったので、それは夢のまた夢のようなものでした。

世の中でパソコン通信というものが始まった時にもいち早く参加し、その時にはまだ漢字入力さえできず、カタカナでしかも電話器に電話カプラーという装置をつけて通信していました。電話カプラーを鉛筆で軽く叩くと、通信している文字が化けました。

ノートパソコンが売り出されると、まだそれが珍しい時代に喫茶室のルノアールに持ち込んで原稿を書いたりしていたので、多くの人が好奇の目で見ていたし、質問されたりもしました。有栖川宮記念公園の中にある図書館でも、私がノートパソコンで仕事を開始すると後ろに立って見物する人がいたくらいです。

しかし、これらは現代ではらくらくにできます。それは私が長い間夢見ていたことだったので、まさに私向きの世の中になったと思いました。

最近では、会社に行かず町を放浪しながら仕事するスタイルを「ノマドワーキング」と呼ぶそうです。劇作家の別役実は、毎朝、駅のホームで「今日は右にしようか、左にしようか」と決めて電車に乗り、そのままどこかのカフェにふらっと入り原稿を書くという生活をしていたそうです。私もずっとそのように毎日三つくらいのカフェを行き来しながら書いていたので、ノマドワーキングの走りのようなものです。

ノマドワーキング・イン・パワースポット

世の中でノマドワーキングがもっと流行し、会社にじっとしていない人が増えてくると、空間とか場所の活用ということがさらに重要になってくるのではないかと思います。気まぐれにふらふら歩き回り、「このあたりは気分がいいから」とか「ここは重苦しい」とかつぶやきながらコースを変更し、町をうろつくのです。

今、私が持っているノートパソコンは重さ六百グラムです。どんな場所でも使えます。開発される電子機器は、みなノマドワーキングがさらにエスカレートする方向へとなびいています。つまりテレビ電話、情報共有、瞬間的にデータが送られる設備、クラウドのサーバーなどはもっともっと便利になってきて、バーチャルな世界はもっと広がり、町を徘徊する人が増えるでしょう。しかもユーストリームで、日々の日記を世界中に放送している人さえいます。

うろつくことのできる人はどこで仕事すると気分が良いかを大切にします。今は都内で仕事する人がまだ多いと思いますが、通信設備が日本中に張り巡らされれば、行動範囲は次第に拡大するはずです。簡単な道具を持って温泉地に行くということも可能です。高額な旅館で小説を書く太宰治のように仕事をする人だっているでしょう。鄙びた旅館でエクセルを入力している姿はあまりぱっとしないかもしれませんが、都内のカフェでいらいらしながらカプチーノ片手に作業するより楽しそうです。

パワースポットとは、土地の中にあるへそ、元気な場所、エネルギーネットワークのハブの部分です。そうした所を見つけて、そこの近所で仕事してみるというのもこれからはあり得るでしょう。もちろんパワースポットにはレジャーで行きたいという人もいて、そのような人は、仕事を持ち込むのは好きではないかもしれません。しかしそれでも、携帯電話くらいは持っていきます。その段階で既に「ノマドワーキング・イン・パワースポット」に片足を突っ込んでいます。

ネットを生かしたパワースポットの活用法

パワースポットを仕事で使うと、あまり疲れずに気分も良くなります。

- 思いつきがもっと自由になる。
- 頭が良くなる。
- 自分の個性的な能力を開発しやすくなる。

・本来の自分の生き方を取り戻す。
・夢のある人生が作れる。

などの効果が期待できるでしょう。

外で仕事をすることを勧めている中谷健一は『「どこでもオフィス仕事術」―効率・集中・アイデアを生む「ノマドワーキング」実践法』（ダイヤモンド社）で、いろいろな仕事スペースを分類しているのでいくつか紹介したいと思います。

①電源が利用できて椅子の座り心地も良い快適な場所、仕事がはかどる双方（SOHO）スポット
②電源がなく見た感じの雰囲気はそれほどでもないのに、意外なほど仕事のはかどるポテンシャルスポット
③電源や雰囲気など見た目のスペックはよいのに、なぜか仕事がちっとも進まないコールドスポット
④陽当たりやムードがよすぎて仕事どころではなくなってしまうリゾートスポット

私も伊豆や沖縄に行ってしまうと何もできなくなってしまいますから、これはリゾートスポットです。

面白いのはこの分類方法です。これはまるでかつて流行した『カタカムナ文献』の「イヤシロチ」と「ケガレチ」のような分類です。イヤシロチは気が盛り上がっている場所で、ケガレチは気が枯れている場所を意味します。まるで土地鑑定士のように、スポットを見ては批評している本なのです。

私はずっとルノアールを二十年くらい使い続けて、ここ三年前くらいにスターバックス族に鞍替えしたばかりですから、自称ルノアール評論家でした。都内の数十箇所を転々と使っていたのです。

目黒に住んでいた頃には、いつもルノアールで仕事していましたが、隣の列に座った客の話が興味深すぎて、仕事どころではないことも多く、そんな時にはしようがないので、ヘッドホンで音楽を聴きながらパソコン入力していました。目黒では宗教団体の勧誘をルノアールでしていたのです。不動産屋さんの内輪の話は驚くことばかりです。家賃を払えなくなった家族の飛び込み自殺をどうやって防ぐかの会話までありました。

今は音楽を聴かないで、バイノーラルビートやヘミシンクを聴いていることもあります。それは著しく集中力が高まるからです。一時間仕事しても十分にしか感じられません。

このような生活では、二種類のネットワークを活用するのが理想的です。一つは電気的ネットワークで、もちろん電波網が整備され、山の中でもアンテナバーが三本立つのが理想です。もう一つは、電気の力を超えたアカシックのネットワークです。それはちょっとばかり時間・空間を超えた情報もアクセスします。機械の身体は電気・電波ネットワークに沿って移動し、ドリームボディはソングライン沿いに歩くのです。

パワースポットは後者の方に属しています。渡辺豊和はこれを「縄文夢通信をする太陽のネットワーク」と呼んでいます。電気設備のない時代、このネットワークは驚くほど精緻に発達していたのです。未来的な人生は、電気的なネットワークだけでなく、この夢通信ネットワーク、あるいはソングラインというものの活用が不可欠になってくるのではないでしょうか。

電気的なネットワークの活用の行き着く先には、アイデアの出るスポットでの会議。モチベーションの高まる坂の上のカフェ。高野山で電子出版用の小説を書く。谷中で秘密会議をする。ピラミッド体験をしたいために北緯が少しばかり近い屋久島に行って、しつこい電波系の老人に捕まってしまうなど、こうしたパワースポットの活用というのが当たり前になってくるのではないでしょうか。

第二章

パワースポットとはどんな場所か？

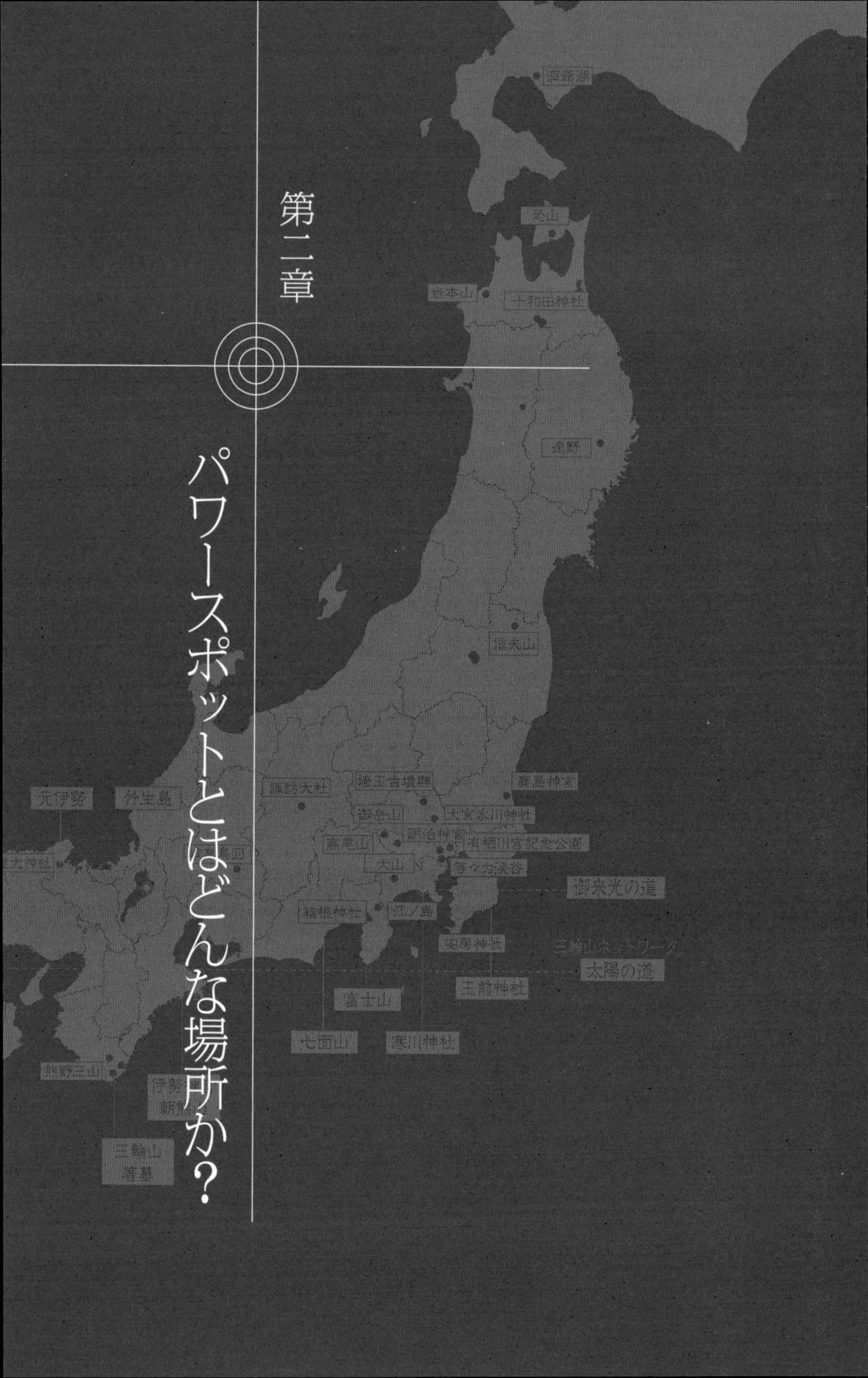

1 雛形理論

パワースポットにはある種の規則性が存在する

第二章では、パワースポットはどういう仕組みで作られるのか考えてみます。そもそもどの本にも、パワースポットとはどういう原理なのか、ほとんど書かれていません。

パワースポットは思いつくままに、あちこちに点在するというわけでもなく、ある種の規則性というものがあるのではないでしょうか。ただしパワースポットの定義はさまざまですから、全く違う発想で作られたものもあり、一つの基準だけで考えるわけにはいきません。

四次元世界では時間・空間に縛られない

古い知恵を伝えたといわれる書には、「上にあるものは下にあるものに似ている」という有名な言葉があります。世界はいくつかの複数の次元が折り重なってできていると考えられていた時代の思想です。このような複数の次元にまたがる領域では、大きな世界での構造はそのまま小さな世界にもミニチュアで復元されると考えます。

日本ではそれが「雛形理論」という言葉で表現されるのです。これは空間的な面でそうであったり、また時間的な面でもそうであったりします。時間的なというのは、経験の流れのようなものでもあるので、違う人が何か同じようなパターンの人生傾向だったりする場合も、型は似ていると考えるわけです。

空間的な面で考えてみると、世界地図が日本地図に似ていると考える珍説があります。これは昔から何度も消えては現れてきた考え方で、絵守きよしが『異色古代史―イエス・キリスト日本で死す』（霞ヶ関書房）でも紹介しています。この場合、一つのコスモスの単位の中で、他のコスモスと似た部分に当たるものは互いに共鳴して情報交換をすると考えます。伊豆半島はマレー半島に当たり、富士山はヒマラヤに当たるそうですから、ヒマラヤで何か起きたら、それは日本の富士山にも異変をもたらすと考えるのです。

この型というものは共鳴して情報交換するという理屈は四次元的な理屈だといわれています。四次元というのは霊界みたいなものでしょうか。四次元には空間的な大小、固有性というものがありません。三次元では、例えばある人物は一人しか存在しませんが、四次元世界では、その人は特定の時間・空間にあるものではなく、普遍的にどこにでもいる型となります。

映画『エルム街の悪夢』のフレディは誰の夢の中にも登場しますが、これが四次元的な存在です。反対に、こうした人物があちこちに自分と同じものを作れず、特定の時間・空間の場所にしかいない、つまりここにしかいなくてよそにはいないという場合には、その人は四次元には存在できず、三次元にしかない、つまりは普遍性がない個別的存在だという話になります。それは、この限られた時間・空間に対するこだわりがあり、そのこだわりから抜け出ることがないという意味です。

もし、四次元世界にまで拡張した人がいるとしたら、その人はどこにでも現れてきます。いろいろな人の夢に出てくるタイプの人というのがいると思いますが、それはフレディのような四次元的なものを持っている人です。もちろんフレディのような怖い存在という意味ではありません。

大きなものと小さなものは共鳴しあう

世界地図と日本地図の対比をした場合、アフリカは日本では九州です。ユーラシア大陸は本州です。北アメリカと南アメリカをまとめて北海道にする考えもあります。オセアニア大陸は四国です。

渡辺豊和は『大和に眠る太陽の都』（学芸出版社）で、カスピ海に当たる琵琶湖近辺にある京都は、ペルシャの古都ペルセポリスに相応すると説明しています。さらに九州北部の博多地域は日本で最も早く文化が発達した地域といわれていますが、これはエジプトのピラミッド近くに対応すると考えています。

古い時代の本初子午線、すなわち世界の計測の始まりの位置は、もともとギゼのピラミッドですが、日本地図ではこれは九州の北となり、それが今の文明の源流になるという扱いになるのです。例えば、九州の北のあたりで、中国から渡ってきた徐福《じょふく》は暴風雨に遭遇し、大分県の北部にある宇佐に漂着して、虚空蔵山に登ったという話もあります。弥生時代以後の日本の歴史はこの徐福が作ったという伝説があります。ピラミッドのあるエジプトと、宇佐の辺りを似た場所とみなすこともできるかもしれません。ただし、世界地図と日本地図は形はかなり違うので、細かい形だけを見て、細かいことを言い始めると帳尻が合わないのはいうまでもありません。大まかな形で考えていくのです。

世界地図は日本地図に当てはまり、さらに人にも当てはまります。文明の始まりの部分を人体の頭とした時に、アフリカや九州を頭にします。

大きなものからより小さいものへは、水位の高い所から低い所へ水が流れるようにパワーが入り込んでくると考えると、自分に対応する場所へ行くと、そこで巨大な力がチャージされるとみなされるのです。

武道派の人は、自分よりも巨人の大山倍達とかを見ると急激にチャージされて、もっとがんばって武道を極めようと思うでしょう。しかし武道派でない人から見ると、大山倍達を解説したビデオを見ても「そんな人がいたのか」と思うだけです。合気道の植芝盛平を見ても「この人、目がきょろきょろしてるね」で終わってしまいます。つまり似たものでないと影響力は流れ込んできにくいという性質があります。自分に縁がないものでは、そんなに受け入れる気にはならないと思います。

富士塚で富士山詣での疑似体験

日本地図を歩くだけで世界を、いや、むしろ宇宙を歩きつくすことができる。これが雛形理論の一番のメリットです。

旅費もたいして使わず、手近な所で済ませてしまう。江戸時代、あるいはその以前には、自分の住んでいる近場に宇宙を揃えるという発想がありました。富士山に参拝するには時間もお金もかかります。そんな贅沢なことができない町の人は、近所の富士塚で富士山に行ったつもりとしたのです。

私の住んでいる千駄ヶ谷の鳩森八幡神社の中にも富士塚があります。世界全体を網羅するという発想でのパワースポット巡りは、こういう「宇宙の縮図」として作られた土地を動き回るとよいのです。

例えば、それは四国霊場とか鎌倉三十三観音霊場なども同じです。

世界地図。大陸。日本。都市。例えば、東京。自分の住んでいる町。近場の区域。人体。途中にもっと入るかもしれませんが、それぞれの単位がそこではっきりと独立的な単位になっている場合には、これらは構造として共鳴することが可能になります。そして大きなものは水位が高く、水が高い所から低い所に流れるように、この影響は強い圧力で入ってくることになります。

2 レイライン

地球に網の目のように張り巡らされたライン

構造共鳴は直接関係していないところで成り立ちます。ある惑星の力は、その惑星に対応するような国とか地域に行けばチャージされると考えますが、しかし、惑星と地球のある地域は何のつながりも持っていません。

それに対してエネルギーの流れはどんなものかを考えてみましょう。いってみれば構造共鳴は磁場みたいなものです。しかし、エネルギーの流れは電線をつないでそこに電流が流れるようなものです。この二種類の関わりは、土地と人間の関わりの代表的な二種類を表すのではないでしょうか。

地上には網の目のように張り巡らされたエネルギーのラインがあると考えられていました。これが、レイラインあるいは「竜脈」という名前で呼ばれています。パワースポットは、この線上に置かれています。線と線の交点には置かれません。これが正統派のパワースポットの考えです。

オーストラリアのアボリジニが活用していたといわれるソングラインは、それに似たものではないでしょうか。

ブルース・チャトウィンは『ソングライン』（芹沢真理子訳、めるくまーる）で、オーストラリアの主要なソングラインはみな大陸の北か北西、ティモール海かトレス海峡から、南へ向かって走っているようだと書いています。それらは最初のオーストラリア人が辿った道筋であるような、またはその人たちがどこか別の場所から来たような印象を受けると説明しています。このようなエネルギーのラインは、非常に古い時代の記憶をそのまま持っていると考えてもよいでしょう。

レイラインは見えないものですが、しかし、もしかしたら、古い時代の人々はそれを見ていたのかもしれません。ミンデルのいうドリームボディの状態になると、これは見えてくるでしょう。というのも、ドリームボディは意識の周縁に追い出したものを取り戻し、もっと全体的な知覚を取り戻すことで成り立つからです。そうすると、今の私たちが使わなくなった視覚の領域が回復しやすいからです。

私たちは物体しかはっきり見ません。気配は感じることはあっても視覚化しません。しかし、感じるものは共感覚を使うなら視覚化は容易にできます。ピアニストのエレーヌ・

グリモーのような一部の音楽家は音を色視覚で見たりするのです。

三輪山を中心にして三十度のラインを引く

渡辺豊和はこのレイライン、つまり太陽光線の通り道、言い方を変えると、地上に張り巡らされた太陽ネットワークは、

春分と秋分の〈日の出・日没ライン〉▼東から西への直線
夏至と冬至の〈日の出・日没ライン〉▼北緯ラインに対して斜め三十度傾斜のライン

の二つでできていると説明しています。

この東西の横線から、それぞれ北側、南側へ傾斜した三十度を合わせると、内角六十度の正三角形が出来上がります。南北を底辺にした正三角形です。これを地図の上にちりばめることで、ダイヤモンドグリッドのレイラインのネットワークが作られていきます。

古い神社や磐座、人工山つまりはピラミッド、古墳、聖所などは、このライン上にあることが多いということになります。

下の図【図A】は、三輪山を中心にして斜め三十度ずつのラインを敷き詰めたものです。

渡辺豊和説だと、南北に九七・二キロごとに東西線が並ぶ形になります。これは渡辺豊和が三輪山を調査して、縄文時代には、一六二〇メートルという縄文里という単位があったのではないかという仮説から来ています。すべて六十進法なので、この縄文里の六十倍が九七・二キロなのです。

しかし、これは大きな距離なので、レイラインを歩く時にはもう少し分割します。分割の方法は、正三角形の辺の真ん中を起点にして、正三角形の中に逆正三角形を作ります。さらにまた作ります。そのようにして二次、三次、四次、五次というふうに正三角形を作っていき、手近なところで接近できる場所を探すことになります。

日本で最大サイズのレイラインの単位は、隣のラインまでの距離は九七・二キロ前後あると考えるのです。

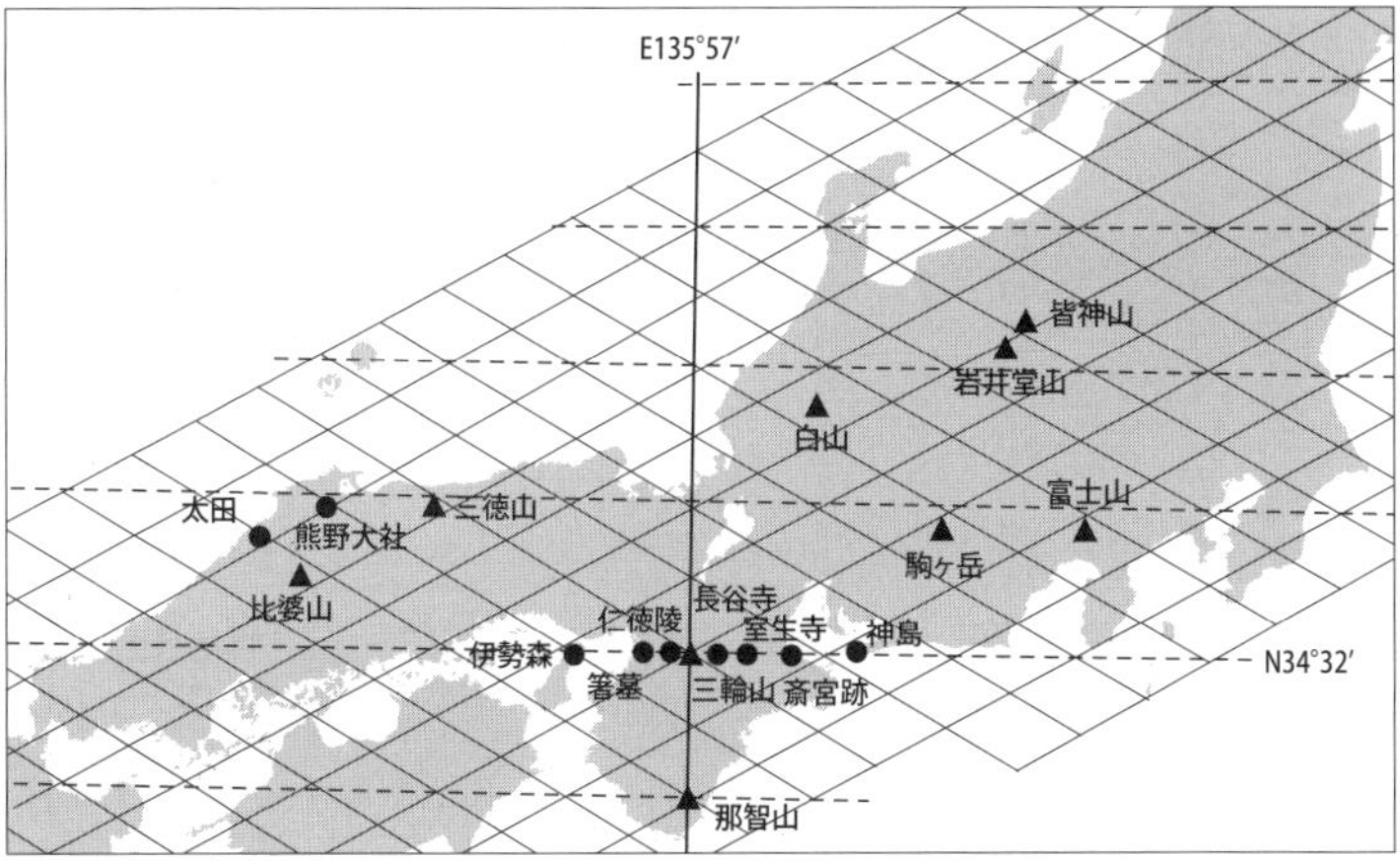

【図A】三輪山ネットワーク

ヨ あらゆるものをサウンドとみなす考え方

地球を二つの点と五つの線に分ける

どんなものも世界にあるものはみな音として考えてみると、アボリジニのソングラインのイメージはわかりやすくなります。そもそもエネルギーのラインは見えない波動的なものですから、それはサウンドとみた方が自然です。

まずは地球全体の形を想像しましょう。北極と南極は極と極ですから、その間には大きな落差があります。この落差の間を三十度ずつ区切り、北極と南極を入れると七つの区分ができます【図B】。点が二つ、線が五つです。地球を大型の人体と考えると、頭は北極で足の裏は南極というイメージです。

人体にはチャクラがあるといわれています。頭から足までの間に七つのチャクラがあるというのが、インドのヨガ思想の考え方でした。人間に七つのチャクラがあるように、地球にもそれがあると考えてみるのです。

この南極から北極までの区切りを移動する螺旋というのは、螺旋回転をしながら上昇するか、あるいは北極から南極に向かって螺旋回転をしながら降りていく信号を表しています【図C】。

ドランヴァロ・メルキゼデクは『フラワー・オブ・ライフ』(ナチュラルスピリット)の中で、地球の極座標グラフを使い、極からスタートする黄金螺旋を描き【図D・E】、この中に内接する正四面体を描くことができることを説明しています。内接している正四面体は、最も単純な形を持った、プラトンのいう「火」の元素に関係した幾何図形です。地球には、プラトン立体が含まれているという考えがあって、このそれぞれの頂点は、地球のボルテックス(ラテン語で「渦巻き」の意味)であるという思想は、ここ数十年になって急にクローズアップされてきました。

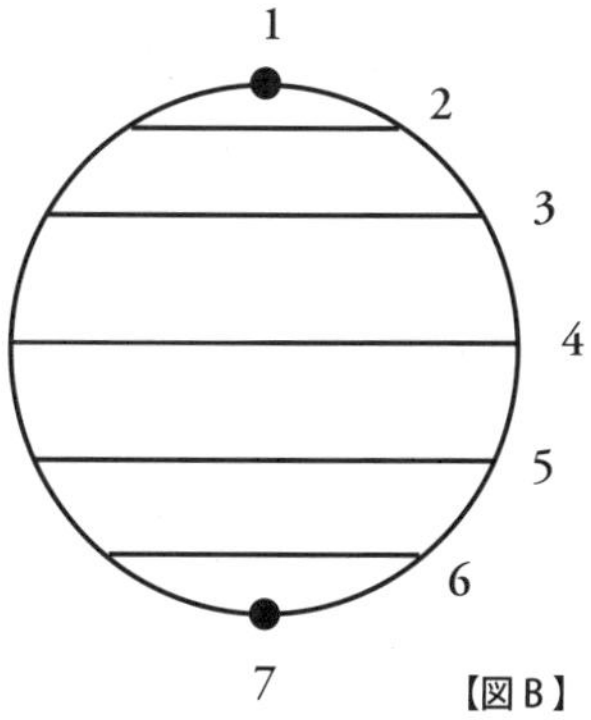

【図B】

【図C】

この場合、南極から赤道までの半円の極座標グラフに黄金螺旋を描いたのですから、赤道から北極まで同じ図形が折り返されます。螺旋は南極か北極の近くでは小さなサイズの円を描きながら次第に大きくなり、赤道近くで最大になって、また小さくなっていきます。

黄金螺旋の比率そのままだと、地球の緯度を三十度ずつ区切った七つの区画を通過するわけではありませんが、この違いはあまり問題になりません。その理由は「倍音理論」と

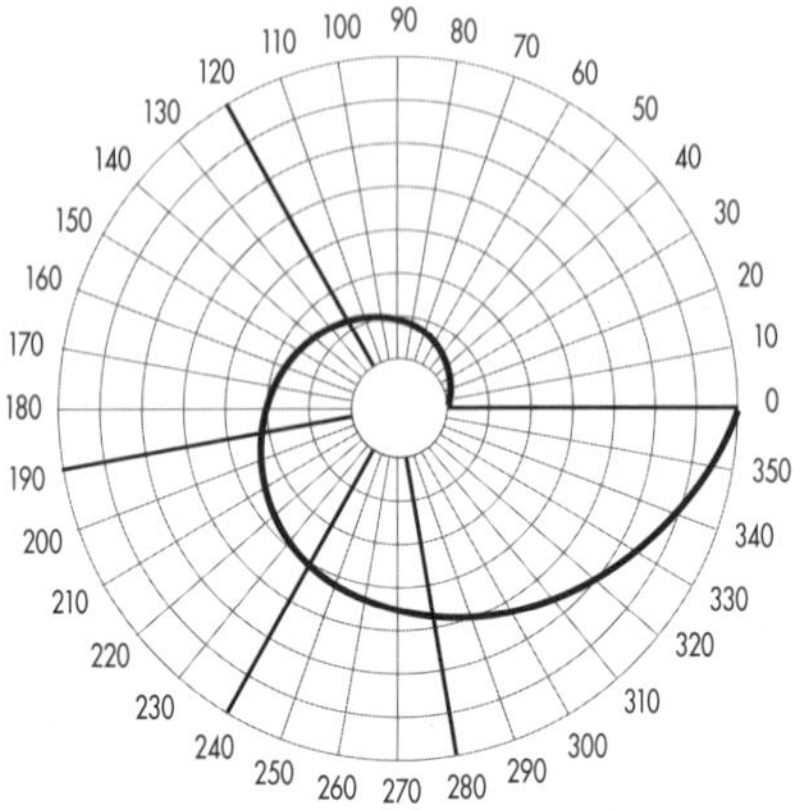

【図D】 極座標グラフに描かれた黄金螺旋

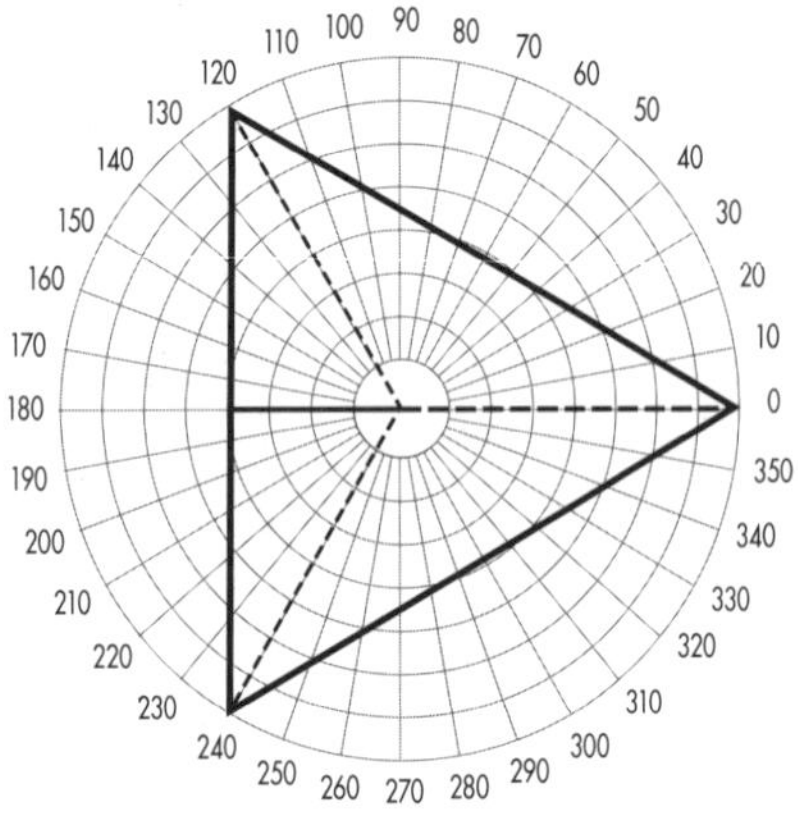

【図E】 二進法螺旋が正四面体を極座標グラフ上に作り出す

出典：『フラワーオブライフ』

いうものがあるからです。

人間は周波数の倍加にも対応できる

音には「倍音の理屈」というのがあります。これは、二倍、四倍の音になっても、人間はそれを同じ音とみなすということです。例えば、四四〇ヘルツの音はだいたいラの音だと思いますが、その二倍の八八〇ヘルツも一オクターヴ上のラの音です。同じように、半分の二二〇ヘルツの音もラの音です。

一八二二年に、フランス人の数学者であるジョゼフ・フーリエはあらゆる信号には倍音成分が含まれていることを発見しました。またどんな音も倍音の組み合わせで作られることを発見しました。これが周波数の正弦波の重ね合わせをする理論に発展し、この計算法はフーリエ級数またはフーリエ級数展開と呼ばれています。音楽は調を変えても、同じメロディーを認識できるのが人間です。鳥や動物は、この周波数が変わるともう同じロメディーだと認識できないのです。

これは同じ型が違う周波数の信号の中に反映されるという意味になってきます。雛形理論というのは、大とか小に型が投影されるという意味ですが、それは実際には倍音の理屈にも応用されます。調を変えても、メロディーという型は人間の耳からすると、同じものと認識されるのです。二二〇ヘルツから四四〇ヘルツの間にある七音で何かメロディーを弾いた時、それは四四〇ヘルツから八八〇ヘルツの音の間にある高い七音で弾いても、人はそれを同じメロディーだと認識します。

もっと高い、もう音だといえないような高い周波数の中にこの型があった時でも、たぶんそれも同じものだと認識するのではないでしょうか。それは漠然と同じ雰囲気のものだと認識し、その時に、類似したイメージを心の中に思い浮かべるのです。

つまり振幅とか波長は、二倍、四倍、あるいは半分、四分の一に切り詰めても、そこにある種の型が共通して見て取れるということです。このサウンドの理論をそのまま地球のサイズに当てはめます。

昔、よく音の波形を見る時には、オシロスコープというブラウン管のついた装置で、サインウェーブなどの波形を見ていました。これは綺麗な波なのですが、実はこれは螺旋運動を横から見た状態です【図F】。

一つの波長単位が南極から北極に成立しています。この図形では、波高に当たる部分が地球の赤道のサイズとみなされます。地球の北極から南極まで七つの区域を螺旋回転しながら、つまりはサインウェーブのような形でサウンドが駆け巡ります。

半分の波長のものがあるとすると、つまり元の信号の倍の高さの音である倍音になると、同じ北極から南極までのサイズの間に、二倍にした十四の区域を通過します。つまり南極から北極の間に二回転してしまったのです。さらにその倍だと、緯度のラインを二十八の区画にした形で通過します。四回転したからです。

奇数の倍音では「調和のある別物」とみなす

メルキゼデクの取り上げた極座標グラフの黄金螺旋が、緯度においてもっと傾斜角が少ない状態で北極から南極まで何度も回転をしてもそれは問題にならないのは、倍音理論があるからです。無限大の周波数を想定すると、赤道を横回転して、ちっとも縦に移動しない信号もあることになります。それはただの理屈ですが、実際には北極から南極まで七の倍数の、例えば三五八四回転する、

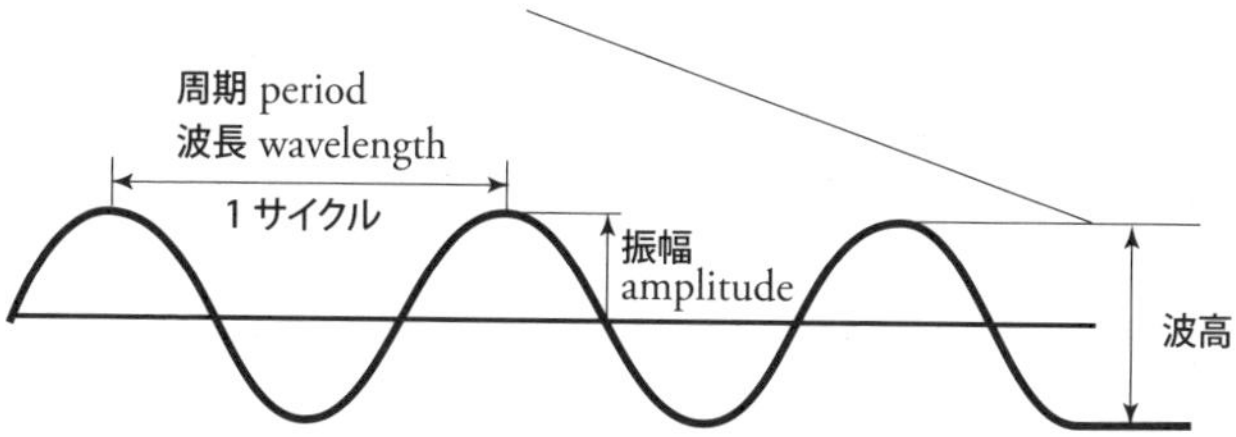

【図F】

かなり高い周波数の信号のラインがあっても構わないことになります。

倍音の理論は、二倍、四倍というふうに偶数で増やすのですが、これを三倍など奇数にすると、今度は私たちはそれを同じものとみなすよりは、「調和的な関係にある別物」とみなします。これは調和音のソとかファなどの音を作り出す元になります。

一四七ヘルツはレの音ですが、その三倍の四四一ヘルツは、元のレの音の一オクターヴ上のレ音、二九四ヘルツから始まる音列の中のラの音に該当します。さらに五倍という倍音は、もっと違う音を奏でることになります。

地球を北極から南極の長さの弦とみなし、丸い地球は実はこの弦が鳴らされた、つまり螺旋に回転しているものとみなすと、ピュタゴラスのモノコードの発想で、赤道に当たる真ん中の長さにした時に、波長は半分となって一オクターヴ上の音となります。この一オクターヴ上の音は、南極から北極までの長さを二回転する周波数です。

地球を北極から南極に張られた弦とみなした時には、三分の二のところを鳴らすと、上昇五度の音、ソの音が出来上がります。この三分の二というのは、弦を三分割することです。三つに分割するというのは、円周を三分割して、それぞれの点を結ぶことで正三角形が出来上がることをいいます【図G】。音楽の分野では、これは高揚感を表す音といわれます。同じように、四分の三のところの長さにして鳴らすと四度の音、ファの音が出来上がるのですが、それは安堵や着地などを意味するといわれています。円周四区分の点を結ぶと、正方形となります。三角形は高揚感で四角形は安定です。これは図形の意味の基本ともいえます。これらは元の音と同じに聞こえるわけではありませんが、それに調和的な関係の別のトーンとして認識します。

倍音の理屈は、半分のサイズの中のさらにその半分の中に、もっとたくさん分割された狭い範囲の中に、同じ型のものが復元されるという理屈にもなります。

三倍の音は三分の一、つまりは一二〇度の範囲の中に、三六〇度全体の中で作られていた何らかの鋳型が、そのまま封入されるのです。船の何十分の一モデルや日本の城の縮小モデルがプラモデルで販売されていますが、縮小比率が規則的な整数ならば、それは型として復元できますし、サウンドに限っていえば、人間はそこに同じものを見るのです。反対に、動物はそれが同じものと認識できないのです。

「四次元世界は型であり、それは時間・空間の制約を受けない」という考えは、例えば、

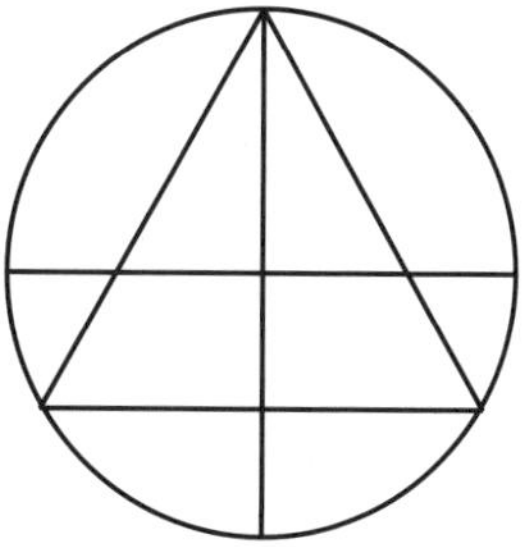

【図G】

霊界に誰かがいたとして、三次元の千人の人が同時に出会い、まるで千人いるかのように見えるということを説明していますが、私たちが自分がいる所として把握している時間・空間の範囲が、より大きな時間の範囲、空間の範囲を倍音化したところ、つまり同型であるが小さな所にあるとしたら、他の所にも同じものがたくさん繰り返され、複写されることになります。

地球は球体だと思うのは大きな勘違いであるという珍説

地球という球体は北極と南極というふうに二極化されていますが、三次元世界は四次元を二極化して生まれるという話があります。これらは科学の定義の話ではありませんので、混同しないようにする必要があります。

大本教の教祖である出口王仁三郎《でぐちおにさぶろう》は、地球は霊界から見ると平面であり、球体ではないといいましたが、私はその考えに興味を持ちました。平面地球は北極と南極に二極化すると、そのまま対立する二つの方向に分裂し、引っ張られて球体になるのではないかと思ったからです。

ルドルフ・シュタイナーは、地球を球体と思うのは大きな勘違いで、これは正四面体の形をしており、それぞれの辺がぷっくりと膨らんで球体に似てきたのだと説明しています。王仁三郎とよい勝負の珍説です。この正四面体説では現実にシュタイナーは、頂点の一つを南極に割り当てています。もし南極と北極両方を揃えるためには、もう一つ反対に組み合わされる正四面体を用意しなくてはならず、これで横から見たら六角形のいわゆるマカバの形といわれるものが出来上がります。

倍音理論を考えると地球を螺旋に移動するライン、そして局部的に見ると斜めに走るラインは、さまざまな傾斜角度のものもあり得る話になります。特定の規則性で傾斜角度は変わりますが、しかし複数存在します。この理論では、大きなサイズの中で作られた何らかの特性は、より小さな範囲の中での模型を作り出し、これらは同じ性質を持ち、同じメロディーの代物となります。フーリエの理論は拡大解釈すれば、四次元霊界の元型は地上に無数にコピーを作り出しますが、それは倍音理論に他ならないのだという話になります。

また、奇数倍の信号は、バリエーションとして上昇五度の高揚した響きと、上昇四度の安堵の響きを作り出し、これは寸法としていえば、ピュタゴラスの弦を分割した場合と同じなので、三分割では高揚感があり、四分割では安定感が生まれるという意味にもなります。これはある特定の区間で、その比率の分割した場所がそうなるということです。

4 惑星グリッド

地球のボルテックスは正二十面体と正十二面体の複合

渡辺豊和は『発光するアトランティス』（人文書院）で、旧ソ連の科学者たちが地球のボルテックスは正二十面体と正十二面体の複合であると考えていることを説明しています。そしてその図を掲載しています【図H】。渡辺豊和はこの旧ソ連の研究を知る前に、同じ理屈で三十二面体を『縄文夢通信』（徳間書店）で紹介しています。『縄文夢通信』が出たのは、旧ソ連の研究者たちが理論を発表する三年か四年前です。

渡辺豊和は、旧ソ連の科学者は地球はもともとは調和の取れた結晶体であり、それが後に現在のような球体になったのではないかと述べていることを引用していますが、それはシュタイナー説とそっくりです。

このような図は、ジェームズ・ハータックも『エノクの鍵への入門』（森眞由美共著、ナチュラルスピリット）で掲載しています。タイムワープ領域というのは、同時に複数の拠点に出現するものを表し、それはやはり雛形がこのポイントに投影されることを意味しているのではないでしょうか【図I】。

同時に出現する。これは四次元原理が、三次元世界に現れた時の特有の現象であり、もし一箇所のみ、特定の時間・空間にのみ現れるという場合には、それは三次元的な世界を表します。四次元的なものが降りてくる時には、一箇所だけには出現できないのです。倍音の原理で、同じ構造を持つ場所には、すべて同じ場所に現れてきます。

わかりやすい例を挙げるならば、大きな音符ではドからシまでの区画があり、そのうちのラの場所を指定できる。これが四倍の倍音では、四つの区画に分割され、それぞれの区画の中にラに該当する場所があり、元の大きなラの音は、この四つの区画の合計四つの領域に出現します。四つのう

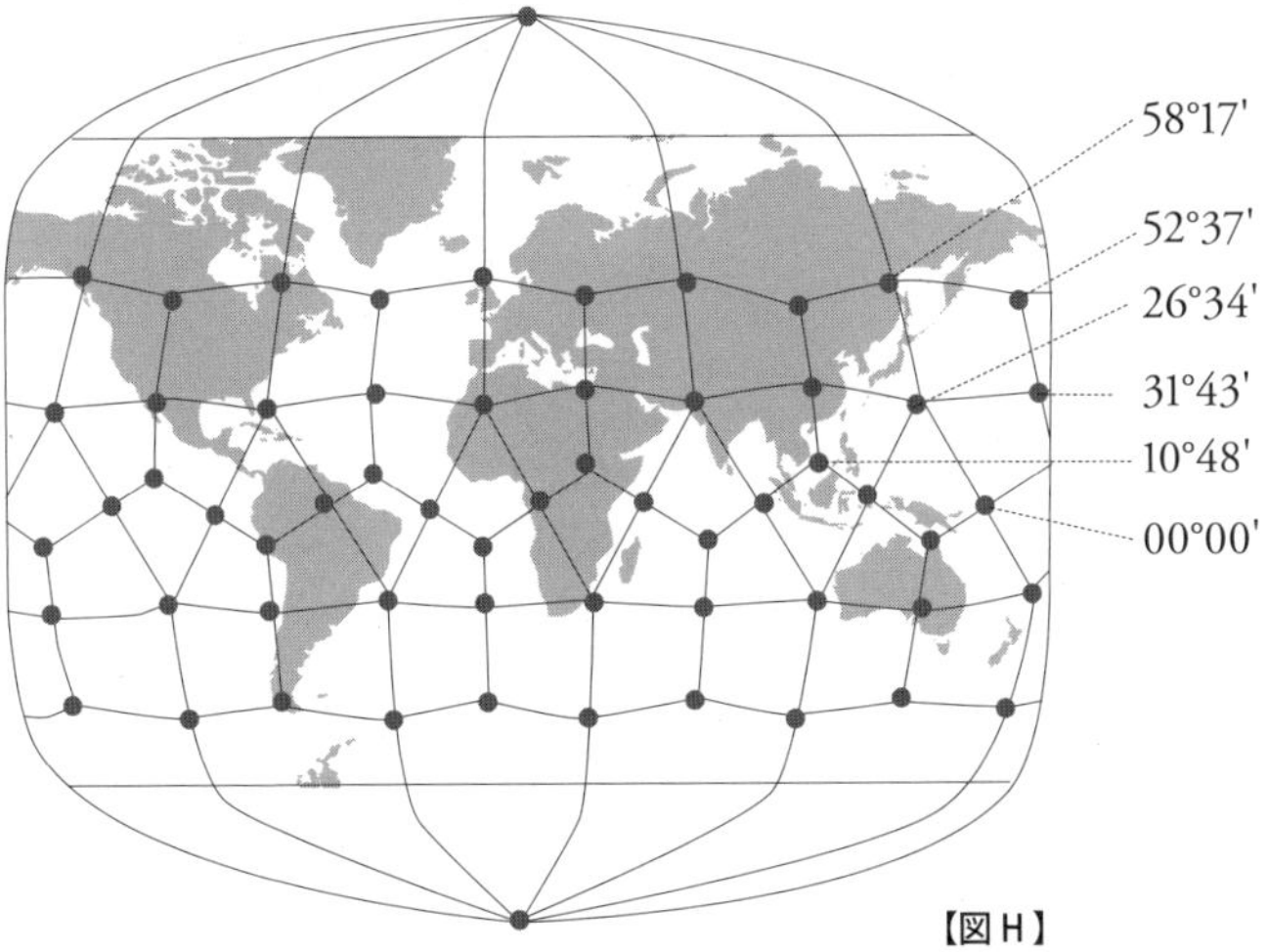

【図H】

ちの一箇所のラのみに出現することができません。つまりは、元のラの力は、それらを全部合計したと同じくらいの力だからです。

ヘミシンクを真剣にやれば誰もがモンローに出会う

最近ヘミシンクが流行していますが、ヘミシンクを体験した人の多くが、死後のロバート・モンローに出会います。モンローはヘミシンクの考案者です。ヘミシンクはモンローの依り代ですから、ヘミシンクを体験していると、やがては必ずといってよいほどモンローに会うのです。その時に「みんながモンローに会ったといっている。困ったものだ、そんなに妄想的になるなんて」という人がいたら、その人は三次元的なこだわりに縛られています。その縛りゆえに、受け取る情報は歪むでしょう。

同じくキリストに会ったという人がいても、また四国の巡礼をしている時に「今、空海が通り過ぎたんだ」といっても、そ

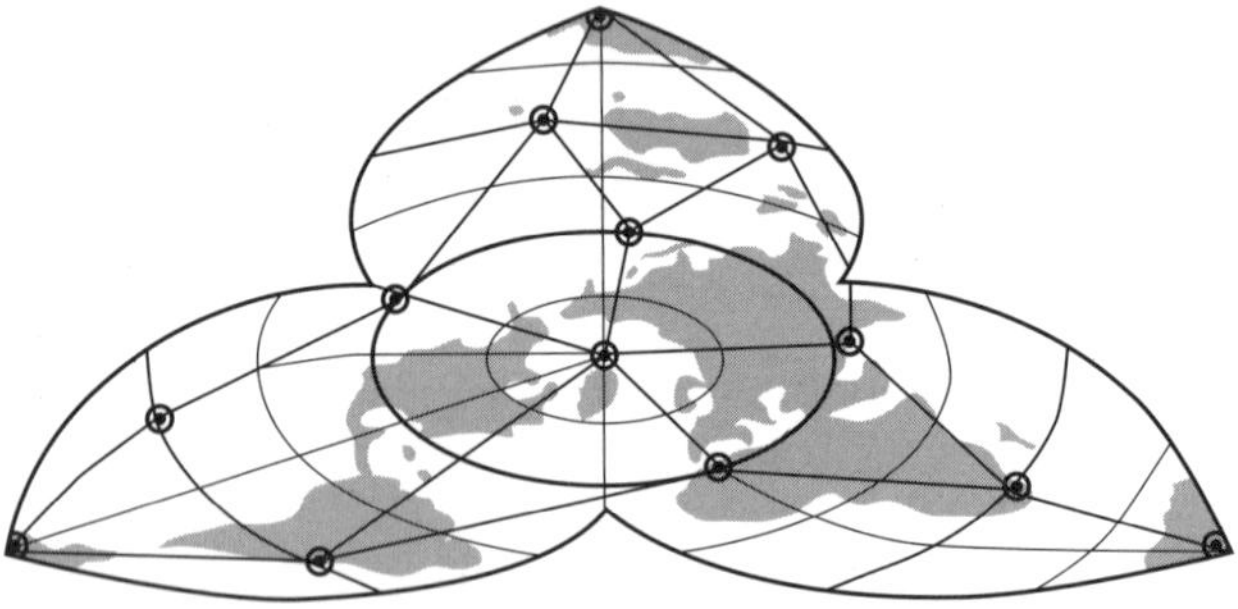

【図1】　同胞団によって使用される
主要な「自然」タイムワープ領域

れらは四次元的なビジョンという意味では正しい体験です。キリスト教に入ればキリストに出会い、お遍路すれば空海に出会うのが心理的には当然なのです。ですから、その体験を凄いことのように受け取る必要もありません。

私もヘミシンクを始めて一年くらいしてから、モンローが助手の女性と一緒に出現しました。そして「頭を改造していいか」と聞きました。私が「オーケー」という前に、助手の女性が私の頭に腕を突っ込み、その後、頭にナンバーのついたシールを貼りつけました。この改造はその後も何度かありました。

その次の週に、ブルース・モーエンの本を読んだら、そこにそっくり同じ内容、つまりモーエンのところに死後のモンローが現れて脳を改造してもよいかと聞いているシーンが書いてあり、驚きました。おそらくヘミシンクを真剣にしていると、ある日モンローがやってきて、あなたの頭を改造してよいかどうか聞いてくるでしょう。「本人の許可を取らないと、こういうのはしてはならないのだよ」というはずです。

御来光の道と太陽の道から割り出していく

地球グリッドは、地球のボルテックスがどこにあるのか解明するためにプラトン立体を当てはめた図ですが、最も単純なものは正四面体です。また複雑な正二十面体や正十二面体にしても、それらの辺が交わる点は、荒れ果てた人の住めないような流動的な場所です。人間一人は、地球サイズから見ると認識不能なくらいの微細な存在で、地球グリッドのボルテックスの力も、果てしなく希釈しないことには使えないでしょう。

この地球グリッドから線を引いて、日本の中ではどの場所が特定のポイントかを計算するのは、わりに煩雑な作業です。むしろ日本の中で、従来からよく知られている富士山を中心にした御来光の道、三輪山を中心にした太陽の道の基準から割り出した方がよいでしょう。

後述しますが、東西を貫く緯度のラインは、日本国内ではだいたい五二分二八秒か、二六分十四秒の単位で並ぶものとします。

太陽の道を北緯三四度三二分線とすると、そこから五二分二八秒で引いてみると、三三度三九分、三二度四七分、三一度五四分、三一度二分などの刻みになります。旧ソ連の科学者たちの配列では、三一度四三分と二六度三四分になります。地球グリッドの基点をどこにするかというのが問題になりやすいので、地球サイズのグリッドの内部構造として、日本国内のレイラインを組み込む作業は今後の課題です。

第三章

パワースポットはどこにあるのか？

1 伝承・説話

世界中の神話には雛形が存在している

日本の中で、どこにパワースポットがあるのか具体的に考えてみましょう。パワースポットを決めるのに必要な項目というのは、第二章で雛形理論とレイラインと説明しました。また、実はレイラインも、雛形理論の背後にある倍音の理屈では、細分化できるものなのだと説明しましたが、実際に日本の中で場所を探すのにさらに必要な項目もあります。

もっぱら雛形理論は空間的な形で説明しました。世界は日本に反映され、日本は一人の人間に反映されますが、空間的な形だけでなく、時間的な推移の中にも型はあります。例えば、世界中に神話はありますが、似ているものが多数あります。これらは共鳴していて共通の性格を持っています。古い話では神武天皇の東征と、韓国の高句麗建国の祖である朱蒙（チュモン）の物語はとても似ています。それらの話の祖形はもっと西にあり、それが朝鮮にも日本にも伝わってきたということであれば、それは雛形が伝播したのです。

パワースポットという点では、主に空間的な配置での雛形ですが、そこに似た説話が重なることもあり得ます。

伝承は土地に染み込んでいる

その土地の伝承や説話などには深い意義があります。現代人から見てそんなことがあるはずがないという現実離れした話はいくらでもあります。しかしそれらはみな象徴的、心理的、精神的には意味のあるものです。

パワースポットで私たちが得たいものとは、充実した生命力です。意味を持たない抽象的なパワーというのは存在していないし、元気が入ってくるということは、そこに何か意味とか物語もあるのです。つまりは物語や伝承、説話は、パワーを導入するための弾道みたいなものです。

日本では竜伝説がたくさんあります。これは土地の断層であるという意見もありますが、竜はエナジーライン、つまりレイライン、地球グリッド、ボルテックス、アボリジニのソングラインなどに関係したものだと考えてもよいでしょう。竜退治をしたり、竜を分断したりする話も多いのですが、それは人間の個人としての独立した自我を育成するためには、ここから分離しなくてはならないという考えもあったからです。竜は大きな力を与えてくれるが、それは個人を超えているものだから、個人の自我の育成というところでは逆に働くこともあります。

伝承はとても古い話でしかも矛盾に満ちていますが、それはその土地の個性、ゲニウス・ロキを説明するのに適しています。もう古い話だからそれは効力を失っているとみなす必要はありません。それは土地に染み込んでいるのです。

その土地に行き、その場所の話を探索しましょう。

2 力の線

レイライン上に寺社仏閣が建てられている

レイラインは東西の線、あるいはそれに対して三十度の傾斜をしたものが主流です。これは、春分と秋分の日の出・日没は東西に走り、夏至と冬至の日の出・日没が、およそ三十度になるという理由があります。この三十度という角度は緯度によって少しずつ変わりますが、レイラインではそうした細かい修正はされないようです。このライン上に神社や寺院、遺跡、磐座、聖所などが多数配置されます。

十二支もこういう発想で作られています。渡辺豊和は『縄文夢通信』で、この角度を足して内角六十度の菱形、つまりダイヤモンドグリッドを想定しました。正三角形を想定することもできます。地上に隙間なく正三角形のグリッドがあるのです。これはレイラインを探索する人から見ると、基本法則です。

例えば、伊勢神宮と元伊勢、その中間の平安京などを貫くコースは、伊勢神宮から見て北西三十度方向への傾斜のラインですから、夏至の日没の方向です。夏至は見えない集団的な影響であり、日没は個が消えていくという意味で、個人が何か大きな見えないものに飲み込まれていくという方向で、私たちはその方向に向くと、そういう気分になります。

日没の光景を見ると、私たちは、何か大きなものに自分が吸い込まれていく気分になります。そして人によってはちょっと物悲しい気分になるかもしれませんが、音楽で物悲しいトーンというと短調で、これは日本では大きなものへ委ねるという意味を持っていました。反対に、日の出を見ると、自分個人の力が盛り上がってくるように見えるのです。元伊勢は大江山にあり、そこから京都に向かって、日本三大妖怪の酒呑童子《しゅてんどうじ》が襲撃に来ていました。それは実像よりも大きな脅威であったかもしれません。

古代尺は国内パワースポットの探索に便利な単位

渡辺豊和は、この東西線と三十度傾斜のグリッドラインを元にして日本地図の中でのポイントを探しましたが、これは昔からある、ありふれたものです。しかし新しい発見としては、縄文時代に使われていた尺の単位を打ち出しました。これを「縄文尺」と名づけたのですが、その後、渡辺豊和の研究を考慮に入れないまま、同じ言葉を使う尺度が別のところで登場してきたので、栗本慎一郎はあらためて『シリウスの都　飛鳥―日本古代王権の経済人類学的研究』（たちばな出版）で、渡辺式のものを「古代尺」と再命名しています。ここでは一里は一六二〇メートルなので、三十里は四八・六キロとなります。栗本慎一郎はこのサイズの籠目が日本中に張り巡らされていると主張しています。日本のレイラインを考える時には、この倍の六十里の九七・二キロが最大の単位だと思われます。日本には、九州、本州の大和、北日本に三つのセンターがあり、これらは、日本国内のパワースポットを考えるのに役立ちます。

ただし世界地図単位で考えた時には、この古代尺は使いにくくなります。古代尺（渡辺式の縄文尺）はその土地の住民の体格から割り出されたものだからです。日本人の一キュービッドは四五センチ。三十里のグリッドは、それを元に作られています。世界サイズからエネルギーラインを割り出すには、そもそもの古典に戻って、プラトン立体など幾何図形分割から割り出す必要があるでしょう。

地球全域での計算をグローバルシステムとすると、日本のみを考える時には、フローティング式のローカルシステムとして、渡辺豊和の古代尺グリッドが妥当ではないかと思います。また古い時代の占星術のパランという発想法では、共通の北緯では情報が共有されるという思想があります。地球は自転しているので当たり前に思いますし、これも参考にしてみるとよいでしょう。

渡辺・栗本のグリッドでは、三十度傾斜の地点に数多くの遺跡があります。北緯は共有されるという意味では、東西線に配置されたものもさらに重視するとよいと思います。これは春分と秋分の日の出・日没ラインに他ならないのです。

雛形とエネルギーラインと伝承がパワースポットの要素

雛形とエネルギーライン、伝承。この三つが重なると、パワースポットの性質はわりにはっきりしてくるのではないでしょうか。力の渦でありラインの交点でもあるボルテックスの場所を見つけて、そこにある伝承を調べて、そしてそれがどういう雛形か、類似したものがよそにあるか考えるということです。

栗本慎一郎は籠目のネットワークのライン上には神社や磐座などがあるが、しかし「交点には人を住ませず、神社も作らない」と述べています。

多くの人がパワースポットだと思って期待して出かけていくと、そこは何もない寂れた場所で、タクシーも来ないし電車もない、人も歩いていないというので驚く人もいたりします。パワーがある場所は活発なはずだと考えてしまうからです。しかしこれは台風の目のようなものなのです。

私は、イワクラ研究家の藤原定明さんのチームと一緒に、大和のある地域の山登りをしたことがありますが、藤原さんの「これが問題の場所だ」という所は、ただ少し岩が飛び出したものでしかなかったのです。しかし、これが本当の中心点の性質です。都市や住居は、そこからちょっと逸れた、力の弱い場所が適しているのです。

3 日本のエネルギーラインの中心点

オススメは春分と秋分の日の出に富士山頂にいること

日本の中で最大のパワースポットは、誰が見ても富士山であることに間違いはないと思います。日本を人体にたとえると、富士山は胸のセンターのようなものです。胸のセンターというのは、あらゆる要素がそこで集合して、統括センターのようになっているもので、心の中心のようなものです。

経済・産業は東京が最も活発ですが、そもそもエネルギーの焦点の場所には都市が作りにくいので、東京が力の焦点ということはないでしょう。何も考えないで最大のパワースポットに行きたいという人なら、春分と秋分の日の出に富士山の頂上に居合わせるのが一番オススメです。これが日本で最大最強のものです。

富士山は、レイラインの中で最も有名な「御来光の道」の線上にあります。御来光の道は、東は千葉県の玉前《たまさき》神社から、西は島根県の出雲大社まで、春分と秋分の日の出・日没を貫く北緯三五度二二分近辺の東西のラインです。春分と秋分の時だけ、日の出・日没の太陽の光は、東から西へと直線に並ぶのです。日の出・日没でなくても黄道はそこを通っているので、惑星はそのラインの上を通過します。

ここに玉前神社、寒川神社、富士山、七面山、伊吹山、竹生島《ちくぶしま》、大山《だいせん》、荒神山《こうじんやま》、出雲大社が直線に並ぶといいます。この東西を貫くラインは、そのまま北緯は共有されるという原理に基づいて、アフリカの方までつながっています。つまりシリア、イラクを通過し、ジブラルタル海峡を南に下った所まで通じています。

自然の山だけであれば、こうしたレイラインは、天のあるいは地のパワースポットとしてのみ成り立ちますが、そこに神社とか磐座、遺跡が多数置かれているがために、そこに人のパワースポットとして、これらの力を現代人よりも知り抜いている人々が作ってきた古代の文明とか都市が関係していることになります。そこで天・地・人の三つが交じり合い、私たちに大きな影響を与えてくるものが作られます。

大化の改新は身内からのクーデターだった

渡辺豊和の『扶桑国王蘇我一族の真実―飛鳥ゾロアスター教伝来秘史』（新人物往来社）

では、弥生時代から古墳時代の中期にかけて、日本では九州、出雲、畿内で三つの拮抗する政治勢力があることが知られていたと書かれています。しかし実際には、もう一つ強大な帝国があって、中国の『梁書《りょうじょ》』では、日本に倭国、文身国、大漢国、扶桑国の四つがあると記録されているそうです。渡辺豊和独自の計算で、倭国は北九州。文身国は出雲。大漢国は河内。扶桑は北海道の渡島《おしま》半島に該当するそうです。

渡辺説によると、聖徳太子なども含む白人種の蘇我氏は「トルコ系騎馬民族の長であり、北海道、東北経由で関東地方を征圧し、次いで甲信越地方を掌中に治め、越前で継体（天皇）の背後勢力となり、彼を押し立てて大和に入ったのが雄略（天皇）の四年だった」ということになります。そして倭建《やまとたける》は、東北の蝦夷の同盟者であり、敵は関東、甲信越、東海地方であり、大和攻略を目前にして死を迎えた英雄だったという考えになっています。

蘇我氏は弥勒信仰の種族で、このルーツはミトラ教です。栗本慎一郎の『シリウスの都　飛鳥』では、中国の唐の正史である『旧唐書《くとうじょ》』には「日の本と呼ばれる北の小国が倭を併合征服して全体を日の本と名乗ることになった」と書かれていることを引き合いにして、蘇我氏は東北から日本を統一した巨大勢力であったと説明しています。「蝦夷の将軍アテルイ、奥州藤原氏、北関東の王・平将門は、いずれもその関係者またはその後裔である」と説明されています。

日本列島の中で古代から日の本、あるいは日本と呼ばれたのは、今の岩手県北部から青森県全域で、この最前線的な、広い意味での蝦夷にとっては、鹿島神宮が価値観の中心として重要拠点になっていました。ちょうど今までの歴史の通説と反対です。今までは、朝廷が蝦夷に対して攻略する時の前線基地として鹿島神宮が重要視されていたと考えられていたのですが、鹿島神宮は西に向かう時の基地だったのです。

鹿島神宮の下級神官の家柄の藤原鎌足が、中大兄皇子と組んで蘇我氏を滅ぼしたのが大化の改新を引き起こした直前の出来事ですが、藤原鎌足すなわち中臣鎌足はもともと鹿島の宮司の家系という点では、扶桑国系列の蘇我氏の身内であり、つまり大化の改新は身内からのクーデターだったという話です。この事実を隠蔽するために、歴史書は大幅に改竄されたことになります。

三輪山ネットワークの東西ラインが「太陽の道」

時間は戻りますが、北の勢力と南の勢力は、統一を目指して手を結ぶ時に奈良のヤマトを拠点にして、そこに三輪王朝を作ったことになります。新統合政府ということです。栗本慎一郎は、北日本ネットワークでは、三内丸山遺跡を例に挙げるように、古い距離単位である一七・四センチが使われていて、儀礼場では三五センチ単位が活用されていたといいます。これは大和・近江の四五センチ基準（渡辺式の古代尺）と違う尺度です。

パワースポットの計算尺度が、北日本ネットワークと三輪山ネットワークでは違うということになります。北日本のグリッドを代表する基準点は大徳坊《だいとくぼう》です。「しかしある時、わざわざ大和の三輪山をネットワークの基点に差し替えたのである。この転換こそ縄文時代を終わらせる重大な変化であったことは間違いない」と書いていて、北日本の大徳坊と三内丸山遺跡は同じ基準に沿っているのですが、三輪山ネットワークからはこれらの北日本にネットワークを計算できません。

こうした点で、日本のパワースポットを考える時に、①北日本グループ、②三輪山グループ、③九州高千穂グループという三つに分けて、それぞれの地域を探すのが理想ということになりますが、三輪山ネットワークは「三輪山（張り出し台地）を基点として始まり、価値観の支配が及ぶ地域まで広げられた」（栗本慎一郎『シリウスの都　飛鳥』）ということもあり、本書で説明するそれぞれのパワースポットは三輪山ネットワークを基準にしています。

三輪山ネットワークが属する東西ラインを「太陽の道」と呼びます。これも御来光の道と同じくらい知られています。渡辺基準の古代尺の最大サイズである九七・二キロに近似した位置の北に、御来光の道があるので、御来光の道もまたそこに含まれる富士山も、三輪山ネットワークの中にあるものと呼んでもよいことになります。栗本慎一郎の著書には渡辺豊和作成のグリッド地図が掲載されていますが、これは渡辺豊和自身の著作にはなかったものなので、栗本慎一郎の依頼による渡辺豊和の作図だと思われます。本書ではこれを参考にしています（二六六ページ〜二六七ページ参照）。

余談ですが、栗本慎一郎によると、蘇我氏のミトラ信仰にはシリウス星への傾倒思想があり、シリウス暦を使っていたミトラ諸派は聖方位を使うといいます。シリウスというと、エジプトのヘリアカルライジングが有名ですが、ミトラ教では「ペルセポリスの冬至の真夜中、今でいう十二時にシリウスは真南から二十度東に傾いた方向に煌々と輝いた。この方向に向かって、新年を告げるシリウスを遥拝するとすると、遥拝する者の真後ろ（後ろの正面）は真北から二十度西に傾くことになる。つまり、遥拝者は真南から二十度東に向かってシリウスを拝するが、シリウスはその人を真北から二十度西に傾いた方位において迎えることになる」と説明しています。不思議なことに、シリウスを狼とか犬とみなす思想は東西共通で、日本の山岳信仰で神格視されているオオカミは、シリウスに関係していると主張する人もいます。

この方位で作られた前方後円墳を、渡辺豊和は「ゾロアスター型古墳」と呼び、栗本慎一郎は「聖方位前方後円墳」と名づけています。五千基以上あるといわれている日本の前方後円墳のうち聖方位前方後円墳は五十基ほどあり、そのうち四十三基が大和よりも東にあり、間違いなく巨大であることを強調しています。蘇我氏の重要拠点である鹿島神宮も、この北の軸から西に対して二十度傾斜の聖方位配置で作られているそうです。現代では、ミトラ思想の痕跡を残しているのは鹿島神宮しか見当たらないようなので、ミトラ教を考えるには鹿島神宮にいくしかありません。

レイラインの本当の基準は「エーテル体」

こうした古代に属するグリッドは現代でもそのまま活用できるということを、あらためてクローズアップされてもよいのではないでしょうか。これは太陽の光線が走るところからレイラインと呼ばれていますが、しかし正確には、太陽の光が基準ではありません。神智学などでいう「エーテル体」というもので、それはあらゆる霊的な啓示、直観、体験、知識の土台となっているのですが、現代では、これを説明するのに多くの言葉を費やす必要があるでしょう。

アボリジニは「ソングラインで、歌われなくなった土地は死ぬ」と考えているとチャトウィンは書いていますが、しかし歴史好きが膨大にいる日本で、打ち捨てられている場所はそう多くはないかもしれません。エネルギーライン上には、必ず歌あるいは物語が備わっているのです。

それぞれの地域のグリッドの配置の計算単位は【図J】のようになります。正三角形を横に二つ張り合わせたような形が籠目グリッドです。一辺が三十里の正三角形なので、籠目グリッドの縦横サイズは三平方の定理で計算すればよいことになります。

籠目グリッドの一つの単位の中には、内角三十度、六十度、九十度の直角三角形があります。この斜辺が、東西ラインに対する、冬至と夏至の日の出・日没の角度ということです。ここでの二四・三キロという距離は十五里に相応します。

渡辺式に、まずは古代寸法としての三十里のダ

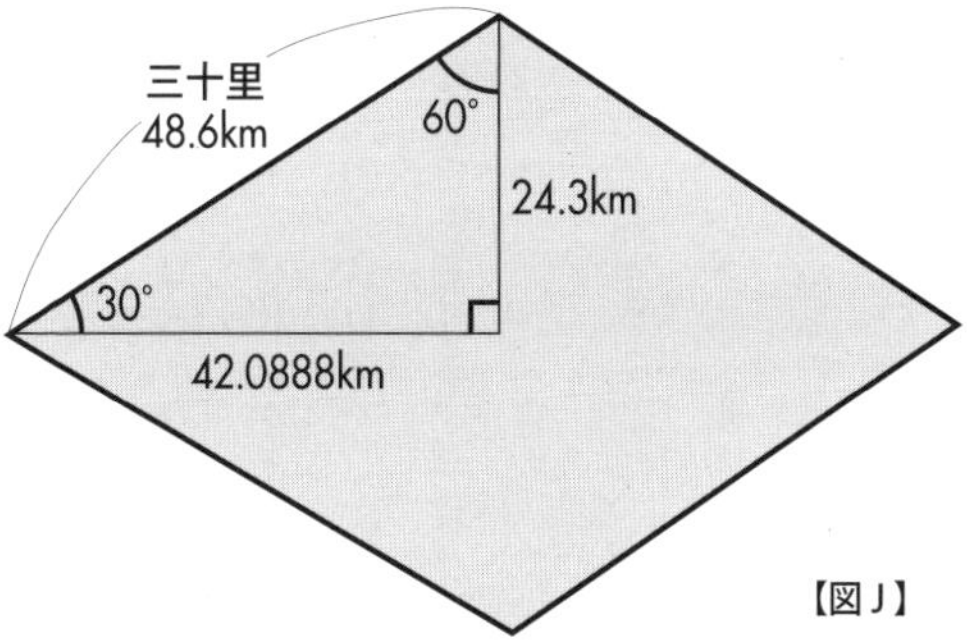

【図J】

イヤモンドグリッドを作っていき、その線上にあるものをパワースポットの候補地とします。交点は既に説明したように、エネルギーの強い焦点なので、あえて使われません。

関東地域では富士山あるいは御来光の道を基準にしてもよいでしょう。富士山を中心のセンターとみなす時には、あまり厳密な計算はできないことにもなります。平地と違い、山は影響が大きく広がり、ラインが多少ズレていても、許容範囲が大きくなるとみなします。

富士山は山と周囲の富士五湖を全部合わせ広範囲なパワースポットで、ピンポイントで決めるのが最も難しい場所です。レジャーで行った時でも、富士山の五合目までしか行かない人も多く、河口湖で数日過ごしましたという程度の旅行もたくさんあります。しかし、それでも十分なのです。

このグリッドの一次ラインが、南北に四八・六キロの三十里ラインということは、二次ラインはこの半分である十五里の二四・三キロです。つまり、一六二〇メートルの十五倍ということです。このラインを引いて、ここから三十度傾斜の線上にあるものは、一次よりはやや弱いが、やはりパワースポットです。ここでも交点は空白地点です。この正三角形を張り合わせた籠目グリッドは、内部にたくさん三角形を作り出すことができます。

最終的には、一ツカの四五センチにまで細分化できますが、ここまでくるとパワースポットという意味はなくなってしまいます。最低単位として一里の一六二〇メートルまで細分化して、私たちが住んでいる町内の地図を作成してもよいかもしれませんが、小さくなるほど誤差を減らすのは大変です。

私の考えでは、六十里、三十里、十五里、七・五里くらいまでが適切ではないかと思います。中心となるのは、あくまでも三十里です。

1

東日本地域

富士山【ふじさん】

〔北緯・三五度二一分三八秒
東経・一三八度四三分三八秒〕

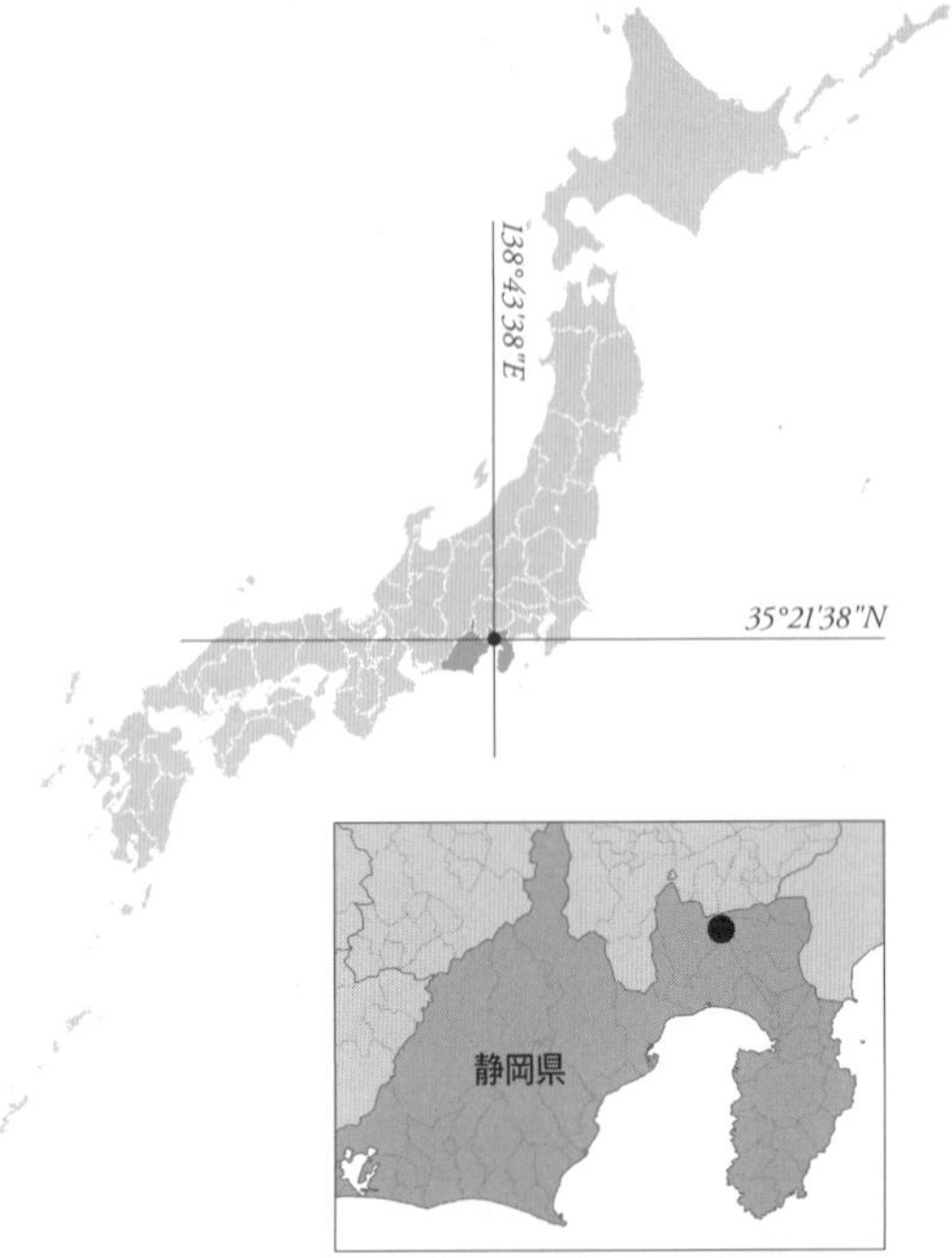

意志や実行力を高めたい人は富士山
受容的な要素を高めたい人は富士五湖

誰もがよく知っている富士山。自分の家の窓から見えるということでさえ幸福を招くといわれていたくらいですから、これが日本のパワースポットの代表であることはいうまでもありません。

古代に、この周囲には富士古代王朝というものがあったのだという話があります。その頃は富士五湖は宇津湖という一つの湖であったものが、噴火によって分断されたと『宮下文書《みやしたもんじょ》』に書かれています。『宮下文書』は偽書といわれていますが、しかしそれでもこの内容によって富士山近辺の探索をしようという人は今でもたくさんいて、私も昔、興味を持って富士山近辺を探索しました。そしておそらく人生の中で最大の体験を、富士山近辺でしたと思います。

富士山は日本の胸の部分に当たります。これはあらゆる生命の中心に存在し、また他のどんな生命体や有機体とも共感的に同調できるという作用があります。つまり、軸同士はあらゆるものが重なるのです。仏教ではこれを語ることを「中論」といいます。

このハートのセンターがうまく働かない人は個人の思惑とか信念に閉じ込められ、他の生物や他者と共感できないので、他のものが理解できなくなり、閉鎖的な生き方をしなくてはならないのです。そのため、富士山あるいはその周囲の富士五湖に行くのは、この胸の中心にあるセンターを開発することを意味します。それは人生全体をトータルに開運することに通じているのではないでしょうか。

その効果としては、より大きな活動分野。

考え方が大きく開かれ、閉じ込められない。

対人、結婚など人との関わりが全体的に良好になる。

影響力が強くなる。

応用力。

自分と違う他のものが理解できるようになる。

感情が豊かになる、などでしょう。

この富士山の周囲には、山中湖、河口湖、西湖、精進湖、本栖湖、それに忍野八海《おしのはっかい》があります。西湖の近くにある青木ヶ原樹海は、この水の上に浮かんだ土壌です。精進湖は、本栖湖・西湖と同じ水位にあり、この三つはかつて同じ湖（剗の海《せのうみ》）であったと考えられています。富士山の溶岩流でまず精進湖と本栖湖が分断され、次に貞観六年（八六四年）の大噴火によって西湖と分断されたといわれています。

この中で最も観光化が進んでいないのは西湖で、河口湖や山中湖の周囲には多数のホテルや民宿などがあるにもかかわらず、西湖の場合には、少数しかありません。賑やかな方が好きな人は西湖や本栖湖は向いていませんが、しかし静かに深く過ごしたい人には最適です。

富士五湖のそれぞれの性格を記述するのは難しいのですが、西湖はよく乙女の湖といわれ、五湖の中で最も女性的と考えられています。精進湖は精神的な向上に。本栖湖は集中力。山中湖は積極的な行動性。河口湖は社交的な性格を増加させます。

昔、私が富士古代王朝に興味を抱いていた頃は、西湖と精進湖ばかりに行きました。鳴沢林道に近く、そこから人穴に頻繁に出かけていたということもあります。人穴は富士講の開祖である藤原角行が修行していた場所です。

男性的な要素を高めて意志や実行力を高めたい人は富士山に、受容的な要素を高めたい人は富士五湖に行くとよいでしょう。山と湖は陽と陰と関係にありますが、互いに相対的な位置関係での陽と陰なので、湖は山次第で、山は湖次第です。言い方が妙ですが、それなりに富士五湖はプライドが高いといえます。

この両方を巡回する人は、人生のダイナミックなテンションが上がります。山というのは、古い時代には常に異界との接点でした。そしてエネルギーというのは、常に他の次元からしか入りません。そのため、富士山からのチャージは日本で最大級のものといえます。

欠点としては、何かしら誇大妄想的になりそうな傾向があるという点です。富士山の近くには膨大な数の宗教団体がありますが、冷静なものも、また発想の行き過ぎのものもたくさんあります。パワースポットに行っておかしくなった状態を、「神あたり」といいますが、富士山近くには神あたりの人がたくさんいました。神あたりのほとんどは、等身大の自分に戻ることですぐに回復できます。いつもの仕事を毎日すればよいのです。

内田一成は『レイラインハンター――日本の地霊を探訪する』（アールズ出版）で、御来光の道を日本の代表的なレイラインの場所と説明しています。

あらためて御来光の道を考えてみましょう【図K】。

このラインで、富士山に近い所にもいくつかのパワースポットがあります。しかしこの東西を貫く、つまり同じ北緯の場所は情報が共有されますから、似た匂いを醸し出していると考えてもよいのです。

【図K】

地図に示された場所: 出雲大社、元伊勢、竹生島、七面山、富士山、寒川神社、玉前神社

第三章 パワースポットはどこにあるのか？

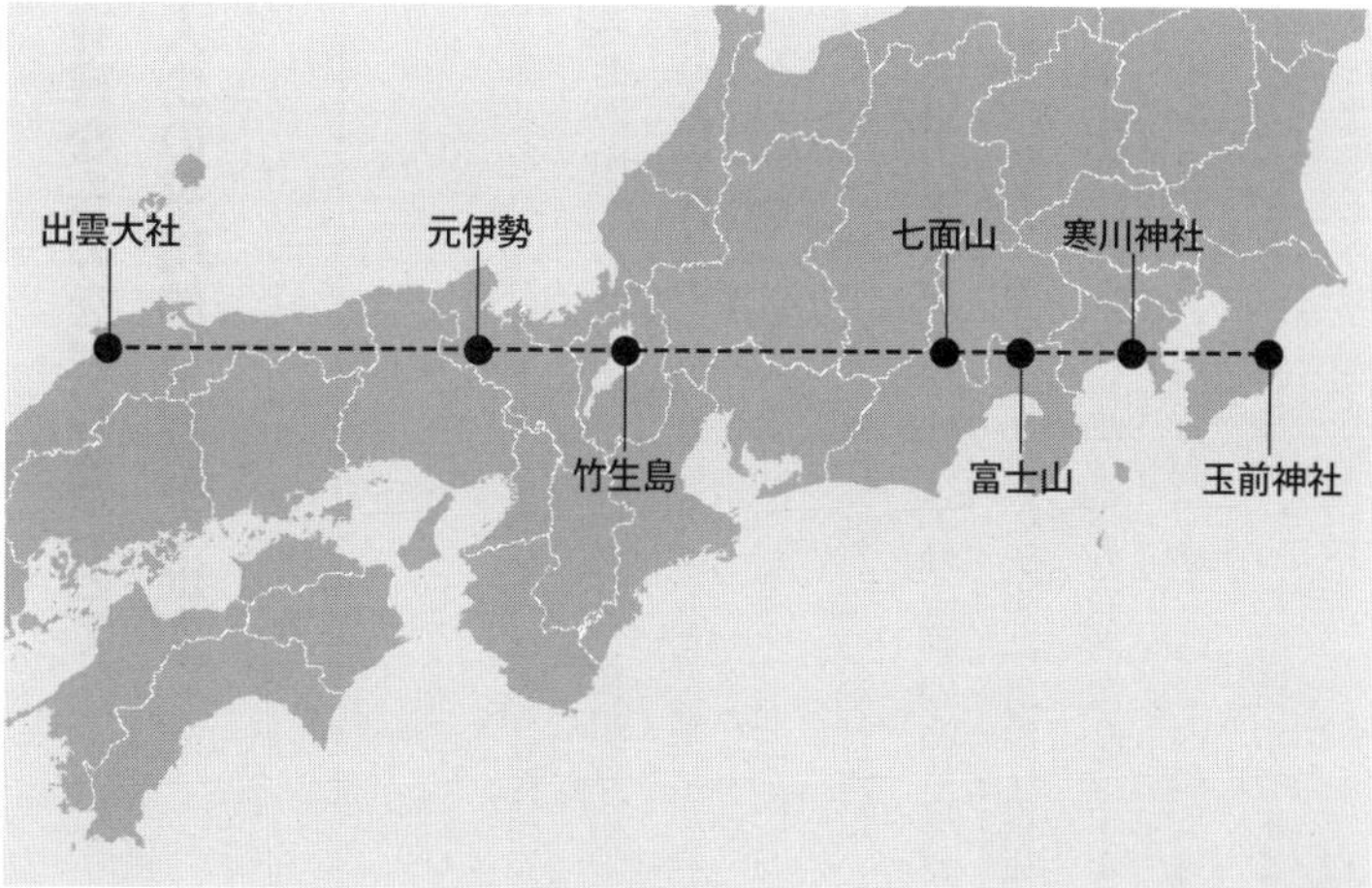

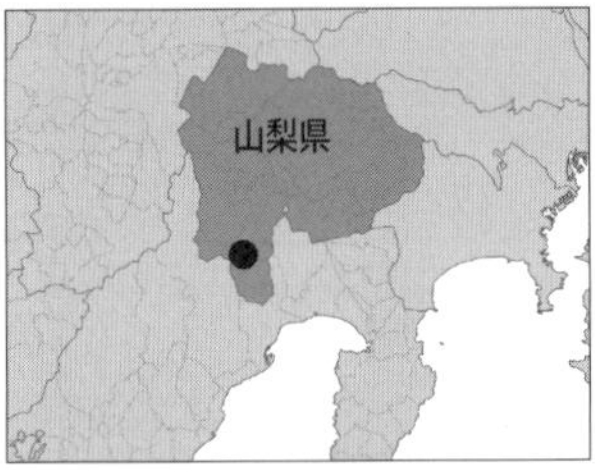

2

七面山

【しちめんざん】

〔北緯・三五度二一分五八秒
東経・一三八度二一分〇七秒〕

有害なものを封じることで人生の平均的な発展を促す

御来光の道の富士山の近くには、日蓮宗の聖山である七面山があります。七面山は、徳川家康の側室でもあった養珠院お万の方によって女人禁制が解かれたお山というふうに案内されています。七面山奥之院の「縁起」では、身延の草庵に住んでいた日蓮は、しばしば身延山《みのぶさん》山頂に登り、亡き父母の墓のある房総の方を拝していたそうです。日蓮が生まれたのは現在の鴨川市で、北緯三五度三分とか四分のあたりですから、東西ラインよりも少し南方向です。ちなみに養珠院お万の方は、そこから少し東にいった勝浦市の生まれで、これは北緯三五度八分前後です。

建治三年（一二七七年）九月、日蓮が説法をしていると七面山の七面大明神が姿を現しました。日蓮没後十六年目に、高弟の日朗が七面大明神を祀るために山に登ると、天女が大きな石の上に出現。日朗は、これを「影嚮石《ようごうせき》」と名づけ、これが七面山の開闢となったといいます。七面天女は法華経信者の守護神です。七面山は日蓮宗の専門で、一般の人には使えないパワースポットかというと、全くそうではありません。そもそも日蓮そのものが日本人全員に染み込んでいますから、限られた団体のものではありません。

登山道入り口から三十分くらいで肝心坊《かんじんぼう》。さらに三十分で中適坊《ちゅうてきぼう》。また四十五分で晴雲坊。三十分で和光門。門から五分で本堂入り口。五十分で山頂（一九八九メートル）。かなり時間がかかりますが、こうしたパワースポットは時間がかかった方がよいのです。影響が浸透するからです。

七面山より東の方角の山を一つ越えた彼方に身延山があります。身延山と七面山は同じ七面天女に関連しているといわれていて、この七面天女というのは緋色の竜で、厳島の弁財天なのだそうです。昔の人々が見たこのような幻視は、その場所の象徴的な力の表れなので、そこからこの身延山、七面山の力を考えてみるとよいでしょう。

七というのは積極的な前進力です。有害なものを封じて、人生の平均的な発達や発展、成就というものを促す効果だと考えるとよいでしょう。

身延山は北緯三五度二三分くらいで、七面山は北緯三五度二一分です。両方とも御来光の道に入るといえます。ただし太陽の光線の通り道ということにこだわり、位置の座標を正確に取りすぎると、パワースポットという考えから逸脱してしまいます。

3

大山【おおやま】

［北緯・三五度二六分二七秒
東経・一三九度一三分五二秒］

大山から富士山へ行き 帰りに江ノ島を回るのが豪華な開運コース

富士山の東、北緯三五度二六分あたりにあるのが神奈川県伊勢原市の大山です。御来光の道の基準からは四分程度ズレていますから、逸脱しすぎですが、私は重要な場所だと考えます。

この山には、大山阿夫利《おおやまあふり》神社がありますが、祭神は大山祇《おおやまつみ》大神です。伊邪那岐《いざなぎ》と伊邪那美《いざなみ》の間に生まれた神で、大山を管理するというのが神名の由来です。この神の娘がコノハナノサクヤビメで、皇子彦火火出見尊《ひこほほでみのみこと》を生んだ時に、父が喜んで天甜酒《あめのたむざけ》を造ったことから、酒造りの始まりとされています。また軍隊、特に水軍に崇拝されていました。

娘のコノハナノサクヤビメは、富士山を神体山としている富士山本宮浅間大社（静岡県富士宮市）と、配下の日本国内約一千三百社もある浅間神社に祀られています。各地の山を管轄している父のオオヤマツミから富士山を譲られ、東日本一帯を守護することになったといわれています。

富士山本宮浅間大社の社伝では、コノハナノサクヤビメは水神で、噴火を鎮めるために富士山に祀られていると考えられています。安産と子育ての神です。富士山の近くにある青木ヶ原樹海にはたくさん洞窟がありますが、これらはみなコノハナノサクヤビメの子宮だといわれています。藤原角行の人穴も、そのような子宮のうちの一つです。

富士山に行くのなら、その前に大山に行ってもよいのではないでしょうか。そうすれば父から娘へというコースが成り立ちます。大山の信仰は、「大山講」と呼ばれていて、そこに至る道は大山道といわれ、国道二四六号の別称「大山街道」として現在も名前が残っています。江戸の人々にとっては、大山詣でと江ノ島詣ではセットで、さらに金沢八景が入り、お金持ちはここに富士山をプラスしたのです。ちなみに京浜急行線の金沢八景駅は北緯三五度一九分あたりにあり、これも御来光の道に入れようと思う人もいるかもしれません。大山、富士山、帰りに江ノ島というのは豪華な開運コースです。

その昔、私が少数のメンバーと研究会をしていた時に、鎌倉往還修行というのをしていました。これは参加者に一人ずつ、鎌倉から富士山まで歩いてもらうというコースです。その頃、携帯電話はありませんでした。お金はその人を保護します。また仲間もその人を保護し、これらに守られると、社会的な人格の方が強く働き、その人の本質（自己）が誘引する固有の体験（神話的体験）というものがうまく引き出せません。ですから、金品などを持たない状態にして、参加者を夜の鎌倉の鶴岡八幡宮近くに放置してきます。参加者は一人で歩いて富士山に向かい、そして歩いて帰ってくるのです。こうした保護されていない状態での旅は、その人そのものを表す旅になります。東京は日常自我。富士山は本質的なものへと抜けていく通路で、それは胸のセンターに関係します。そしてより高度な次元とつながった部分です。鎌倉や江ノ島などはそれを仲介する、つまりは「太陽の前に上がる、案内者としての暁の金星」という役割だったのです。

特定のコースを歩いて開運したり、脱皮したり、精神的に発達するというのは、霊場巡りとか、山岳宗教、お遍路として、昔からポピュラーな方法です。

大山の麓では、多くのお店や旅館があり、豆腐懐石が名物です。大山から富士山への移動は、西の移動なので、それは対人関係や結婚など、ともかく人と関わることにおいての大きな発展を促します。

傾斜なしの直接の西の力は、自分にとって最も縁のあるものを引き寄せるか、あるいは対象が自分よりも大きい場合には、自分がそこに引き寄せられるという作用です。

4

箱根神社【はこねじんじゃ】
九頭龍神社（本宮）【くずりゅうじんじゃ】

［北緯・三五度一二分〇五秒
東経・一三九度〇一分四三秒］

［北緯・三五度一三分一四秒
東経・一三九度〇分一〇秒］

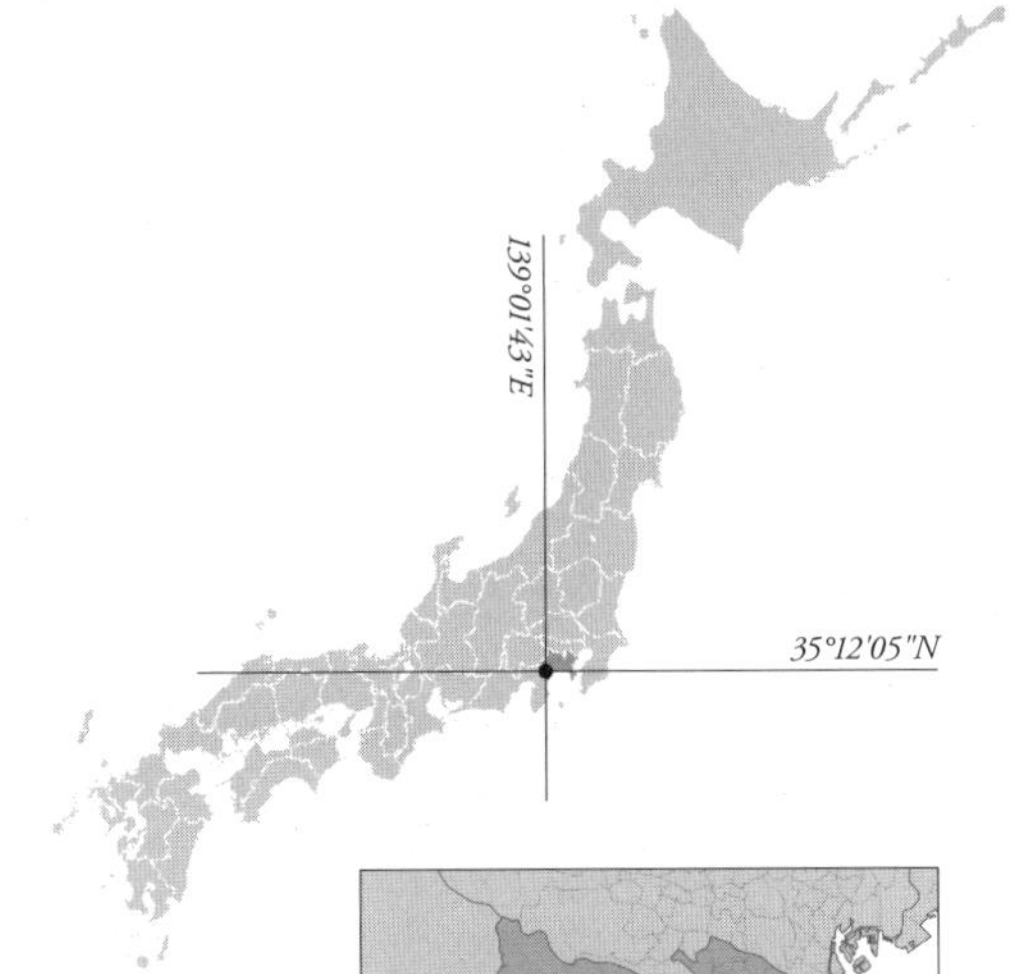

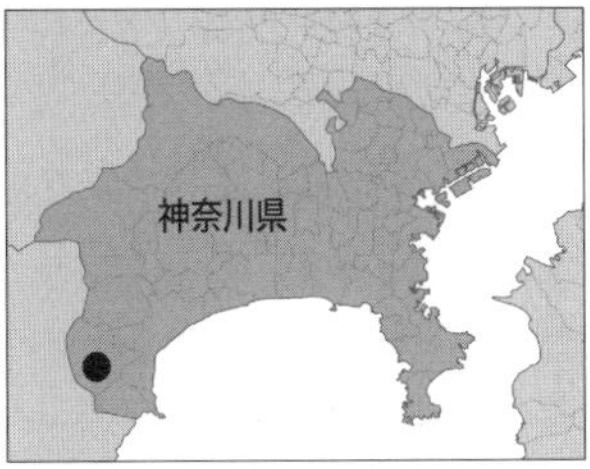

竜は人を元気づけて縁を強くさせる
自分の企画を通す力も与えてくれる

富士山から、一一二度方向（つまり東に向かって三一度南）にあるのが、芦ノ湖の箱根神社と九頭龍神社です。南東というのは、富士山から見て冬至の日の出方向です。それは社会的な達成とか野心の充足、富士山の力を大地に着地させるという意味になるでしょう。芦ノ湖畔にあり、湖の近くにある場所はみな水に関係したものがあると思います。

九頭龍神社の縁起は、箱根神社と同じ天平宝字元年（七五七年）で、箱根神社を開いた万巻上人《まんがんしょうにん》が調伏した竜を祀る神社とされています。

九頭龍伝説は全国にありますが、八岐大蛇《やまたのおろち》は八股なので、実際には九頭ではないかといわれています。奈良時代以前には、箱根の村では毎年白羽の矢が立った家の若い娘を芦ノ湖に棲む竜に人身御供に差し出す風習があったのだそうです。万巻上人は娘たちを助けるために御仏に祈り、人身御供の代わりに赤飯を捧げることを誓い竜を説得したそうです。

日本中に竜伝説というものがありますが、これはレイラインとかエネルギーのラインを連想させます。人間の生活の平安は、このような強い自然のグリッドの力にそのまま飲み込まれてしまうと変動が多くなります。最も強力なラインは、地球に内接する正四面体ですが、このライン上はみな火山などででこぼこした地形で、人が住めません。これが最も極端なケースです。

ヤマタノオロチも「目はホオズキのように真っ赤で、背中には苔や木が生え、腹は血でただれ、八つの谷、八つの峰にまたがるほど巨大」という話ですから、火山や山に関わるエーテルのラインそのものではないかと思います。

ラインの力が高まると大地の安定性は奪われ、人の暮らしも不安定になります。安定した場所は力が弱まりますが、暮らすには適しています。何事も起きず規則的な暮らしをしたい人は、パワースポットに近づかない方がよいし、もっと積極的で劇的で楽しい人生を生きたい場合には、パワースポットに馴染むのがよいのですが、しかし行き過ぎると、受け止めきれなくなります。人によってその加減が違うのですが、竜を分断した、成敗した、という説話では、こうした強すぎる力を緩和して、人の暮らしをより重視したという意味になるのでしょう。

しかし、人として自然界から孤立した生き方を始めてしまうと、生命力は枯渇します。今度は竜を呼ばなくてはならないということになるのです。パワースポットに行くということは、竜を呼ぶということに他なりません。近代自我は竜を殺してしまった。竜を殺した上で成り立つ自我は、土地の力をうまく利用することができません。未来的な人間は、この四次元的な惑星グリッドの力をあらためて再認識するだろうということから考えると、また竜を呼び戻すということになるのかもしれません。

竜伝説のパワースポットは、レイラインや惑星グリッドそのものの力を引きこむ「純粋な場」でもあり、誰かと縁を作りたい人や元気になりたい人、運を上げたい人は行くとよいでしょう。

富士山はちょっと大それていて、南東の箱根神社や九頭龍神社に着地させるのは適しています。南は着地に関係し、東は個人の主張に関係しますから、社会の中で自分の企画を生かすというような方向を強化します。

5

江ノ島【えのしま】

［北緯・三五度一八分〇秒
東経・一三九度二八分四〇秒］

お金と食べ物にも縁がある 思い切って可能性を伸ばしたい時にも最適

江戸時代の富士講では、富士山と江ノ島はセットでしたが、江ノ島は北緯三五度一八分で、御来光の道からは確実に脱線しています。むしろその北の藤沢がラインに入っています。私はこの江ノ島のズレが、江ノ島の程良い脱力感を表していると思います。江ノ島は白鳳元年（六七二年）に役小角《えんのおづの》が開基したといわれ、それ以来島全域が聖域として扱われています。

日本三大弁財天は、広島県宮島の厳島、琵琶湖の竹生島、そして江ノ島です。もともとの江島神社は、第一洞窟の中にあります。東京からは大変に行きやすいので、リゾート地としては気軽です。弁財天ですから、お金儲けには適しています。またある時期から、弁財天の頭の上には、宇迦之御魂神《うかのみたま》が乗るようになりましたが、これは食物の神様です。伏見稲荷大社の始まりの神様ですので、お金や食べ物などに縁があることになります。

三人の弁財天は、オリオンの三つ星であるアルニタク、ミンタカだといわれています。素戔男尊《すさのお》の剣がこの三つ星なのだそうです。スサノオは常にオリオンに結びつけられていますアルニラム、（北沢方邦『古事記の宇宙論』平凡社など）。また三人の弁財天は、武道に関係し、積極的に推進する力にも関係します。たとえていえば、気の強い女性というふうに解釈してもよいでしょう。水とその中の島というのは、日本では代表的なパワースポットですから、江ノ島はその定番的なものです。

宇宙の創造の炉といわれるオリオンの三つ星、そして戦いに関係する女性という意味では、受動的に生きたいという時には適していないと思います。むしろ事業をしたい、もっと思い切って可能性を伸ばしたいという時に効果的です。

しかし、江島神社は厳島ほどには緊迫感はなく、適度に脱力しているというのが特徴です。厳島神社に行くと、近所に呉港があり、そこは戦艦大和の故郷です。それに、「海猿」というドラマが流行してから、海上保安大学校に目がいきます。一帯が張り詰めたイメージもあり、そもそも三女神は戦いに関係するので、それを思い出しますが、江ノ島にはその気配もなく、急にサーファー天国になってしまい、おまけに島にはたくさん猫がいて、観光客に気を遣うわけでもなく退屈そうに寝ていますから、全体がリラックスしきっています。

小田急線というのは小田原や片瀬江ノ島の雰囲気がなだれ込んでいる線路です。気配を人が持ち込んでくるのですから、当然そうなるのです。

6 玉前神社 【たまさきじんじゃ】

〔北緯・三五度二二分三三秒
東経・一四〇度二一分三七秒〕

御来光の道の東のドアとして積極的に東の海の力を取り込む

御来光の道は、玉前神社で東の海に開かれ、西の出雲大社で西の海に開かれています。東から上がったものは西に沈んでいきます。玉前神社は海の傍に建っているわけではありませんが、東の海の力を取り込み、御来光の道の中に持ち込むと考えてもよいのです。その場合、東とは能動的な方向なので、積極的に海の力を取り込むという意味になります。

玉前神社の祭神は玉依姫命《たまよりひめのみこと》で、これは竜宮城の乙姫の豊玉姫神《とよたまひめのかみ》の妹です。トヨタマヒメもタマヨリヒメも、海の神様である大綿津見神《おおわたつみのかみ》の娘で、姉妹は綿津見の宮に住んでいました。姉のトヨタマヒメは日の御子の火遠理命《ほおりのみこと》と結婚し、ホオリノミコトは三年で地上に戻りました。子供を出産するため姉のトヨタマヒメも後を追って綿津見の宮を離れましたが、子供を生み終えると、一人で綿津見の宮に戻りました。出産する時に姿を見られてしまったためです。

残してきた子供の面倒を見るために、妹のタマヨリヒメが子供の養育係として、地上の葦原の国に行き、トヨタマヒメの子の鵜葺草葺不合命《うがやふきあえずのみこと》を育てました。そしてこの子が成人すると二人は結婚をし、タマヨリヒメは神武天皇の母になったというのが神話の話です。玉依の玉はしばしば霊という意味でも使われますから、タマ（神霊）の依り代になる姫ということで、これは巫女さんとか霊能者を意味します。

また、汐汲みの翁が、ある早朝海辺で汐を汲んでいると東風が吹いて波間に十二個の光る玉が現れ、玉前神社の神庫に納めたという話があります。タマヨリヒメも十二の玉も、海からやってきたものなので、玉前神社は、この東の海から持ち込まれた力というのがキーワードになるということです。

この場所に行った人は、もちろん海から取り入れるというイメージを抱くとよいのです。実際には海まではおよそ三キロ離れています。玉の浦と称していた九十九里浜の南端である釣が崎海岸あたりが由緒の地とされているようです。そこまで行ってみるのもよいでしょう。湖あるいは海と、山というでこぼこのセットが基本で、九頭龍神社のように湖の傍か、あるいは海の傍の玉前神社のような形式は、竜宮系列の基本です。

日本では海の中の「竜宮界」という言葉がよく出てきます。パワースポットを求めて神社に出向くと、想像を超えて竜神の多さに驚きます。竜は竜宮界に住んでいるのです。既に説明した江ノ島も九頭龍神社もそうです。果たして竜宮界とは何か考えてみましょう。

明治七年生まれの日本心霊主義運動の父といわれる

浅野和三郎《あさのわさぶろう》の講演が、著作権商用権の切れた心霊図書の紹介サイトである「心霊図書館」〈http://books.x0.com/〉の中に「龍宮界を探る―昭和六年十月二十五日大阪心霊科学協会にて」〈http://books.x0.com/journal/19321026.shtml〉というタイトルで収録されていますので紹介したいと思います（底本：雑誌「心霊と人生」第八巻第十二号。発行：心霊科学研究会 一九三一年（昭和六年）十二月一日）。

「私はこの十数年来ある程度龍宮の世界との交渉を有って居《お》り、殊《こと》に近来それが一層密接の度を加え、殆《ほと》んど私の心霊生活の重要部分を占めて居《い》ると申してよい位であります。で、現在の私は、こんな話を持ち出すことにより、縦令《たとえ》少々位世間の評判が悪《わ》るくなっても構《かま》わないというような気分になってまいりました。」

まずはこれが浅野和三郎の竜宮界に対する姿勢です。

「就中日本には龍神又は龍宮に最も縁故の深い貴重な神話伝説があり、苟《いやし》くも日本人にしてこれを知らないものは恐らく一人もないでしょう。申すまでもなく一つは古事記日本書紀の記録の中で特別に異彩を放っている彦火々出見命《ひこほほでみのみこと》と龍宮の豊玉姫《とよたまひめ》とのうるはしき恋物語、他の一つは浦島太郎と龍宮の乙姫との詩趣饒《ゆた》かなる同棲談であります。」

浦島太郎の話は、何十年経過しても不思議な魅力があります。この二つの話は同じという説もあります。浦島太郎は亀に連れられて竜宮城に行くのですが、亀は地球上で氷河期にも絶滅しなかった古い生き物で、それが仲介にならないと竜宮城には行けないのかもしれません。

「それから又信仰方面、就中《なかんずく》民間信仰の方面を一瞥《いちべつ》しますと、いかに龍神の観念が日本の国民生活に深く根を張っているかが一層よく判ります。海辺とか、湖辺とかの風光明媚な地点を選びて日本国の都鄙《とひ》到る所に鎮祭されている大小無数の弁天の祠堂《やしろ》、これは悉く《ことごと》龍神畑に属します。又弁天の祠堂《やしろ》でなくても、龍神と縁の深い神社はなかなか多いようです。」

竜宮は必ずしも海とは結びついていないので、陸地の神社でも竜が祀ってあるところはたくさん見つかります。海や水の中にある島で、弁天島と名づけられた場所は五十箇所以上あります。

「何等かの形式で龍神との霊的交渉を有する人々の数は少《すく》なくとも百を以《もっ》て数えることができるのであります。しかもそれ等の体験者達は必らずしも脳力の薄弱な、非常識者のみに限らない。文芸家とか、船員とか言ったような、何かある一つの仕事に全精神を打ち込んで他を顧《かえり》みるの遑《いとま》がないと言ったような人達の中には、案外多くの龍神党が発見せられるのであります。」

「龍神は最初から幽界若くは幽界以上の存在で、物質界には全然籍を置きません。われわれは斯《こ》うした存在を死者の霊魂と区別する為《た》めに特に元《もと》の生神《いきがみ》又は自然霊などという用語を用います。」

「龍神とは人間受持ちの神霊の事で、人間を生みつけ、又人間を守護する役目を有っているのであるから、畢竟人間の霊的祖先と思って貰ってよい。但し龍神は飽《あ》くまで人間よりも一段奥の世界の存在であり、そのまま物質界に現われて直接人間に化し、又人間の世話をする訳ではない。物質の内に宿るのは龍神の分霊だけで龍神の本体は永久にこちらの世界に残る。最初龍がその分霊を地上の物質に宿して醞醸《うんじょう》醗酵せしめた生物――換言すれば龍神の分霊から発生した原始的人間は一と口に言ったらただの虫けらで、現在の人間に比べるとまるきりお話しにならぬほど単純なものであった。その虫けらが多大の年月を閲す間に次第に複雑微妙な進化を遂げ、とうとう現在のような人体を成すに至った。」

このような記述からみると、浅野和三郎は、竜宮界は人間を生んだ母体だと考えているようです。

「龍宮界のものが、人間に接するに当りては、時と場合とに応じていかようにも姿を変え得るが、しかし其間《そのかん》に自から一定の法式が出来て居《い》る。日本国民には日本国民の既成観念に相応した姿を以《もっ》て現われ、その他印度人、支那人、欧米人とそれぞれ適当な姿で現われる。」

「例えば西洋でよくいう天使《エンゼル》――あれは本来悉く龍神の化現である。仏教徒の接するもろもろの仏、菩薩等とても皆同様である。斯《こ》うした形態の相違は畢竟《ひっきょう》それぞれの民族性の相違から自から来るものであると観て差支あるまい……。」

「例えば古伝説の中に伝えられている龍宮城の光景などは今日でも優れ霊視能力者の眼底にありありと再現します……。」

「今も尚《な》お昔と同じく豊玉姫だの、綿津見神だのという、いろいろの夢幻的人物がありし日の服装で出現し、こちらの問いに応じて、非常に親しみのある態度で何くれとお話しをしてくださるのですから何とも素晴らしい話で、他人が何と仰っしゃろうが、私には斯んな面白い、同時に斯んな有意義な事柄はめったに見当らなさそうに感ぜられます。何《いず》れ機会……を見て筆で描いて見ましょう。」

私の体験を紹介します。ヘミシンクをはじめて一年くらい経過してから、私はある時期から、宗像三女神がよくイメージに出てくるようになりました。三人のうち一人は影が薄く、残りの二人のうちの一人である多岐津姫《たぎつひめ》は若く元気で、残る一人の多紀理姫《たぎりひめ》は中年で太っていました。そして、このタギリヒメは緑色の鱗のような光る洋服を着ているというのが、いかにもありそうなイメージでした。一時占有されていた時期には、他のことに関心を持とうとするとタギリヒメが立ちはだかり「私はすべてを持っているのだから、他に目を向ける必要などない」といわれたことがあります。

ヘミシンクをしていると、声も聞こえてくることがあります。ある時期に、それが突然消失したのですが、それまでは非常に濃い出現をしていたのと、なぜか、黄金《きん》に関する話題が多かったのを覚えています。竜宮乙姫について書いている本を読んだことがありますが、そこでは、やはり黄金の話題が出てくるというふうに書いてあります。最初に接触したのは大本教の出口なおと書いてある本もありましたが、それはあり得ないことでしょう。歴史の中では非常に古くからそういう事例はあるのです。私のところに出現したのは神話的元型ですから、接触している人の数ほど複製が作られます。そのため、誰か特別なところにだけ現れるわけではありません。それでは原理に反しています。あたかも三次元の人のように、特定の場所性・時間性を持つなどと考えてしまうと、大きく勘違いしてしまいます。性格的・魂的な縁があれば誰でも接触するでしょう。

浅野和三郎の話では、人間に生まれてきたことはなく、幽界あるいはそれ以上の世界というふうに説明されていますが、これは人によっては比較的次元の低い世界と判断することもあります。おそらくそれが重要なことで、もっと高度なレベルのものだと開運にもならないし、実生活には何の影響もないでしょう。

幽界というのは精神からすると低く、また物質からすると高いのです。幽界に関わってはならないと思う人がいますが、それは何らかしらの勘違いをしています。つまり、その人たちは精神が幽界にまで落ちると考えてしまうようです。人間を一枚岩みたいに考えてしまうのです。

私たちは精神・感情・肉体の三つでできていると考えるとよいでしょう。これを「三分節」といい、プロティヌスなどが提唱していた考え方です。これは天・地・人とも同じです。このうち精神が幽界に行ってしまうというのは、ほとんど何も考えられなくなることであり、ほとんどあり得ないことです。まず会話さえできない人間になってしまいます。幽界にあるというのは、つまりは精神とか感情ではなく、肉体が幽界にあることを意味します。すると、感情や精神は底上げされて、今の人間よりもはるかに高度なところに行ってしまいます。人間はその水準に達することは今のところできません。人間はアセンションするのだという話がありますが、アセンションしても、そこに到達しにくいのです。

精神・感情・肉体という三つの層のうち、トップの精神が幽界にあるというのは、パワーストーンの生存レベルです。身体はもちろん石です。歩くことさえできません。

浅野和三郎は、天使や菩薩などが竜宮界の存在であると定義していますが、いずれにしても、この竜宮に扉の開いている玉前神社は、御来光の道の東のドアなのです。

7 安房神社【あわじんじゃ】

［北緯・三四度五五分二〇秒
東経・一三九度五〇分一二秒］

三輪山ネットワークに乗る場所
占いや神事に大きな影響を与える

玉前神社のことを扱ったので、近場の安房神社も取り上げたいと思います。所在地は千葉県館山市の一ノ宮です。房総半島の南端近くにあり、渡辺豊和の三輪山ネットワークの図に乗っています。

安房神社は、阿波国から渡ってきた忌部《いんべ》氏によって作られたとあります。安房国は忌部氏が開拓した土地であって、忌部五部神などを祭神として祀っています。天太玉命《あめのふとだまのみこと》、天乃比理咩命《あめのひりとめのみこと》（アメノフトダマノミコトの妃神）、櫛明玉命《くしあかるたまのみこと》（出雲忌部の祖）、天日鷲命《あめのひわしのみこと》（阿波忌部の祖）、手置帆負命《たおきほおいのみこと》（讃岐忌部の祖）、彦狭知命《ひこさしりのみこと》（紀伊忌部の祖）、天目一箇命《あめのまひとつのみこと》（筑紫忌部・伊勢忌部の祖）

などがずらっと並びます。

　このうち、アメノフトダマノミコトというのは忌部氏の先祖で、高御産巣日神《たかみむすびのかみ》の子供であり、『古事記』では布刀玉命《ふとだま》と表記しますが、天照大神《あまてらす》が岩戸隠れをした時に、アマテラスを出すために思金神《おもいかね》が考え出した方策の是非を、アメノフトダマノミコトと天児屋命《あめのこやねのみこと》が、太占《ふとまに》という占いで決めたのです。勾玉・八咫鏡などを下げた天の香山の五百箇真賢木《いおつまさかき》を捧げ持ち、アマテラスが岩戸から顔を覗かせた瞬間に、アメノコヤネと共にその前に鏡を差し出したとあります。

　忌部氏は、麻や綿の栽培に関係します。紙は中国・朝鮮から来たと考えられていますが、その前に、忌部氏は国家の祭祀を担当し、そこで使う御幣《ごへい》を、麻で作っていたといわれています。後の時代には紙で作られるようになったのですが、上代では、「木綿《ゆう》」と呼び、麻で作ったのだといいます。紙を「カミ」と呼ぶのも、はじめは神事にのみ活用していたからだという説があります。

　阿波国の忌部は、この千葉に上陸し、良い麻が生育することから、「総《ふさ》（麻の古語）」の地という名前をつけ、阿波国忌部氏の終の住処としました。といっても、一万年に渡る縄文先住文化が作り出してきた縄文大麻は、忌部大麻に駆逐されたといいますから、忌部氏の栽培するものは日本の自生種ではなかったようです。

　忌部氏を麻、綿と見るならば秦氏は絹です。忌部氏は斎部《いんべ》氏ともいいますが、これは秦氏ともともとは同じ種族だった可能性もあります。しかし後の時代には、秦氏と忌部氏は伊勢地域などで争い、差別しあっています。忌部氏は『古事記』にあるように、中臣氏と朝廷においての祭祀を預かっており、最も呪術色の強い氏族でしたが、藤原氏が権力を持つようになった段階で没落していったようです。天皇家と、吾道《あち》・物部・忌部・占部《うらべ》・出雲・三輪の六家の資料を秦河勝《はたのかわかつ》が集めることで、先代旧事本紀七十二巻ができたといわれていますが、今の日本人の基本構造は、没落した忌部氏も入れなくては成り立ちません。秦氏も忌部氏も蘇我氏も渡来系ですが、ルーツの一つとして、日本人で関係のない人はいないでしょう。

占いは秦氏に大いに関係しますが、この場合、猿楽が秦氏の持ち込んだものなので、神卸《かみおろし》の呪術のようなもので、巫女もこれに近くなります。しかし忌部氏のものは、太占やツールをたくさん使うもので、人間の側が神がかりになるわけではありません。ただしドラッグは大麻ですから、忌部氏に関連づけられます。

オーストラリアのアボリジニは、伝統的に大麻を吸いますが、現代でも、オーストラリアのメディカルジャーナルの調査では、二〇〇六年の段階で六割が大麻を吸っているそうです。もともと伝統ですから、好みからいえば、九割以上が常用したいと主張するのです。

日本では、明治までは農家で大麻を嗜好するのは普通でした。眼圧が下がり健康にもなるからですが、アボリジニのドリームタイムと大麻は密接な関係があります。忌部氏もそういう関係の人々でした。しかし現代では使用は禁止されていますから、復活させるのは反社会的です。

ホロトロピックセラピーのスタニスラフ・グロフは、変性意識を促すのに大量のＬＳＤを使って実験していましたが、それが禁止された段階で、代わりに過呼吸のグロフブリージングを開発しました。効果としては、おそらくほとんど同じか、あるいはそれ以上です。呼吸法やリラックス法は、実はドラッグを使うよりも変性意識に向かいやすいのです。

安房神社の近くは空気が澄んでいて、ここに来た人はみなリフレッシュされるといいます。

8

寒川神社【さむかわじんじゃ】

［北緯・三五度二二分四三秒
東経・一三九度二二分五三秒］

富士山のような大それたものとは異なり実用的な開運やスイッチ切り替えに関係

御来光の道を玉前神社から西に移動すると神奈川に入り、寒川神社に突き当たります。しかしその前に、木更津や横浜を通過します。そのため、横浜も御来光の道ラインの力が入った場所なのだと意識するのならば、金沢八景を入れるべきでしょう。玉前神社は北緯三五度二二分でした。寒川神社も同じ北緯三五度二二分で、金沢八景は北緯三五度一九分で、多少逸脱します。その後、寒川神社のエリアに入ります。

寒川神社の祭神は寒川比古命《さむかわひこのみこと》と寒川比女命《さむかわひめのみこと》という夫婦神で、これは記紀にも登場しませんが、中央に対して抵抗する地方の神であるという説があります。寒川神そのものの伝承は五世紀からあるようです。寒川神社は、八方除けの守護神としてよく知られています。この八方向というのは、方位を八等分することで、東・西・南・北・北東・南東・北西・南西の八つの方向です。間隔は四十五度です。

寒川神社は中央に従わない、地方神の力を表していますから、それは組織とか国家に迎合しない活動力です。そのことを念頭に置いて、そこから方位を考え、発展力を考えていくのです。

東西線はもちろん御来光の道に沿っていて、南北線は子午線です。これは方位としては、ゼロポイントのようなもので、ここからさまざまな影響が入ってくる「敏感な扉」を意味します。日本列島の中で、東の扉として玉前神社があり、そこに十二個の玉やタマヨリヒメがやってきます。また出雲大社は西の扉であり、それは大陸からやってくるものがあります。

これらは、日本という集団意識に持ち込まれる竜宮界的な影響だと考えてみましょう。さらに東西は、個人の力の増減を表しています。そのため、集合無意識に持ち込まれたとしても、それに属する個人、一人ひとりの活力に関係してくるラインです。東に向くと個人の主張が強まり、その分、他の人の話は聞こえにくくなり、西に向かうと個人の主張が弱まり、他の人の意見を聞くようになります。その比率の増減なのです。それに対して南北の子午線は、社会的な権力とか集団性からの力の介入を意味します。太陽が子午線に接した時、太陽の生命力はこの世の権力と結合して、立場の強い人を生み出すのです。

四十五度角度について考えてみます。北東・南東・北西・南西、あるいは右前・右後・左前・左後の四つの方位は四隅と呼ばれます。東西南北を+とすると、斜め角度の十字は×で、西洋占星術であれば、牡牛座、獅子座、蠍座、水瓶座のそれぞれ十五度を意味しており、それは自然界のパワーのピーク点を意味します。

所有のエネルギーを表すのです。東西南北が活動力ならば、四十五度の四つはその持ち物です。

昔の日本では、方位としては十二支に結びつけられた十二方位が使われていましたが、これは、夏至と冬至の日の出・日没は、東西線に対しておよそ三十度傾斜するので、そこから分類すると、方位は十二になったからという理由もあります。

寒川神社から八方向あるいは十二方向でさまざまな力線が伸び、まるで寒川神社は、そのネットワークの実用的なハブのような立場になっています。富士山は大それた領域との接触に関係しますが、寒川神社はもっと実用的な開運、動作、企画、種々のスイッチ切り替えに関係するようです。

寒川神社から東は玉前神社です。寒川神社から玉前神社に向かうと、それは東の力の強化になり、個人の主張や行動力、勝利を強めることができるでしょう。

北東方向で、東から三十度方向といえば、六十一度に香取神宮があります。また五十九度に鹿島神宮があります。東は個人を強め、北は見えない集団性、つまり家族や先祖、家系、魂のクラスターを表しますから、個人として家族的な集団参加などに関係します。また南東三十度はお金とか財産に関係します。お金持ちになりたい人は、寒川神社から香取神宮または鹿島神宮へと移動するコースを歩んでみるとよいでしょう。

八方として、北東の四十五度には明治神宮があります。寒川神社から明治神宮へのコースは、経済的な頂点、物質の豊かさ、ビジネスでの勝利などが挙げられます。寒川神社という古い時代の地方神が、そのまま最も現代的な場所に向かうという意味で、現代ビジネスシーンに殴り込みをかけるということです。

寒川神社から西はもちろん富士山です。この場合、寒川神社から富士山に向かうコースを移動すると、東から西へということで、個人の自己主張の力を弱めつつ、より大きな力を吸い込んでいくということになりますから、結婚とか対人関係などでは有効です。日本の結婚は家の結婚であり、それは南や北の力です。それに比較して東と西の関わりは個人対個人ですから、家の意図があまり入ってこない、それぞれの個人の意志を重視した係わり合いという意味になります。しかし西方向は、私という主張を引っ込めることで成り立つので、結婚も、相手の意志が重視されます。自分が仕切りたいのなら東に行くべきで、さらに家庭ということなら、北東三十度ということになるのでしょう。

寒川神社から南東三十度に入るのは鎌倉の極楽寺《ごくらくじ》です。これは鎌倉三十三観音霊場の一つで、極楽寺一つ取り上げるよりも、葡萄の房のように、すべてをセットにした方がよいと考えます。また葉山や逗子などもこの方向です。南は社会的な成功で東は主張です。ですから、自分を主張して仕事などで目立つ、もっと積極的に社会参加するということに、この方向の力が働きます。こうした願望実現は、一点のみでなくてはなりません。しかも具体的な方がよいのです。

アファメーションとして「私は何々をしたいために、この方向に向かって進んでいます。必ずこれを実現します」というふうなものがよいでしょう。細かい話ですが、「何々をしたいです」という言い方だと、永久に「したい」というだけになるので、実現しないといわれています。

地球グリッドや神社、レイラインのハブで願望をいうことは、すべての人が聞いている放送局で集団無意識の中に放送するようなものです。無意識に聞いていた人で、それに反応してもよいという人は、反応してきます。「仕事がほしい」と叫ぶと、その放送を聞いていた人が「仕事をしてくれる人を探していた。仕事をあげるよ」と反応するわけです。

強いグリッドの上で放送するほど、電波の強い放送局で放送するようなもので、反応も激しくなります。私の個人的な体験では、願望は実現しやすい。しかし困る問題は、それを後で止めるのが難しいということです。効きすぎる薬という印象があります。それぞれのグリッドの線の上の神社は、四次元的な作用の土台となるエーテル体の上にイメージを持ち込み、このイメージの中に強く飛び込むという作用なので、確実にするためには、願望を打ち消すような反対の葛藤を持ち込んではならないということです。そしてイメージの中に崖から飛び込むように、大胆に入ることです。

寒川神社から二九六度近辺、つまり北西方向へ二十六度くらい傾斜したところに大山があります。もちろん山なので、その頂上にぴったり合わせる必要はないので、これは三十度に近い場所といえます。大山は富士山に連なる御来光の道から四分ほど脱線した所にある山ですが、寒川神社という距離の近い所から見ると、三十度傾斜の範囲に入るわけです。西は自己主張を弱めて相手を受け入れること。また北は見えない集団性という、霊的なあるいは家族的な関係へと吸収されていきますから、自分自身が弱まり、より大きな世界へ飲み込まれていくことを意味します。そのため、小さなものが消えて大きなものに参加するというようなイメージで向かうとよいでしょう。ほとんど他力本願です。

寒川神社から二三九度、つまり南西方向へ三十一度の所に箱根神社があります。これは富士山から東南三十一度でしたから、御来光の道の富士山、寒川神社の両方の交点になります。

この富士山、寒川神社、箱根神社の直角三角形の短い辺を互いに張り合わせたような形は、わりに頻繁に使うループとして考えてもよいのではないかと思います。とてもリーズナブルな印象があります。

9 鎌倉三十三観音霊場

【かまくらさんじゅうさんかんのんれいじょう】

模擬的に全宇宙を体験することで
自分を一つレベルアップすることができる

寒川神社から、冬至の日の出の方向にある極楽寺は鎌倉三十三観音霊場の一つです。三十三番目の札所である円覚寺《えんかくじ》は、北緯三五度二〇分ですから、富士山の御来光の道よりも一分下。だいたいイメージとしては、この御来光の道を枝にして、そこにぶら下がった果実のようなものが、鎌倉三十三観音霊場と考えてもよいかもしれません。

そもそも狭い場所に、このような密集した霊場を作る意義ですが、これを一つの宇宙とみなします。つまりは箱庭です。この中に宇宙の雛形があると考えます。そして主要部分を巡回すると、そのコスモスの上で平均的に発達するとみなすのです。すると、このコスモスの中心にもう一つ上の次元が開き、つまりは土地を利用して、自分を一つレベルアップするということが、この霊場巡りの法則の基本です。日常の暮らしの中では、偏ったところしか使わないので、このレベルアップというのが難しいのです。そこで、模擬的に全宇宙を体験するという、この仕組みが作られたと考えてもよいでしょう。

例えば、インドの思想で人は七回生まれ変わるという考え方があります。これは時間の中にこの主要部品が配置されていて、それらをすべて体験すると輪廻が終わり、次の次元が開くということなのです。時間の中に複数。空間の中に複数。これは共鳴しあい、時には交換します。

「主要項目をすべて体験すると、次の扉が開く」というのは鉄則です。満期になるために、霊場をぐるぐる回る手法には深い知恵があります。

鎌倉は東京に近いので、東京近郊に住む人にはかなり使いやすいラインです。

好みならば、あなたが住んでいる地域で、この構造を作ってもよいと思います。これは自分の力の場作りです。籠目グリッドを何回か細分化します。細分化というのは、正三角形の辺の中点を結ぶ反対側の三角形を作ることです【図L】。起点は三輪山あるいは富士山です。

三十里ネットワークは、一里が一六二〇メートルで、三十里、十五里、十里、七・五里、五里などが考えられます。特に、十五里を三分割した五里ネットワークは、八一〇〇メートルの辺を持つ三角形ということになります。小さいものほど力は弱まりますが、リーズナブルになります。つまり強すぎるものは、扱いに困ることが多いという面もあるのです。

例えば、あなたがごく平凡な暮らしの中で、ちょっとした開運をしたいという場合に、富士山の力を頻繁に吸い込むと扱いきれなくなります。扱いきれないものを吸い込んだ場合には、逆に元気がなくなり、ぐったりしてくることが多いと思います。

八一〇〇メートルの辺を持つ正三角形のうち、一つの辺は南北のラインです。そして、この南北を半分に分割して、四〇五〇メートルの短辺を持つ直角三角形にしてもよいわけです。この場合、この短辺を歩くと一時間だとすると、斜辺はその倍なので二時間プラス。さらに短辺に対して直角のラインは、短辺と斜辺の間。合計、四時間数十分ということになります【図M】。

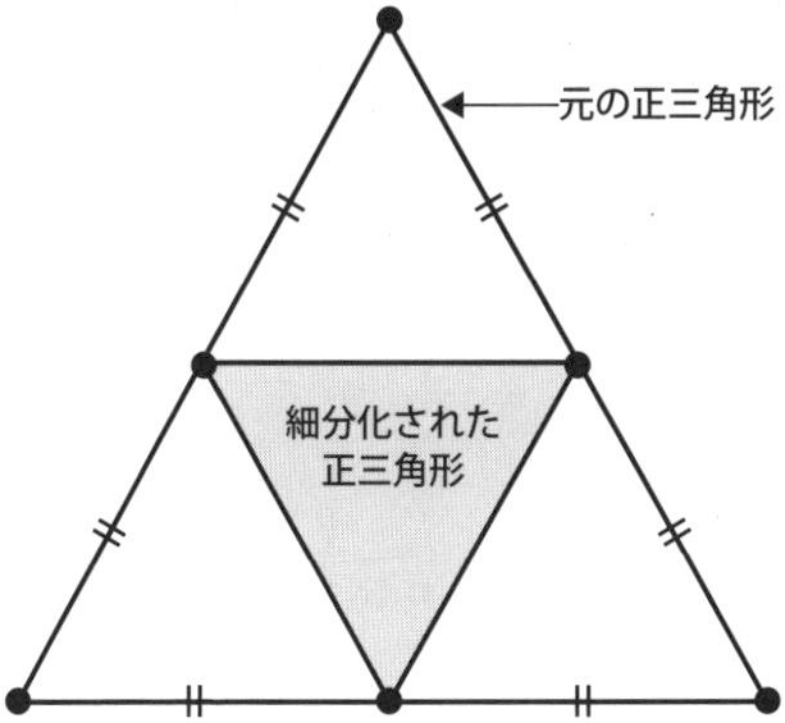

【図L】

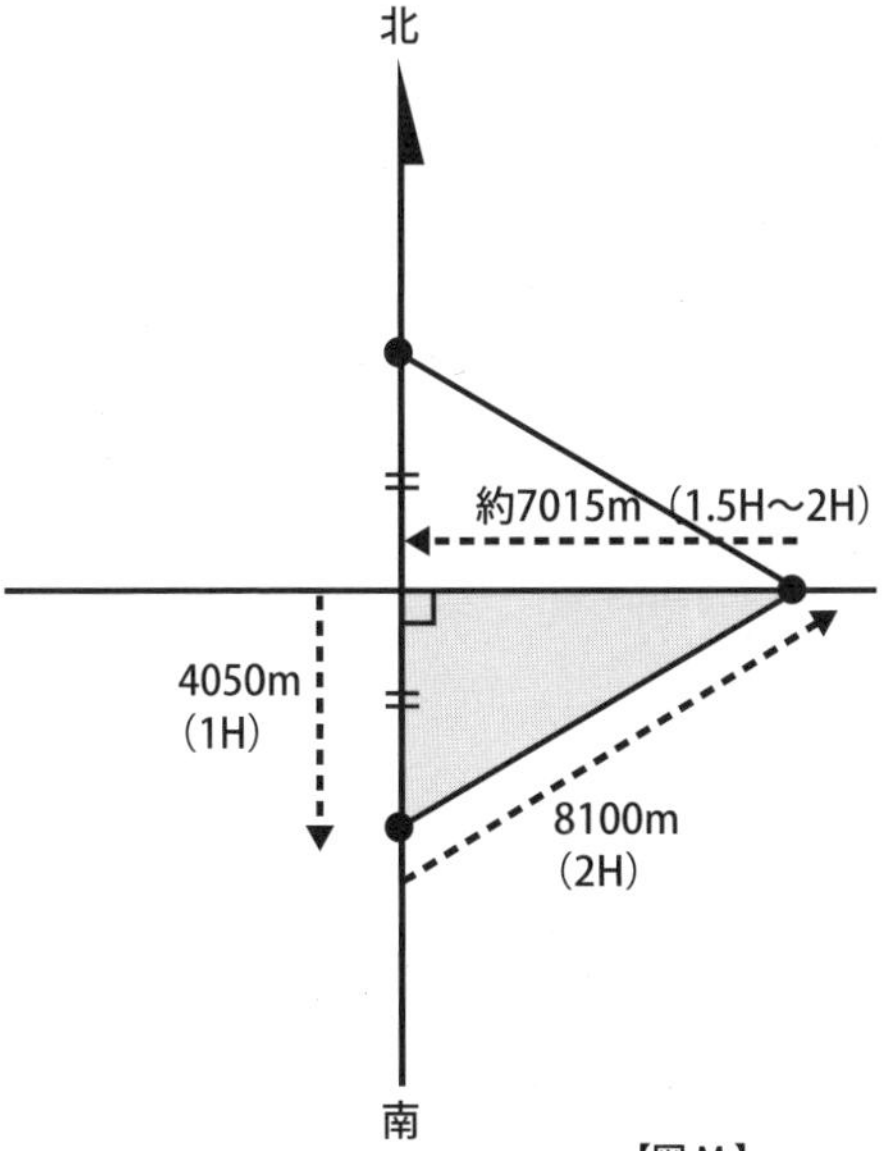

【図M】

東京近郊及び関東近辺

それでは、東日本地域の中からもっと東京近郊及び関東近辺に目を向けてみましょう。

下の図【図N】を見ると、関東近辺では、高尾山があります。しかし東京で見るならば、もっとラインを細かくする必要がありそうです。

三輪山ネットワーク、別名「太陽の道」の三十里ネットワークの南北距離は四八・六キロです。東京に近い場所での基準として玉前神社や寒川神社が属する御来光の道が、多少の誤差を含みつつ、それに属していることになると、まずはこの御来光の道である北緯三五度二十二分（玉前神社基準

【図N】

は北緯三五度二二分三三秒）から考えることにして、ここに三十里の四八・六キロ、それでも合わない場合には二次ラインの十五里である二四・三キロを足します。東京区域だけなら、実際にはもっと細かくする必要はあると思いますから、七・五里でもよいでしょう。この複数の東西線を基準にして、その上に何か乗るか、あるいはそこから四つの三十度傾斜の方向が該当の場所になります。

【北緯ライン】

北緯の一度は一一一・一キロ、一分は一・八五二キロ。一秒はおよそ三〇・八メートル。三十里の四八・六キロは、だいたい二六・二四分です（二六分一四秒）。さらに十五里は一三・一二分（一三分七秒）。御来光の道に足すと、玉前神社基準で北緯三五度四八分四八秒。あるいは十五里足すと、北緯三五度三五分四六秒。細かくなるほどはじめの誤差が問題になりそうです。

狭い東京で、まずは北緯三五度四八分四八秒。それでも無理な場合には、北緯三五度三五分四六秒で探しましょう。つけ加えておくと、御来光の道よりも南に十五里は北緯三五度〇九分二七秒、さらに十五里で北緯三四度五六分二〇秒。北では北緯三六度〇一分五五秒、北緯三六度一五分〇二秒。

【東経ライン】

東経では、富士山は一三八度四三分三八・五一五三秒。東に四二・〇八八八キロ足します。緯度と違い、経度の距離は場所によって変わります。小学校などで、紙で地球儀を作ったことがある人は、張り合わせる用紙が上下に向かって小さくなっていることを覚えているかもしれません。

東京近辺は経度一度が九万三六〇メートル。そのため四二・〇八八八キロは、二七・九四分（二七分五七秒）となり、これを足すと、東経一三九度一一分三六秒前後になります。さらに、東に一三九度三九分三一秒。さらに東は一四〇度〇七分二八秒です。

この距離は、北へあるいは南に向かうにつれて変わってきますので、東京近郊でしか使えません。

まずは富士山を中心にして図を作ってみましょう。作図すると、高尾山は北緯三五度三七分三〇秒で、御来光の道の十五里上ラインに近いところにあります。富士山からは五八度で、北東方向の傾斜三十度範囲にあるということになります。高尾山は、そのまま三輪山ネットワークに入っているとみなしてもよいでしょう。

10

高尾山【たかおさん】

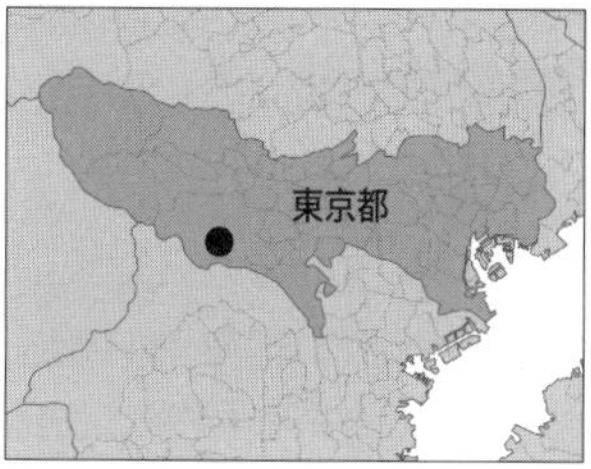

［北緯・三五度三七分三〇秒
東経・一三九度一四分三六秒］

戦いに勝つことや目的を遂げること悩みや迷い事を絶つのにも有効

高尾山は、近年ポピュラーな東京区域のパワースポットです。評判すぎて、休日には人が混雑するはめになってしまいました。その理由としては二〇〇七年ミシュランの旅行ガイドで三ツ星を獲得して、海外からも行楽客が押し寄せてきたということもあります。高尾山から見て富士山は南西三十度傾斜にあるということは、冬至の日没方向です。新年の御来光よりも、冬至に、富士山の頂上に吸い込まれるように沈む夕陽（ダイヤモンド富士）を見ることが重視されているようです。この地域は「明治の森高尾国定公園」に指定されていて、草木の一本も切ってはならないのです。

もともとは修験道の山で、高尾山薬王院有喜寺《たかおさんやくおういんゆうきじ》があります。奈良時代の天平一六年（七四四年）に、行基《ぎょうき》が開山したもので、初期のご本尊は薬師如来。三月には、山伏と共に一般の人も火渡り行ができます。薬王院は薬師如来を安置する大本堂、飯縄《いづな》（綱）権現《ごんげん》を安置する飯綱権現堂、不動明王を祀る奥之院不動堂の三堂を中核に構成されていますが、実際には南北朝時代に、この飯縄権現を祀ってから、高尾山には急に修行者が増えたようです。

飯縄権現はサイキックな妖術に関係していて、長野県の飯縄山（飯綱山）から始まった山岳信仰です。白狐に乗った烏天狗で、しかも時々白狐には蛇が巻きついています。武田信玄はそもそも戦術に呪術を使ったり、歩き巫女の集団をスパイとして活用した人ですが、飯縄権現を深く信仰していたといいます。また上杉謙信の兜の前立が飯縄権現像であるのは有名で、戦国武将の間では飯縄信仰はそうとうに流行したのです。

飯縄信仰を紹介した資料には、蛇が巻いた管狐《くだきつね》の背に烏の脚をくくりつけて、翼に火を点けて敵城に放つという図がありますから、狐、蛇、烏という妖しい動物大集合です。そもそも管狐というのは実在の狐ではなくサイキックな狐で、人の尻から入り腹の中で暮らすともいわれます。昔は露店で、竹筒に入れて売っていたという話を聞きますし、迷惑な管狐は伏見稲荷大社に放つと安全ということも読んだことがあります。

私が思うに、管狐は映画の『エイリアン』と著しく似ています。これらを含む飯縄法は、ダキニ天法などの呪術と共に邪法として扱われることになり、だんだんと内情を誰も知らないまま名前だけが一人歩きする俗信になりました。

昔から、修行者また精神世界系の人、瞑想をする人など、多数がこの高尾山近くに住んでいました。戦いに勝つ、目的を遂げる、迷い事を絶つという効果です。

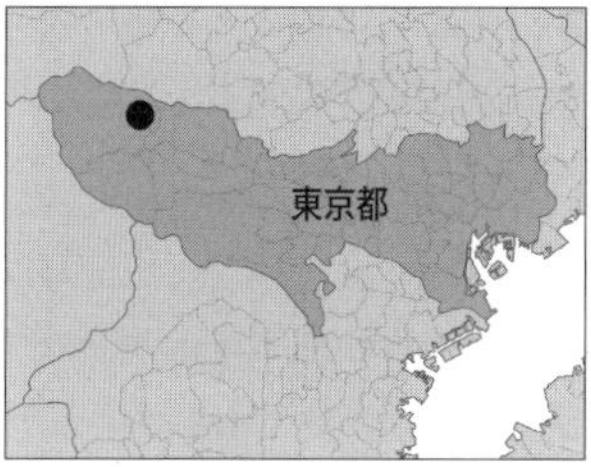

11

御岳山【みたけさん】

【北緯・三十五度四六分四七秒
東経・一三九度〇九分一〇秒】

下界から離れた純粋な精神が浮き上がり開かれたつながりを感じることができる

日本全国で「おんたけさん」あるいは「みたけさん」と呼ばれる山は、秋田県横手市、茨城県桜川市、栃木県芳賀郡市貝町、群馬県安中市、埼玉県秩父市、埼玉県児玉郡神川町、東京都青梅市、新潟県魚沼市、長野県と岐阜県の県境、福井県三方郡美浜町、岐阜県関市、愛知県日進市、愛知県新城市、京都府福知山市、島根県松江市、愛媛県東温市、佐賀県杵島郡江北町など多数あります。この中で東京の青梅市にあり、東京の人には行きやすい場所が、秩父多摩甲斐国立公園に属する御岳山です。やはり古くから霊山と崇められた信仰の山です。JR青梅線御嶽駅からバスまたは徒歩でケーブルカー御岳登山鉄道滝本駅まで行き、ケーブルカーで御岳山駅で下車します。天平年間、行基が大和吉野の金峯山蔵王権現《きんぷせんざおうごんげん》を勧請したと伝えられています。

私の知り合いが、何かというとここに行き、行くと必ず数日宿泊し、そうするといつも調子が良くなるといっていました。このように行きつけのエネルギースポットを持つことはとても良いことだと思います。例えば半年くらいすると、影響が切れる感じがする。そういう時にまた行ってみるとよいのです。

御岳山は御来光の道の三十里北のラインに乗るか乗らないくらいの場所です。しかし平地の神社でなく、山はパワースポットのラインがどうしても拡大してしまうことを考えると、範囲内といえます。ただし交点にも接近します。

御岳山は別称「金峯山」ともいいますが、「御嶽山」とも書きます。御嶽山というと、木曽の御嶽山が最も有名ですが、実際には固有名詞というよりは普遍的な名前だからこそ、日本のあちこちに、この名前の山があるわけです。

江戸時代には、冨士講、御嶽講、大山講、榛名講などの「講」が流行し、特に冨士講と御嶽講のシェアは大きかったのではないでしょうか。江戸時代だけでなく、戦前くらいまでは、お百姓さんは自然に接している人々なので、興味は山に向かいます。そもそも日本の古い時代の思想では、人は死ぬと山に向かい、そこで異界と接触して、祖霊になります。そして神と交じり合います。生まれてくる時には、山から里へ下りてきます。この季節の循環のように山と里は深く結ばれたループだったのです。

オオヤマツミがすべての山の管理者であるように、山はすべてつながっていて、講というのは、山に詣でる集団を意味します。各国ごとの御嶽は「国御嶽《くにみたけ》」と呼ばれ、大山は相模の国の国御嶽です。

この講の信者のことを「檀那《だんな》」と呼び、また指導者のことを「御師《おし》」と呼びます。檀那は御師を通じて御岳山とコネクションを持ち、お参りの時には、御師の家を宿泊所とします。御師は冬には全国行脚して檀那を訪ね、檀那は地域ごとに講を組んで団体で登山しました。これはレジャーの要素が入ったグループ活動の宗教だったのです。御岳の講は各地に広がっていたとして、これは実はパワースポットのネットワークと考えてもよいし、三輪山、富士山連合の仲間だと思います。

山でつながる人々には、この講の雰囲気がどこかに残っているような気もします。名前や素性を知らなくても、何か通じることができるのです。下界は生活の場。それに比較して、山に行くとその下界から離れた純粋な精神や本質の部分だけが浮き上がり、そこでコネクトするネットワークは、地球グリッドに接触したところでの開かれたつながりだといえるでしょう。生活者としての部分ではなく、良質なエッセンスの部分でつながるネットワークです。

この御岳山の頂上から、筑波山、都心の高層ビル群、房総半島、横浜ランドマークタワーまでも望むことができます。戦国時代にはこの立地が好まれ、御岳山の争奪戦が起きていたのです。

御岳山の宿坊が行う滝行宿泊プランに申込みすると、武蔵御嶽神社の禊ぎ行事に使われる滝での滝行に参加できるそうです。

この南に、檜原《ひのはら》村があります。かつて東京のチベットと呼ばれていました。払沢《ほっさわ》の滝は「日本の滝百選」にも選ばれている檜原村最大の観光名所、四つの段を合わせると全長六〇メートルなので、御岳山の十メートルの滝に比較すると圧倒的な迫力の光景です。滝壺にはやはり大蛇が棲むという伝説があります。

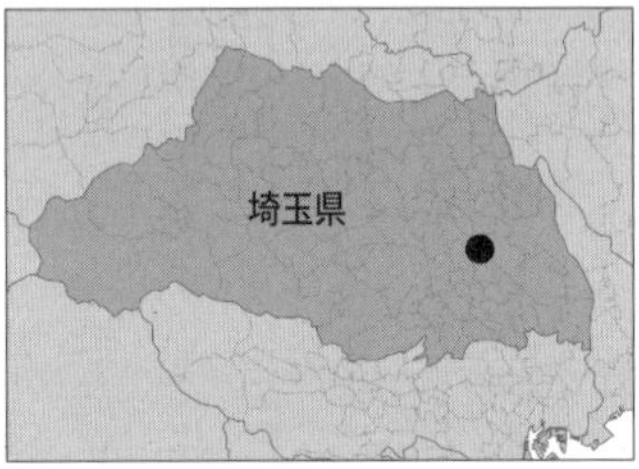

12 大宮氷川神社【おおみやひかわじんじゃ】

［北緯・三五度五五分〇〇秒
東経・一三九度三七分四六秒］

スサノオが活力や働く意欲をもたらし大きなチャレンジ力を手にする

埼玉県の大宮市の氷川神社は、北緯三五度五五分〇〇秒、東経一三九度三七分四六秒で、富士山の東の二つ目の東経ラインから二分少ない場所にあります。平地ですから、山に比較すると基準を少しシビアにしなくてはなりません。東京地域では経度の一度が九万三六〇メートルですから、一分は一五〇六メートルになります。二分はおよそ三キロ近く離れているので、歩くと四十分強かかります。入るといえば入りそうな気がします。しかし私の計算法がまだ正確ではないという可能性もあります。

氷川神社の位置は、かつての見沼の畔であり、氷川神社の神池は見沼の名残で、もともと氷川神社は見沼の水神を祀ったことから始まったと考えられています。ここでも水神とか竜神とか出てくるわけで、そもそもが海あるいは竜宮界を制する出雲のスサノオが祭神です。氷川神社は、富士山と筑波山を結んだ線と、浅間山と冬至の日の出を結んだ線の交点にあります。同時に、大宮の氷川神社、中山神社、氷川女体神社が一直線に並びますが、これもまた浅間山と冬至の日の出の線上にあります。

筑波山は北緯三六度一三分二〇秒、東経一四〇度〇六分三六秒で、あらかた三輪山ネットワークのグリッドに入っているところにあります。つまり富士山から六十里北です。また浅間山は、渡辺豊和作成の三輪ネットワーク図の線上に書かれています。浅間山から見て南東の三十度ライン、正確には一一九度に大宮神社がありますから、冬至の日の出。反対に大宮神社から見ると、浅間山は北西での三十度傾斜で夏至の日没です。

明らかに浅間山も大宮神社も三輪山ネットワークのお仲間だと考えた方がよいでしょう。

大宮の氷川神社は武蔵国の一ノ宮と考えられていますが、南北朝時代には、多摩市の小野神社を一ノ宮とみなしていたようで、室町時代以後から一ノ宮になったようです。スサノオを祀る男体社、奇稲田姫命《くしなだひめ》を祀る女体社、大己貴命《おおなむちのみこと》を祀る簸王子社《ひおうじしゃ》の三社に分かれていたそうです。氷川神社はスサノオの神社であり、スサノオとはオリオン座に関係したものというのは説明しましたが、ここと三峰《みつみね》神社の東西線を問題にする人もいるようです。

「この氷川大社から秩父の三峰神社が東西軸に正確(〇・〇五度の誤差)に座し、三峰神社からは、胸が身根から由来するように、〝三つ胸─胸肩三つ星〟となるオリオン座三つ星が推測されます。この南北に並ぶ三峰の三山がオリオン座三ツ星に対応することが見いだされるのです。」

「三峰神社では、白い狼が日本武尊を導いたと伝わり、〝狼〟を御眷属としています。」（伊東宏之『シリウス星と謎の古代空間』文芸社）

よく大宮ナンバーの車は乱暴だといわれていました。今はそんなことはないのですが、三十年くらい前までは、高速道路でも大宮ナンバーの車を見つけたら、あまり近寄らないようにすること、また挑発しないことというのが囁かれていました。これはスサノオのイメージがどこかに含まれていたのかもしれません。スサノオは贖罪の神でもあり、またはじめに歌を詠んだので、ただ乱暴という意味ではありません。

活力に溢れ働く能力も高く、この神社の効能はチャレンジ力でもあります。

13

埼玉古墳群

【さきたまこふんぐん】

［北緯・三六度〇七分四五秒
東経・一三九度二八分四二秒］

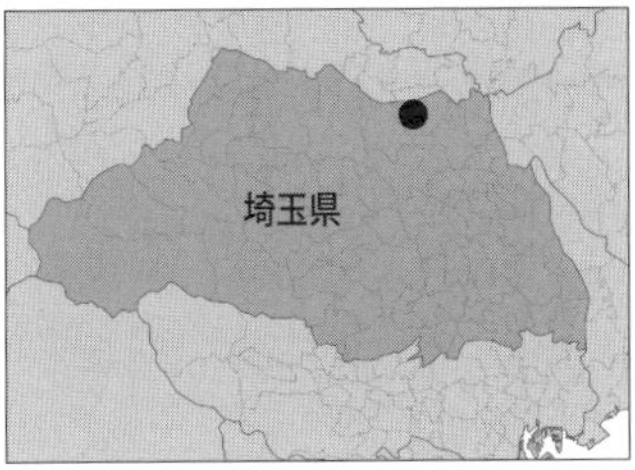

古墳には時代を超えた強い活力が流れる異なる時間に共通点を見出して活用

三輪山ネットワークから脱線しますが埼玉でもう一つ取り上げたいパワースポットが埼玉古墳群です。

埼玉古墳群は、埼玉県行田市にある九基の大型古墳群です。古墳は三世紀後半から七世紀前半の期間に、権力者の墓として盛んに築造されました。埼玉古墳群は六世紀前後を中心にしたものではないかといわれています。日本では、古墳が最も多いのは兵庫県だそうですが、全国では十六万一五六〇基もあるそうです。日本列島だけでなく、三世紀半ば過ぎから七世紀後半にかけて、朝鮮半島でも盛んに造営されたようで、高句麗で最も大きな古墳は中国集安大王陵です。

埼玉古墳群の一つである稲荷山古墳は、北緯三六度七分、東経一三九度二八分にあります。

古墳に埋葬されているのは、ヤマト王権の「王」や「大王」だと考えられていました。以前はこれを大和朝廷と呼んでいましたが、今は「ヤマト王権」と表記されます。

古墳はパワースポットとして十分に働いていると思います。これは大和地方の箸墓に行った時も同じですが、現代と古い時代がそのまま重なったような印象があって、そうしたところに、時代を超えた強い活力が流れているように感じられます。何か次元のトンネルがあるような印象があるのです。もしかしたらそれは、この古墳の時代には、古代のエジプトと同じように、人間は死んでしまうとその後に来世というものがあると考えていたからなのかもしれません。

この思想は桜井市外山《とび》にある桜井茶臼山古墳に、赤色顔料の「水銀朱」が、二百キロほど、石室全部に塗られていたり、大和天神山古墳（奈良県天理市）の四二キロというものも参考になります。水銀朱は不老不死の薬と考えられていて、貴重な水銀朱を大量に使うことは、権力の大きさも表しています。不老不死にこだわった秦の始皇帝は自分の墓のお堀に水銀の川を流していました。

こうした思いが古墳には残されているからか、そこに訪ねていくと時空を超えた世界とつながってしまうような感覚にとらわれます。東京に近い所ではこの稲荷山古墳が身近なパワースポットだと考えてもよいのですが、三輪山ネットワークに属しているかどうかという点では、十五里をさらに半分に割った七・五里の六・五分四秒を考慮に入れると、入る可能性があります。

効果としては、古いものを取り戻すこと。異なる時間に共通点を見出して、それを有利に活用することです。

14 等々力渓谷

【とどろきけいこく】

［北緯・三五度三六分二三秒
東経・一三九度三八分四六秒］

渓谷は山とは反対の意味を持つ大切なものを長く保つ母性的力

東京都の中に、ぱっくりと口を開いたように存在するのが等々力渓谷です。二十三区内に渓谷があるということ自体が驚きです。等々力の地名は、渓谷内の不動の滝の音が轟いたところからついたとの言い伝えがあります。北緯三五度三六分九秒から二九秒までまたがり、東経は一三九度三八分前後ですから、北緯も東経も、三輪山ネットワークに属すると考えてよいでしょう。

私はこの渓谷のすぐ近くに住んでいたことがあります。坂が極端な傾斜なので、毎日上がったり下りたりが大変でした。朝出かける時には、必ず渓谷の中を川沿いに歩いて駅に行きました。等々力駅前の商店街の中に渓谷への入り口があり、すぐに駅に入ることができたのです。

世田谷区内を流れる谷沢川と、それを取り囲むのはもちろん緑の群生。等々力不動尊は、真言宗の高僧・興教大師《こうぎょうだいし》が、夢のお告げに導かれて辿り着き、不動尊を安置したのだそうです。真言宗の開祖は弘法大師ですが、等々力不動尊の敷地に入ってすぐの場所に稚児《ちご》大師御影堂《だいしみえいどう》があります。稚児大師とは弘法大師の幼い頃の名前です。私はこの近くで実際に滝行をしている人を見て、東京で滝行をする人がいる事実に驚いたことがあります。渓谷から等々力不動尊に行く途中には平安時代に役行者が修行したという洞窟があります。学業成就や芸事上達のご利益があると書かれていますが、そもそもその前に二十三区唯一の渓谷に入ることで、大きなリラックス効果があります。

また渓谷内には、「等々力渓谷第三号横穴古墳」があります。これは谷沢川の東斜面の崖に群集している横穴の一つで、古墳時代末期から奈良時代のものと推定されています。

渓谷は切れ目または割れ目ということで、山とは反対の意味です。そのため突出した活動力ではなく、むしろ母親的・女性的性質です。つまりはシンボルとしては、土地の中の女性器や子宮なのです。

大切なものを長く保つ。育てる。古いものをそのままに保存する性質そのものです。

15

有栖川宮記念公園

【ありすがわのみやきねんこうえん】

［北緯・三五度三八分五五秒
東経・一三九度四三分四六秒］

一歩引いた雰囲気的があるためにかえって創作活動に適している

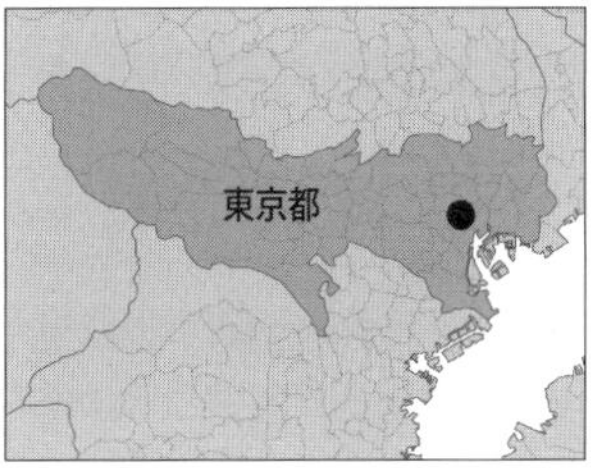

有栖川宮記念公園は、三輪山ネットワークには入らない例外の存在です。地下鉄日比谷線の広尾駅が最も近いでしょう。忠臣蔵で有名な浅野家の下屋敷が、後に有栖川宮家の御用地になり、有栖川宮威仁親王《ありすがわのみやたけひとしんのう》の二十周忌に、公園として開放されました。

敷地内に東京都立中央図書館があり、これは日本で第二の規模の図書館です。私は二十年前から、この図書館でよく本を書いていました。貸し出しはできないのですが、図書館内では閲覧は自由。パソコンを使う机もあり、食堂もありで、一日中住んでいるかのような状況でした。その頃は目黒在住だったので、歩いて三十分で到着。中目黒から恵比寿を通って電車で行っても三十分かかったので、恵比寿ガーデンプレイスを横切って、毎日歩いて行ってました。図書館には作家だけでなく仕事をする利用者が多く、何をしているかいつも関心がありました。都会の中では静かな場所ですが、東京都はそのような静かな場所は都心に近づくほどに多数見つかります。創作したり考え事をするには適しています。

広尾は高級住宅街ですが、しかし雰囲気的には盛り上がらない場所。つまり最前線から一歩退いているような印象がありますが、その分、じっくりと集中するにはよいでしょう。

図書館から歩いて五分程度のところに広尾稲荷神社もあります。稲荷ということで、祭神はウカノミタマです。あの弁財天の頭に載っていた老人です。この稲荷神社は、徳川二代将軍秀忠公の勧請といわれていて、商売繁昌、五穀豊穣、火伏の神としての信仰の場所です。なぜか、正面には「見ざる、聞かざる、言わざる」の三猿があります。日本の神社は何でもかんでも入れてしまうので混乱すると思いますが、気にする人もあまりいません。

有栖川宮記念公園は、数年前にも多くの人がパワースポットとして紹介していたので本書でも取り上げましたが、もちろん図書館があるということが大きな影響を持っているのです。

16

明治神宮

【めいじじんぐう】

［北緯・三五度四〇分二二秒
東経・一三九度四二分〇九秒］

**自分の目的をはっきりとさせてくれる
あれこれ悩んでいる時に訪れるべき**

明治神宮は、私にとって住んでいる場所からあまりにも近すぎて初詣以外では行くことがありません。しかし以前は、この中の屋外カフェでよく仕事をしていました。千駄ヶ谷・原宿地域は、このような車の走れない競技場・御苑などの大きな空間が多く、都内の中では驚くほど空気の良い所です。原宿の明治神宮側の出口からはすぐに入れます。

　北緯三五度三九分五七秒あたりから四〇分五〇秒あたりまで。東経一三九度四一分二九秒から四二分一二秒くらいまでの広大な範囲にありますが、明治神宮や皇居、有栖川宮記念公園は三輪山ネットワークとは匂いが違うのではないでしょうか。この明治神宮や皇居、有栖川宮記念公園などに、三輪山ネットワーク特有の、言い方が妙ですが「時間・空間を超えてしまうような、そして古い」感触の匂いを感じることがありません。何か別もののネットワークなのかもしれません。何かしら現代的に感じます。それでもこの広大な空間は貴重で、休みの日とかには散歩に出かけるとよいでしょう。そのまま代々木公園にも隣接していて、リラックスの空間として有用です。

表参道の側は良いが、北参道の側は悪い気が流れていてそれに当たると運が落ちるという人がいましたが、私はそうは思いません。

自分の目的をはっきりさせる。シャープにしていくという意味では強い力があるのではないでしょうか。二つ、あるいは三つのことなどで迷っている時には、どれにするか、ここに来て考えてみるとよいでしょう。

東京に住んでいる人で、日常的に明治神宮に出向く人は多く、何人かの人は「呼ばれた時に行く」といっていました。森は計画的に植林されていて、百年で完全になるように作られているそうです。

気のエネルギーは、もちろん木や植物と大きく関係しますから、ここはナチュラルな影響力もある都心の新型パワースポットということなのでしょう。

17

鹿島神宮

【かしまじんぐう】

〔北緯・三五度五七分五六秒
東経・一四〇度三八分〇五秒〕

歴史的に大きな謎のあるスポット
人生のターニングポイントとしての役割

藤原鎌足は鹿島の下級神官の息子というのは『大鏡』の記述からきています。大化の改新でクーデターを起こした後、歴史の真相を隠すために、一族の手で『日本書記』なども大幅に改竄されたといわれています。特に蘇我氏に関わることを徹底して削除し、銅鐸族に関係したスサノオのことを悪く書くようにしたと考えられていますが、栗本慎一郎の考えだとそもそも藤原鎌足も蘇我氏です。

鹿島神宮と藤原鎌足の関係は、梅原猛の『神々の流竄』（集英社）によって、中臣氏（藤原の元の姓）による物部氏勢力の乗っ取りの現場として知られるようになりました。中臣氏は弱小豪族にすぎず、しかし鎌足の代に急に中央政界の支配者になりました。成り上がりの中臣氏は、素性を由緒あるものにしたいために古い神社を欲しがり、物部氏の残した鹿島神宮を奪うことにしたというものです。神社を管轄している霞ヶ浦の豪族、多《おお》氏を抱き込み、東北における物部氏の勢力はそのまま中臣氏に移管されたという話です。

鹿島神宮は弥勒信仰の拠点だと栗本慎一郎は述べています。そもそも鹿島神宮は東北に向けて軍事勢力を拡張する物部氏の拠点だったといわれていました。物部氏は水軍を率いており、鹿島神宮も陸地の中というよりも、船が出入りしやすい地形の所にあります。

鹿島神宮の周囲一帯に残っているものに鹿島踊りというのがあり、これは弥勒踊りと結合しています。弥勒信仰の集団がこの近くにいたのです。昭和初期まではそういう教団もありました。鹿島踊りと弥勒踊りの共通点は、海の安全に関係することで、そもそも弥勒は海からやってきます。

たいていこの信仰は政治的・社会的に恵まれない人々の間に広まる傾向があります。かつて朝鮮の百済が新羅に滅ぼされた時、百済遺民は弥勒信仰に深く傾斜し、金山寺（クムサンサ）を根本道場にしました。ここには三十三体の鉄彌勒《みろく》仏像が弥勒殿に安置されています。

沖縄ではこの弥勒は「ミルク」と発音され、「ミルク様」といわれます。弥勒が下生して、すべての人が救済される弥勒の世が出現することを「弥勒下生《みろくげしょう》信仰」といいますが、これはメシア待望の信仰です。

ミロク、ミルク、マイトレーア、ミトラ、メタトロンは同一のものだと思われます。秦氏は大陸からスサノオを持ち込んできたといわれていますが、このスサノオ、バール神、ミロクも同一だとみなしている説も有力です。バール神はセム族に深く信仰された神格です。キリスト教世界では悪魔とされていますが、キリスト教は異郷のものをすべて悪魔とみなしますから、キリスト教説を真に受けるわけにはいきません。

日本国内では本来秦氏は、弥勒信仰よりも虚空蔵菩薩信仰なのだともいわれていて、広隆寺の弥勒菩薩像も、実は虚空蔵菩薩が実体だったということが論じられます。秦氏のもので有名なものはもちろん八幡信仰と稲荷信仰です。日本に渡来したヨーロッパの原始キリスト教系民族は二種類あり、武内宿禰《たけうちのすくね》に率いられた北方イスラエル十部族。次に秦氏の南方二部族です。空海、日蓮、親鸞は秦氏の系列という意見もあります。

ところで秦氏が信奉していたという虚空蔵はアカーシャといいます。何もない虚空を意味するアカーシャは五番目の元素で、五重塔では一番てっぺんの塔です。

アカシックレコードというのは、このアカーシャの中に宇宙のすべての記録があるという考え方で、それを読むことをアカシックリーディングというのです。地上はそれ以外の四つの元素で作られています。このアカシックの力は、地球を取り巻く地球グリッドに走っているものであるという考え方では、それに精神が触れることで、アカシックの情報の送受信ができるということになります。

アボリジニはこのアカシックの道をソングラインと呼び、それを読みながら移動します。同じように秦氏もそれを読みながら、世界中を移動して、蘇我氏と共にグリッド上に遺跡、神社、磐座、古墳、人工ピラミッドを作ったのではないかと思います。

このアカシックを軸にして生きるには、特定の地域にあまり深く定着してはならないということがあります。定着すると、それは四つの元素にどれかに偏ってしまい、全体が見えなくなるのです。それにまた職種として、このアカシックに触れるというのは、現代ではアカシックリーダーで、古代では巫女さんなどです。神降ろしの舞踏としての神楽、巫女、遊女、芸能、占いなどは、秦氏の専売特許といえるくらい秦氏は通暁しています。

大半の神社は秦氏が作ったということもあり、神社パワースポットの旅、あるいはレイラインやソングラインの旅は、おおよそ秦氏の旅、つまり土地の中に潜んでいるアカーシャ、虚空蔵に触れていくことそのものです。実際、神社に行って何か感じるかといわれた時、普通ならば、空気が良いとか、涼しいとか、その程度しか感じないと思います。しかしアカーシャの意識に接するならば、そこでは膨大な情報がなだれ込んでくることになります。多くの人はそれを直接受け取る脳の部位（松果腺）を訓練しているわけではないので、夢で見たりすることになります。

鹿島神宮は、朝廷が東北に勢力を伸ばすための物部氏の軍事的拠点と考えられてきましたが、渡辺豊和説では反対で、北日本を支配する蘇我氏が西に勢力を伸ばすための重要拠点としたのです。どちらにしても、蝶番のような役割があり、鹿島神宮は実は非常に重要な場所なのです。

私は古い弥勒信仰にとても興味があるので、鹿島踊りにも大変に関心がありますが、現代のそれは、原型をとどめていないのではないかと思います。昭和に姿を消してしまった人々の鹿島踊りは、かなり違うものだったようです。歴史の大きな謎が鹿島神宮には詰まっています。

この場所の効能は、人生を転換する。それはターニングポイントそのものの作用を持っているからです。

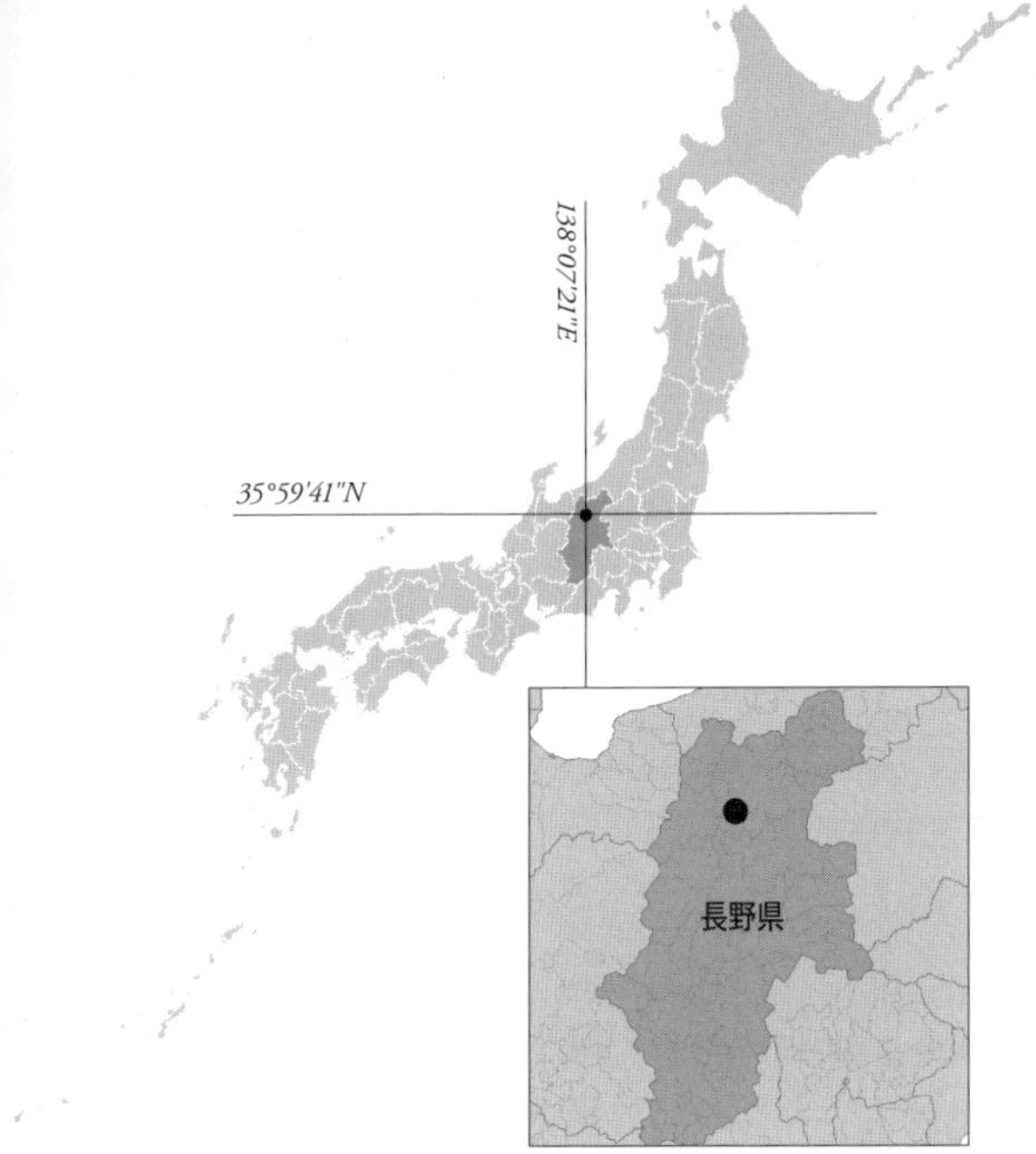

18

諏訪大社【すわたいしゃ】

上社本宮【かみしゃほんみや】〔北緯・三五度五九分四一秒　東経・一三八度〇七分二一秒〕

下社春宮【しもしゃはるみや】〔北緯・三六度〇四分四四秒　東経・一三八度〇五分〇七秒〕

鹿島神宮と春分・秋分ラインで接続　神社の枠に収まりきらない猛烈なパワー

諏訪大社は長野県の諏訪湖の近くにある神社で、信濃国の一宮です。諏訪湖の南側に上社本宮《かみしゃほんみや》と前宮《まえみや》の二宮があり、北側に下社春宮《しもしゃはるみや》と秋宮《あきみや》の二宮があり、合計四つの宮があります。下社の座標が北緯三六度〇四分程度で、上社の座標が北緯三五度五九分程度です。鹿島神宮は北緯三五度五八分にありますので、諏訪大社上社と鹿島神宮は、春分と秋分の日の出・日没ラインでつながっています。

この上社から、日の出の東で東京方向である冬至の南に線を引いてみると、一二一度の所に大山がありま す。その背後に、やはり一二一度ですが寒川神社があります。また東の方向の北に向けると、日光東照宮が夏至の日の出方向に入ります。上社、下社、諏訪湖まで入れてしまうと、かなり広い範囲ですから、日光の中禅寺湖も東照宮もだいたい三十度傾斜になるのです。

社殿の四隅の御柱《おんばしら》は特殊で、ミシャグチ信仰の石柱と関係し、御柱はミシャグチを降ろす依り代であるといわれています。ミシャグチ信仰は東日本に広がった、縄文時代からの信仰で、石とか樹木を依り代とすると考えられています。西日本では差別民のみが信仰するようになり、一般的な住民の間では忘れられたといいます。また、蛇の神として蛇の姿をしているという話もあり、諏訪の地域では、蛇神と一体化して、白蛇の姿になったとも考えられています。

諏訪大社の祭神は、上社が建御名方命《たけみなかたのみこと》と八坂刀売命《やさかとめのみこと》で、下社が神社の祭神に御兄八重事代主神《やえことしろぬしのかみ》を足したものといわれています。これらは平安時代に朝廷によって決められた、とってつけたような定義で、この大社に関しては縄文時代から「神というよりはむしろ精霊と呼んだほうが良いような」（中沢新一『精霊の王』講談社）、シャグジ、ミシャグジ、サグチ、シャクジン、シュクジン、シュクノカミ、シクジノカミ、蛇神のソソウ神、狩猟の神チカト神、石木の神モレヤ神など土着神に関連づけられています。ミシャグジに関しては、表記も御赤口、御石神、尺神、守公神など二百種類以上あるそうです。中沢説によると、シャクはサ音とク音の結合音で、「サカ」や「サカイメ」というような言葉と同じように、境界線を表す言葉ということになります。

この神はシャーマンに憑依するといいますが、フルトランスでなければ、多くの人にそれを受信することはできるのではないでしょうか。昔、諏訪湖の近くのホテルに宿泊した時に、白蛇に乗っている夢を見たことがあります。こうした夢などで多くの人が見ることができるのではないでしょうか。もちろん諏訪湖とセットになっているはずなので、レジャーとしてこの諏訪湖の近くに宿泊してみるとよいでしょう。

『日本書紀』では、物部守屋は蘇我氏に負けて中央を追われたことになっていて、そこに由来する守屋神社では、ミシャグジ様に神主や巫女を生贄として捧げていた風習があったという話が残されています。生け贄というのは、生と死の境界線を埋める役割が多く、つまり死後の世界と生きた者の世界のつなぎ役ですから、シャグジが境界線の神であるということでは、縁が深いのかもしれません。守屋神社の御神体は石ですが、シャクジはどちらかというと植物を寄り代にすることが多いといわれています。

いずれにしても諏訪大社は、神社の定義には収まりきらないのではないかと思います。境界線の神は、始源的な生命力を増強させます。それにアイデアや新しい運動、異質なものを結びつけて第三の新しいものを作るには、これは強烈なパワーを持つのです。

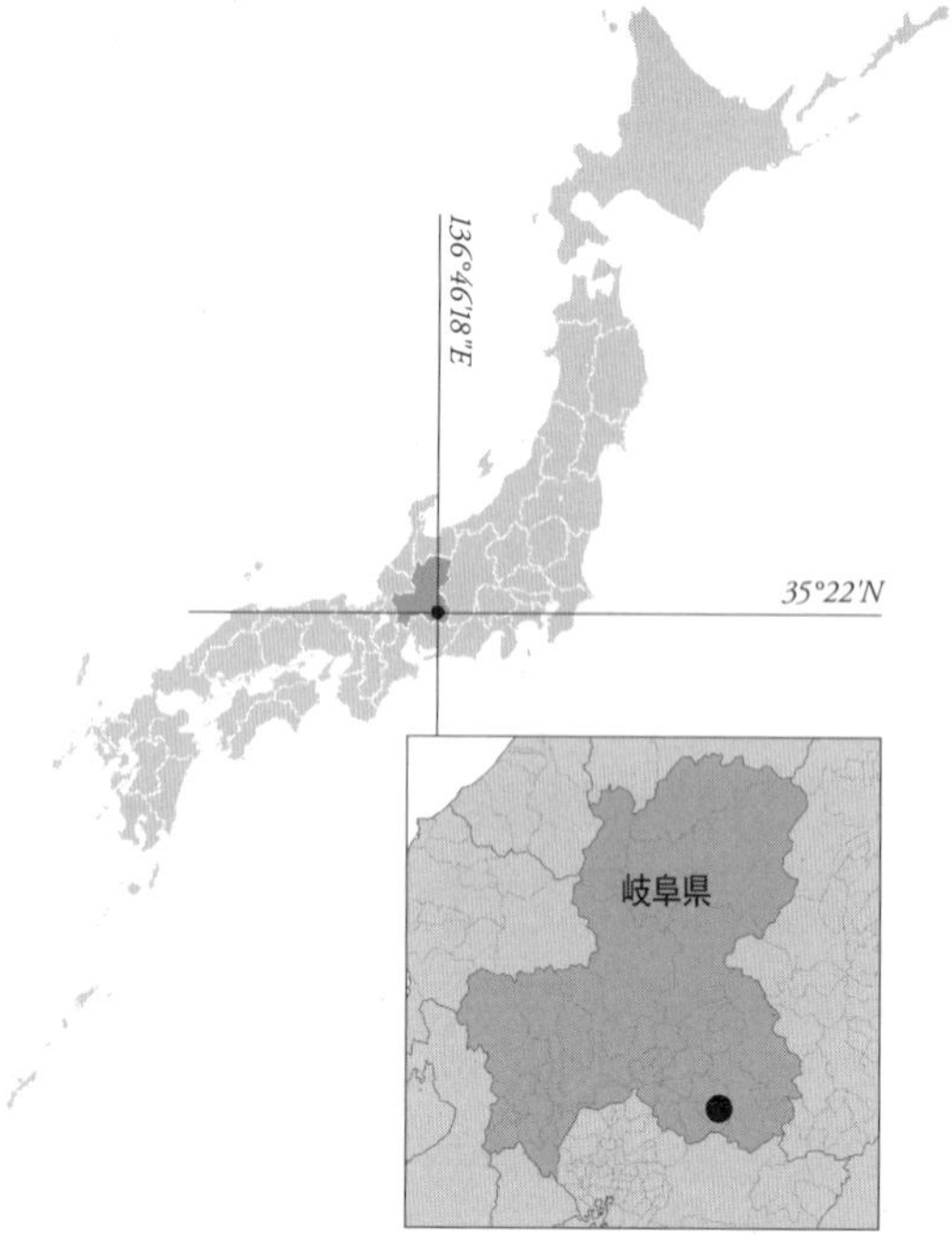

19 岐阜羽島【ぎふはしま】

［北緯・三五度二二分前後
東経・一三六度四六分一八秒］

不要なものを取り払う気づきを与えてくれる円空の軌跡を辿り思いに馳せたい

無数の木仏を作った円空が生まれたのがこの岐阜羽島です。新幹線の駅にもなっています。岐阜羽島は北緯三五度二二分地点なので、御来光の道に沿っていますが、特に目立った遺跡があるわけではありません。しかしこの岐阜羽島近辺に円空の木彫り仏像が散らばっています。それらを訪ね歩くのもよいのではないでしょうか。円空はさまざまな地域を歩き、そのつど、円空仏を作っています。

円空は、瀬織津姫《せおりつひめ》という神を生涯の唯一の信仰対象にした人です。伊勢神宮の真の祭神もセオリツヒメであると主張している人です。この神は、滝姫神（滝の精霊神）であり、脱衣婆《だつえば》ともいわれます。日本では三途の川というのはよく出てきますが、これは天の川銀河のこととも重ねられています。人間がこの三途の川に入る時に不必要なものを全部取り払うのが脱衣婆であり、浄化の神様と考えてもよいのです。この点では、エドガー・ケイシーなどがよく話題にするアルクトゥルスと関連づけてもよいのではないかと私は思っています。

『古事記』では、まだスサノオやアマテラスが登場する前に、既にセオリツヒメが登場しますが、しかしスサノオの娘である宗像三女神のタギツヒメとも同一視されています。これは滝や水との関連によってです。「滝そのものが神」といわれているのは、熊野の那智大滝（一の滝）で、興味がある人はそこに出かけてもよいのではないでしょうか。

円空は、時代の中で封印されたセオリツヒメを鎮魂するために全国を行脚し、円空仏を作ったという点では、円空の足取りを追跡する旅をしてもよいくらいです。

梅原猛は『歓喜する円空』（新潮社）で、円空について詳しく書いています。円空は白山《はくさん》信仰の修験者であり、白山信仰の創始者の泰澄《たいちょう》は同時に木彫仏制作の創始者です。この基礎の上に立つ円空は神仏習合思想の先駆けだというのです。生まれ故郷の美濃から、関東、東北、北海道を経て、飛騨や吉野へと、修行しつつ木彫仏を作っていったのです。梅原猛は円空のいた場所を細かく調査していたようで、私が数年前に岐阜羽島の円空美術館に行った時にも、館長が「そういえば先月、梅原さんが来てたね」といっていました。

神道の歴史の中で、セオリツヒメは封印されつつあるという意見があって、それに反発した本も出ています。名前はよく知られているのによくわからない存在ということでは、月讀《つくよみ》も実は長い出版の歴史の中で、あるにはあるけど、ほとんどないに等しいところがあります。

西日本地域

西日本地域は三輪山ネットワークの拠点ですから、多くの遺跡とエネルギーのスポットが存在します。御来光の道は、東は玉前神社から西は出雲大社までの、東西を貫く長大なラインでした。これから六十里南に並行する太陽の道は、箸墓、三輪山を中心にして、やはり東西を貫通するラインで、渡辺豊和や栗本慎一郎のいう三十里ネットワークそのものです。

太陽の道は、奈良の写真家である小川光三が発見し、水谷慶一がそれをNHKの番組にしたことで有名になりました。三輪山を中心にして、伊勢の斎宮、淡路島北淡町の伊勢の森などが含まれています。檜原神社から二上山に見る春分・秋分の日没も、このラインの上なのですから、古墳時代前後には、かなり頻繁に活用されていたものだと思われます。

西日本を考える時には、関東と違って御来光の道プラス太陽の道を考慮に入れますから、それだけ豊富なものになっていくでしょう。

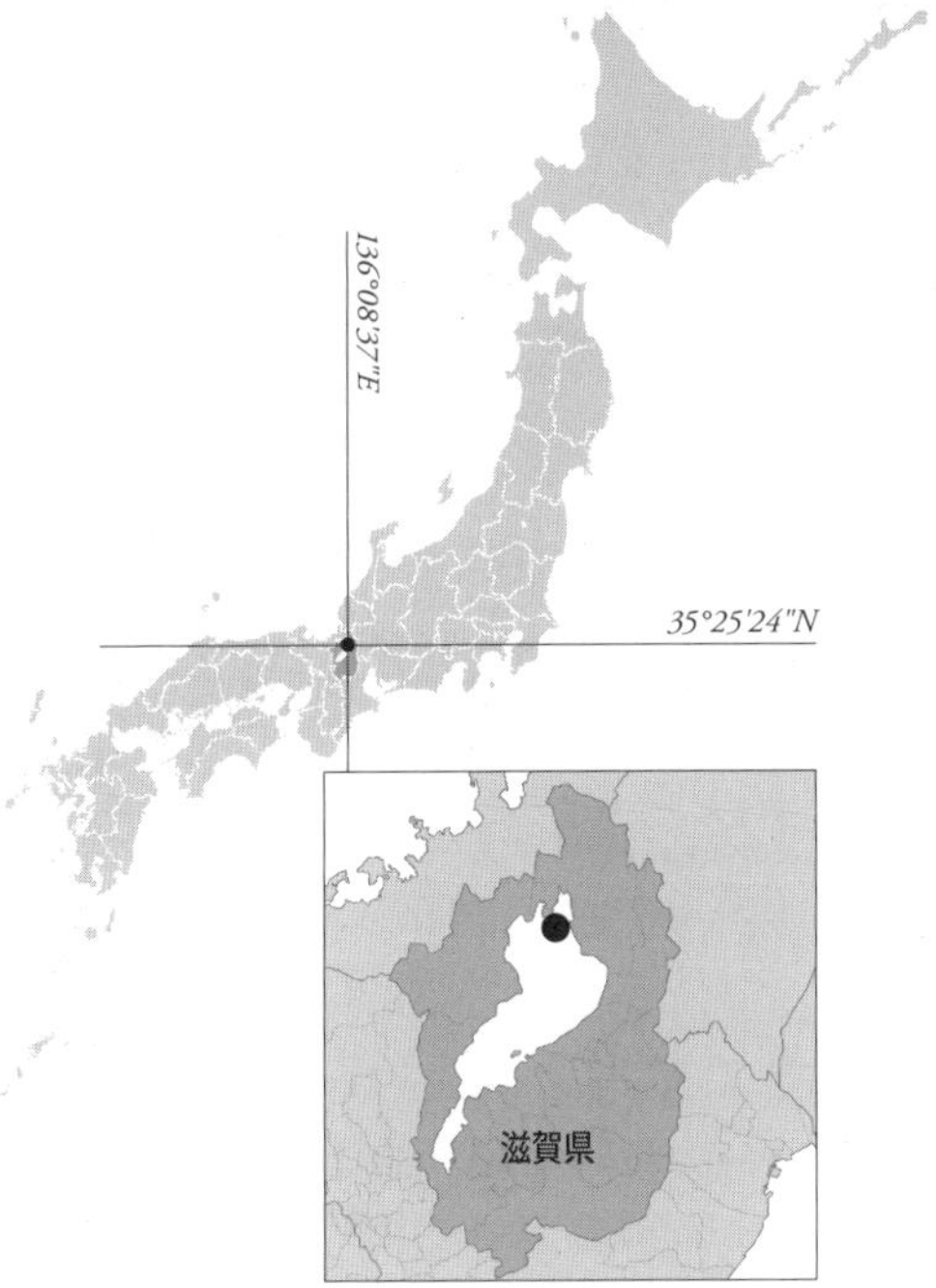

20 竹生島【ちくぶしま】

北緯・三五度二五分二四秒
東経・一三六度〇八分三七秒

財運を上げる弁財天と共に動物神が大脳辺縁系に働きかける

御来光の道を西に移動すると、琵琶湖の中の竹生島があります。しかし、座標は北緯三五度二五分ですから、御来光の道からはわりに脱線しています。脱線はしていますが、湖とその中にある島ということで、ピンポイントで指定できにくい拡散した領域なので、もちろん入れた方がよいのです。御来光の道という点では、より正確なスポットは琵琶湖の中ではなく、その西にある大荒比古《おおあらひこ》神社で、北緯三五度二一分です。

水の中の島という構図は、厳島神社、江島神社も同じですが、この三つは日本三大弁財天の場所です。この三大弁財天の拠点の特徴としては島そのものが神社とみなされることです。島の南に都久夫須麻《つくぶすま》神社（竹生島神社）、宝厳寺《ほうごんじ》（西国三十三箇所観音霊場の三十番）があります。

大石凝真素美《おおいしごりますみ》は琵琶湖の竹生島は人類発祥の地であると主張していましたが、それ以外にも神道の分野では、琵琶の海は世界創造の拠点とみなされることも多いようです。祭神は市杵島比売命《いちきしまひめ》（別名：弁財天・宗像大神）で、交通安全・開運厄除の神様といわれていて、さらに弁財天は生活の豊かさ、財運などを表していま す。

行ってみるとわかりますが、人がいる場所は、定期船が発着する港と土産物店、寺社をつなぐ道だけで、島のかなりの部分は無人です。そもそもこの島は住む人がいないので無人島です。そこで、島には総数二万羽（実際にはもっと多いといわれている）の川鵜が住んでいて、その糞によって木々のほとんどが枯れるくらいです。寺では、蛇の像があり、その蛇に与えるためのゆで玉子が積んであります。六月十日には、江島神社・厳島神社から神官を招いて三社弁財天祭りが執り行われますが、この時に、琵琶湖に突き出した竜神拝所から、願い事を書いて「かわらけ（土器）投げ」をすることになっています。投げることに失敗したかわらけが散乱することになりますが、何度もチャレンジしたくなります。何となく来た人がみな蛇に見えるという錯覚を起こします。

能の『竹生島　女体』では、老人と若い女性が出てきますが、老人は竜宮界の竜であり、女性は弁財天です。竜と女神のセットというのは、江ノ島でもそうだし、また江ノ島と同じ北緯のクレタ島にあったといわれるミノス文明でも似ていますが、浅野和三郎がいうように、竜や竜宮乙姫などは、竜宮界という幽界では見ることができるということならば、そういう想像をしながら出かけていくのもよいかもしれません。

竹生島は厳島や江ノ島に比較すると何かしら原始的

な感じがあります。動物神、特に蛇、竜、狐、ジャッカルなどは大脳辺縁系に働きかける暗号でもあるので、ここで強く願い事を打ち出すと、形になりやすいのではないでしょうか。

琵琶湖の北には、日本最古の羽衣伝説の場所である余呉湖《よごこ》があります。これは畑の真ん中にある何の特徴もない湖に見えますが、土地の記憶が残されていると考えて、出かけてみるのもよいでしょう。

日本の英雄の母は異界の存在であるというのは、スサノオの母がイザナミであるとか、安倍晴明の母は葛の葉という狐だったというところからきていますが、異界存在としての母という意味では、菅原道真の母は、羽衣伝説の地上に残された天女だったというのも共通しています。そういう壮絶な話が、どうしてこの畑の中の湖から出てくるのか疑問に感じる人も多いかもしれません。ついでにいうと、大阪和泉の葛の葉稲荷神社の近くにある鏡池は、葛の葉と話をする時に顔を映す場所だったので、神社の聖域に属しており、そういう気配はまだまだ十分にあるように思いますが、余呉湖に関してはわかりません。

21 伊勢神宮【いせじんぐう】

内宮【ないくう】
［北緯・三四度二七分〇六秒
東経・一三六度四三分四三秒］

外宮【げくう】
［北緯・三四度二九分〇二秒
東経・一三六度四二分二三秒］

日本版リコネクションの代表格
自分の本質を知ることができる

伊勢神宮は、三重県伊勢市にある日本最大の神社です。神社本庁の本宗《ほんそう》、そして神階《しんかい》がなく、明治時代から戦前までは国家神道では別格とされていました。現在でも神社の中では、トップにあることは間違いないでしょう。内宮も外宮も座標はだいたい北緯三四度二七分から二九分、東経一三六度四二分から四三分にあります。

地球のグリッドラインと再接続するメソッドというのがアメリカ発で流行していますが、日本でならば神社との再接続ということを私は推奨しています。その時に、この伊勢神宮に行くというのがまずは基本ではないかと感じることは多いです。

伊勢神宮に行ったら祈祷も受けてみましょう。個人的には圧倒的に強力なものを感じますし、何か中心の骨が入った感じになります。明らかに日本的リコネクションの代表だと思います。

祭神はアマテラスで、それは日本では最高神だとみなされています。北沢方邦は『古事記』の神と天体を結びつけて『古事記の宇宙論』を書きましたが、オリオンはスサノオ、プレアデスはアマテラスという対比で説明しています。そして八人の子供のうち三人の女の子は、宗像三女神として、オリオンの三つ星に。また五人の男の子は、プレアデスの星に関連づけています。この五人の男の子のうちの一人の子孫が天皇家を作ったとみなされています。つまり出雲大社がスサノオならばそれはオリオンで、この伊勢神宮はプレアデス的なものとみなされることになります。オリオンとプレアデスは最も知られているもので、また密接な協力関係がありますから、それは日本では兄弟とみなされていることになります。オリオン、プレアデスと来たら、同じくらい知られているのはシリウスですが、私は、これは三貴子のスサノオ、アマテラス、ツクヨミのツクヨミに関係しているのではないかと思います。

伊勢神宮は、アマテラスをどこの地に安置するかということで、長い時間がかかったようです。記紀では、古墳時代以前の第十代崇神天皇の時代に、天皇の皇女豊鋤入姫命《とよすきいりひめのみこと》がアマテラスの「御杖代《みつえしろ》」となって大和を発った。しかし、安置できる場所を見つけられないうちにトヨスキイリヒメが亡くなってしまい、次に第十一代垂仁《すいにん》天皇の皇女倭姫命《やまとひめのみこと》が御杖代を継いで伊勢に到着したといいます。

『日本書紀』では、垂仁天皇二五年三月の条に「倭姫命、菟田《うだ》の篠幡《ささはた》に祀り、更に還りて近江国に入りて、東の美濃を廻りて、伊勢国に至る」と書いてあり、トヨスキイリヒメが大和を発ってから伊勢に鎮座するまで八十年以上かかっていて、その間、大和国からはじまって伊賀・近江・美濃・尾張の諸国を転々としています。

御杖は依り代として神に仕える者ということですが、そのまま「杖」となります。神は上空にいて、人は大地と神をつなぐ杖という役割になるのです。移動中に一時的に鎮座された場所は元伊勢と呼ばれていますが、それは二十箇所以上もあるのです。外宮は雄略二二年（四七八年）七月に、丹波（丹後）の比沼真奈井原《まないはら》から、伊勢山田原へ遷座したことになっています。

ヤマトヒメは、伊勢の地でアマテラスを祀る最初の皇女となり、これが制度化されて後の斎宮《さいぐう》となります。斎王はアマテラスの「御杖代」として、その後も代々受け継がれ、長く伊勢神宮に奉仕することになります。天皇の代替わりごとに新しい斎王が選ばれ、都から伊勢へと旅立つことになりますが、先代の斎宮が退くと、未婚の内親王または女王の中から候補者を選び出し、亀卜《きぼく》により新しい斎宮を決定します。斎王の忌み篭もる宮、すなわち斎宮跡（斎王の森史跡公園）は、北緯三四度三二分、東経一三六度三七分の場所にあります。これが太陽の道にダイレクトに接触しています。三輪山ネットワーク上の箸墓は巫女の埋葬された古墳であり、また斎宮跡も、巫女のような立場の人が篭もった場所ですから、共通点はあります。

人間は、天・地・人という三つの要素の結合であり、宇宙的なものと大地の結びつきの中に人の生命活動があるので、天と地はフィットする必要があります。天の配置を考える方法に占星術がありますが、これは地のことを考慮に入れません。同じ天体図の人がいて、その人が新潟生まれでも岩手生まれでもどうでもよいのです。

アマテラスという天の神の力が、どの大地にフィットするかをヤマトヒメはずっと模索し、その足跡が元伊勢ですから、そこもパワースポットであることに違いありません。特に私は大江山の元伊勢は大切な場所だと思います。パワースポットに接触する時に、ヤマトヒメを自分で復元してみるというのもよいでしょう。むしろそれが最も正しい方法です。それは渡辺豊和がいう縄文夢通信です。磐座を探すのも同じ方法です。天・地・人という構造で、人は天と地の仲介であるというのは、人の活動を通じて、大地は活性化するという意味で、人は大地の触媒のような役割を持っていることになります。

なお、伊勢神宮から富士山までは六十一度で、伊勢から見ての富士山は、北東方向への三十度傾斜、すなわち夏至の日の出方向です。反対に富士山から伊勢神宮は南西ですから、冬至の日没の三十度傾斜になります。

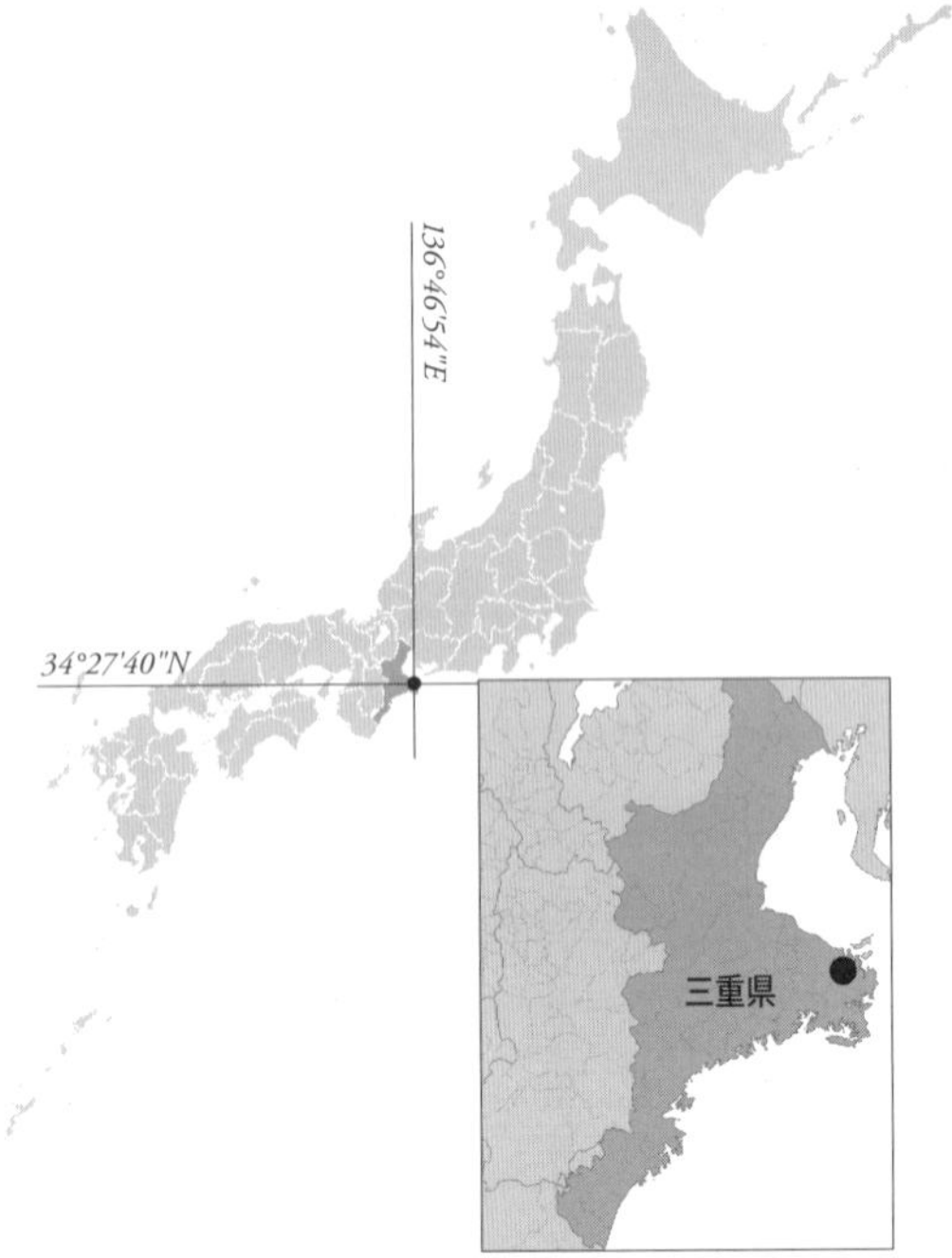

22 朝熊山【あさまやま】

［北緯・三四度二七分四〇秒
東経・一三六度四六分五四秒］

朝熊山に登ってから伊勢神宮に行くことで集団における成功を得ることできる

伊勢神宮の東、鳥羽市には標高五五五メートルの朝熊山があります。『延喜太神宮式《えんぎだいじんぐうしき》』などでは「朝熊（あさくま）」と書かれ、正しくは「あさくま」という読みになるらしいのですが、いつの間にか簡略化されて「あさま」となったそうです。

日本ではアサマというと特別な意味があるので、やはりここではアサクマと読んだ方がよいようにも感じます。このアサクマの語源で面白いのは、この地に滞在していた空海の前に、朝に熊が夕に虚空蔵菩薩が現れたからだという伝説（金剛證寺《こんごうしょうじ》伝）があります。熊はシャーマンのシンボルでもありますが、こういうダジャレ式の命名は日本特有のものです。

　渡辺豊和の図では富士山、秋葉山と直線に走るラインになっていますが、もちろんこの朝熊山の南西に伊勢神宮があるのですから、富士山と伊勢神宮を結ぶ三十度傾斜ラインの中にある山だということになります。頂上を朝熊岳と呼ぶのかもしれませんが、ここには水商売の神様である八大竜王社《はちだいりゅうおうしゃ》があります。

　天長二年（八二五年）に空海が真言密教道場として南峯に金剛證寺を建立。平安時代の経筒の埋もれた経塚群跡。松尾芭蕉の句碑。奥の院参道の一万本の卒塔婆《そとば》。九鬼嘉隆《くきよしたか》の墓など見るものが大量にあります。登山道は八つあるらしいのですが、このうち大きなものは、朝熊岳道、宇治岳道、丸山道です。室町時代、神仏習合によって、伊勢神宮の丑寅の鬼門に位置する金剛證寺が伊勢信仰と結びつき「伊勢へ参らば朝熊を駆けよ、朝熊駆けねば片参り」といわれていました。

　丑寅の方位というのは東北のことで、これは寒川神社のところで紹介しましたが、四十五度ずつ分割した八方位の考え方です。朝熊山は大きい範囲にあるので、伊勢神宮から北東三十度というレイラインの方向にも朝熊山、その背後の秋葉山、富士山があるということなのです。

　朝熊山は「戦国時代から江戸時代初期には統治権力が及ばないアジールとなった」といわれていて、何か自由なことができそうですが、私の友人が精神世界系のイベントをしようとした時には、神聖な伊勢神宮に近すぎるという理由で許可が下りなかったそうです。伊勢神宮から富士山や富士山から伊勢神宮に移動するには大変な時間がかかります。そのため、室町時代の話の例のように朝熊山に登り、その後、伊勢神宮に行くことで、背後にある富士山や秋葉山の力をもって南西、すなわち冬至の日没の方向へと同期することができるでしょう。

23 皇大神社【こうたいじんじゃ】

【北緯・三五度二五分三七秒
東経・一三五度〇九分二六秒】

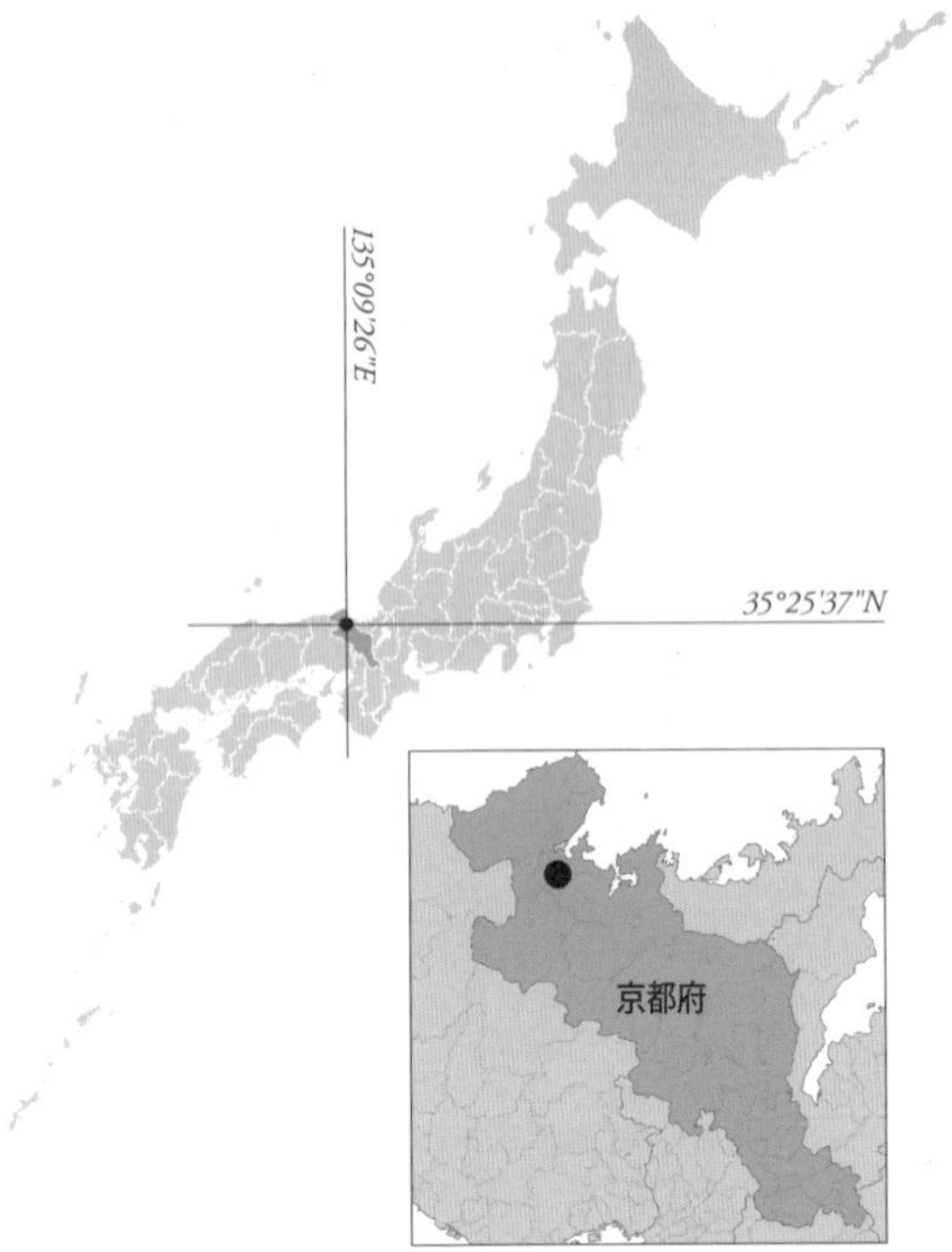

伊勢神宮から元伊勢へと辿ることで個人の狭い枠組みを外すことができる

レイラインとして大変に有名なコースに、伊勢神宮と大江山の元伊勢（皇大神社）をつなぐ道があります。元伊勢と伊勢神宮は、グーグルアースでラインを引くと一二六度ですから、それほど正確な三十度ラインではありません。また北緯三五度二五分ですから、少し御来光の道に接近してきます。この伊勢神宮あるいは斎宮から元伊勢までのコースには、何点かの重要な拠点が配置されていますが、この中で最も特徴的なのは平安京の京都御所です。

元伊勢のある大江山と京都の関係ということで思い出すのは、酒呑童子伝説です。

酒呑童子は日本最強の鬼で日本三大悪妖怪の一体。他の二体は、玉藻前《たまものまえ》と呼ばれる白面金毛九尾《はくめんこんもうきゅうび》の狐と、恨みによって大天狗に化けた崇徳《すとく》上皇です。茨木童子《いばらきどうじ》と共に、京都に上った酒呑童子は、多くの鬼を従え、若い貴族の姫を誘拐して側に仕えさせたり、生のまま食ったりしたといいます。本拠地の大江山では竜宮のような御殿に棲んでいました。

その他にも、ヤマタノオロチがスサノオとの戦いに敗れた後、出雲国から近江へ逃走、そこで富豪の娘との間で子を作り、それが酒呑童子という話もあります。父子共に無類の酒好きです。伝説にはさまざまなものがあるのですが、絶世の美少年であり、多くの女性に恋されたがすべて断り、貰った恋文を焼いてしまったところ、女性の恨みの込もった煙にまかれ鬼になったそうです。各地の山々を転々とした後、大江山に棲みついたのです。源頼光《みなもとのよりみつ》に成敗された後、大江山に埋められたとも伝えられ、これが大江山の鬼岳稲荷山神社の由来になっています。

京都御所あるいは伊勢神宮から見てこの大江山は北西にあり、それは個人がより集団的な力に吸収されていく方向です。また反対に酒呑童子のように京都に向かう方向は南東で、社会に対して個人の主張を強めていくことを意味します。つまりは伊勢から来ると飲み込んでくるようなものが迫ってきて、また大江山から見ると、自分の意志を実現する場所を見つけようという力が働きます。酒呑童子はヤマタノオロチの子で酒飲み、これらは水神に関係するかもしれません。

北である夏至というのは占星術では蟹座に関係し、水のサインです。京都に攻め入る酒呑童子は、南東に向かうのですから、それは社会に対するアプローチとして山羊座に向かっています。

また伊勢神宮に着地した、つまり南東に、山羊座という土のサインに向かったのですから、アマテラスは元伊勢には着地していないということになり、この着地できない神的な力というのは、そのまま暴れてしまうということになるのではないでしょうか。斎王が八十年間さまよいつつアースする場所を探している間も、中空に浮かんだ力は有り余る活力によって、害をなしたのではないかと思います。つまり源流に向かいたいのならば、伊勢神宮から元伊勢へというコースを辿るとよいのです。北西は、常に個がその枠を外れていくコースです。

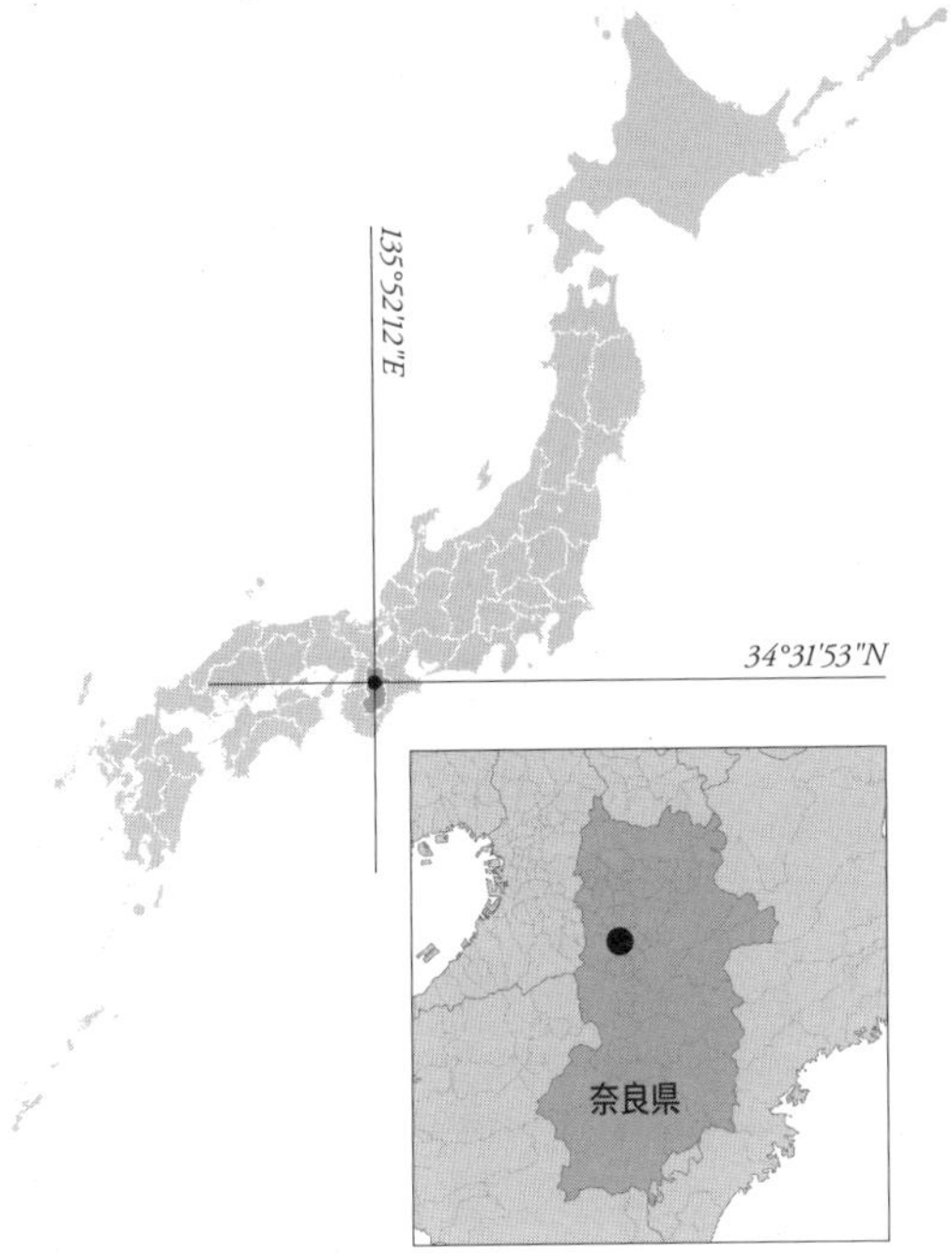

24

三輪山【みわやま】
箸墓【はしはか】

【北緯・三四度三一分五三秒
東経・一三五度五二分一二秒】

【北緯・三四度三二分二一秒
東経・一三五度五〇分二八秒】

意思疎通力や通信力、サーチ能力など探しにくいものを探す時に役立つ

三輪山はもちろん三輪山ネットワークの中心点です。この近辺には大量に聖所や遺跡、神社があり、一日では回りきれません。三輪地方には、日本最古の人道といわれる山の辺の道があります。奈良盆地の桜井市と天理市を結ぶ一六キロの山道を自転車でゆっくりと散策するというのも流行しています。もちろんウォーキングもできます。古墳や神社仏閣、歌碑が多数あります。三輪山の近くは三輪王朝、またその前の葛城《かつらぎ》王朝の遺跡は、葛城山を囲むところにあります。

桜井市は仏教伝来の地といわれていて、この地に仏像と教典を携えた百済の王の使者が訪れたことから、仏教伝来碑が建っています。アマテラスは最初、檜原《ひばら》神社に祭られていたそうで、三輪王朝時代に今の伊勢に移したので、この神社は最初の「元伊勢」と位置づけられています。歴史的な観点というよりも、籠目グリッドという視点から見て、パワースポットの焦点としては、三輪山、大神《おおみわ》神社、箸墓周辺が最も密度が濃いものかもしれません。

卑弥呼の墓かもしれないといわれる箸墓古墳は、中に入ることはできませんが、その周囲を回ってみましょう。たいていあまり人はいないので、目立つと怪しまれます。ある会社の社長は、この三輪地域が大好きで、毎年社員旅行をヤマトにしたらしく、社員はその後、神あたりに悩まされたという話を聞きました。そのくせ、その話をしてくれた人は、新婚旅行にまたヤマトに行ったのです。この場所のインパクトが強すぎたのか、私は箸墓に行った後、二週間程度は毎日、この箸墓が夢に出てきました。シュタイナーは、人間はどんなものでも思い浮かべたり、想像するだけで、その対象に接触し、侵入されているといいました。一度箸墓に行けば、そこでつながりは深くなりますから、その後は思い出すだけでコネクトするでしょう。

人間にはバイロケーションする能力があるといいます。これはエーテル体の身体の一部を目的の場所に分割して、飛ばすことです。空間的にだけでなく、時間的にも異なる場所にそれを伸ばすことができるというのです。現代であれば、逆向きの電子とか量子論などによって、理屈としてそういうこともあるかもしれないと思う人が増えてきました。

箸墓には脱魂型の巫女が埋葬されているといわれています。脱魂型の巫女は、バイロケーションがしやすいタイプです。興味を向けるとまるで呼ばれたかのように反応するものがあるように思います。意思疎通力や通信力、サーチ能力、探しにくいものを探すことに関係する力の場所と考えてもよいでしょう。

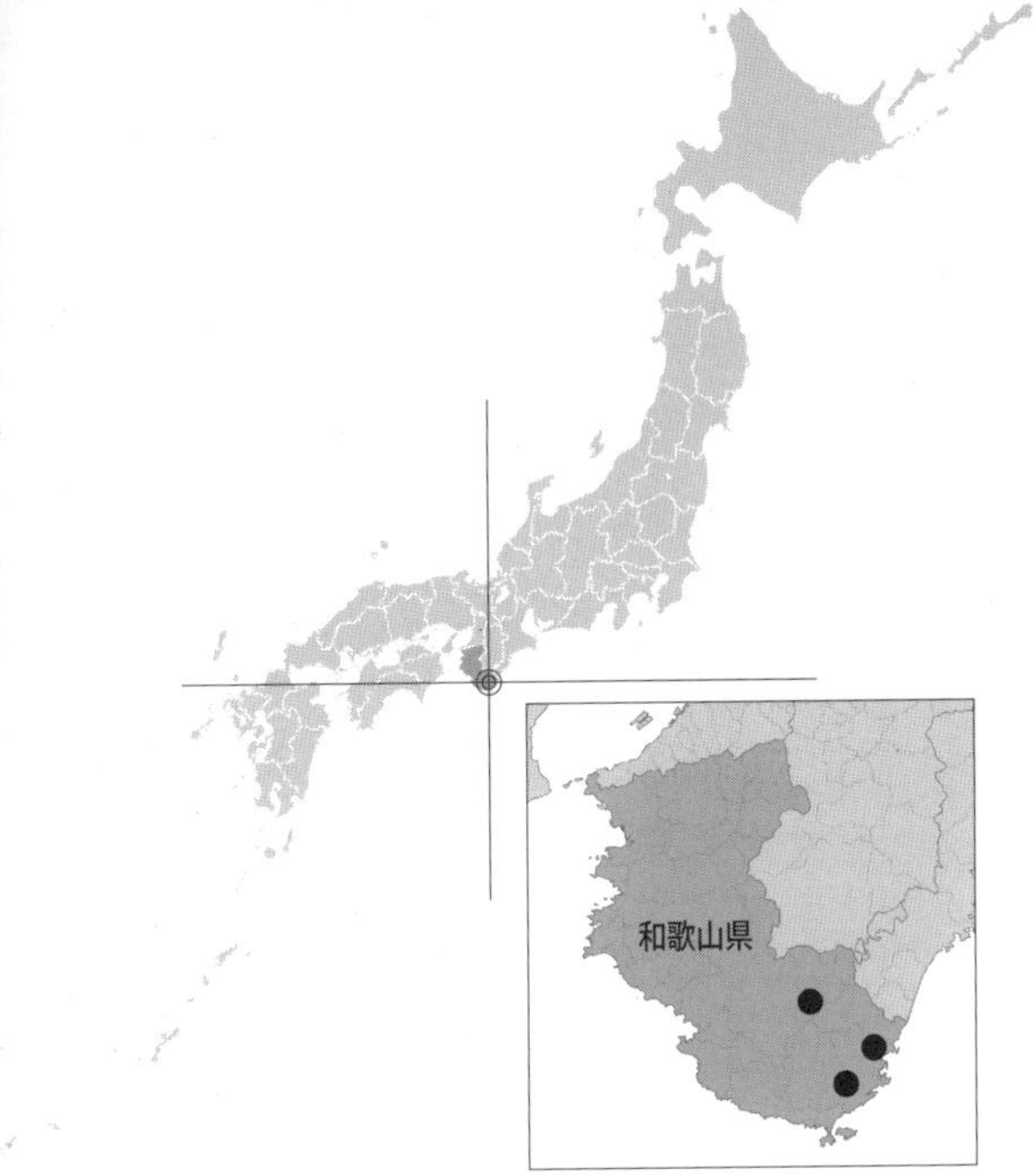

25

熊野三山【くまのさんざん】

熊野本宮大社【くまのほんぐうたいしゃ】
「北緯・三三度五〇分一三秒
東経・一三五度四六分三五秒」

熊野速玉大社【くまのはやたまたいしゃ】
「北緯・三三度四三分四四秒
東経・一三五度五九分一一秒」

熊野那智大社【くまのなちたいしゃ】
「北緯・三三度三九分五六秒
東経・一三五度五三分三五秒」

潜在能力や資産などの眠ったものを目覚めさせてくれる

熊野本宮大社は、富士山から見て二三九度、すなわち富士山からは南西方向へ三十度傾斜した、冬至の日没です。西は個人の力を弱めますが、その分、集団的なものの中に溶け込むことができます。南は形あるもの。つまりは会社や組織、国家の中へ溶け込むという意味になります。反対に熊野から富士山へのコースは、北東への三十度なので、個人の主張を強めつつ、見えない集団性へと向かうので、自分に共感してくれる人が増加することを表します。友達が増える、仲間と何かする、形が決まったものというよりも自由な関わり方です。

熊野は冥府に通じる闇の国とされていました。闇の国という点では、出雲も同一で、根の国と呼ばれています。熊野の諸豪族の抵抗を受けながら神武天皇は大和へ向かい、熊野の神々を闇に葬りながら三本足の八咫烏《やたがらす》の導きで前進したというふうに歴史の教科書では教えられています。神武天皇の神話は、韓国の檀君神話などと似ていると話題になります。テレビドラマの『朱蒙』でも、巫女さんが「陽の中に三足烏《さんそくう》が現れました。太陽を象徴する神聖な鳥の三本の足は、天と地と人を意味し、王権の象徴です」といい、この三足烏が朱蒙の高句麗建国を助けますが、ここでいう三足烏とはヤタガラスです。

熊野地方では、烏は鎮魂された死霊で、太陽の化身であるという話もありますが、このヤタガラスは、戸籍に登録されない集団のことを表していて、記紀では金鵄《きんし》とも呼ばれています。または天狗や鬼という言い方もされることもあります。日本に渡ってきたユダヤの失われた支族として秦氏と結びつける意見もたくさんあります。失われたユダヤの二つは秦氏なのだというのです。

神武天皇は家族から「東に日本の中心地ともいえる良い場所がある。そこに都を作るとよいのではないか」といわれ、兄弟の彦五瀬命《ひこいつせのみこと》と稲飯命《いなひのみこと》をつれて、日向を出発しました。日向、宇佐、筑紫の岡田宮、安芸の多祁理宮《たけりのみや》、吉備の高島宮と移動し、大和に入ったといわれています。ヤタガラスは、タカミムスビノカミの指示で神武天皇に協力したとなっていて、そもそもタカミムスビノカミはアマテラスに天孫降臨を指令した神とも考えられています。

ヤタガラスの集団も、日本の遺跡や重要拠点をレイライン上に配置した人々であり、また山を改造して人工ピラミッドを作るという設計をした人々ということからすると、神武天皇はそうしたパワースポットに詳しい人々に案内されて都を作ったことになります。

朱蒙や神武天皇など土地に定着する種族に比較して、ヤタガラスの種族はそれを嫌います。地球全体のグリッドの地点を移動してつなぎ、一つのネットワークの中で生きようとする人々はどこかに定着すると、偏ってきて本来の力を失うと考えると思います。歴史では神武天皇が表にいますが、実際にはヤタガラスの方に強い主導権があったと考えてもよい面もあります。

　スサノオの子孫の大国主命《おおくにぬしのみこと》は出雲を平定しましたが、国譲りを要求され、死者の国に隠退しました。国譲りを要求したのは建御雷之男神《たけみかづちのおのかみ》で、これは鹿島神宮の祭神です。同じく経津主神《ふつぬしのかみ》は香取神宮の祭神です。引退を迫られたのが、建御名方神《たけみなかたのかみ》と事代主神《ことしろぬしのかみ》で、オオクニヌシは出雲大社に引退、タケミナカタノカミは諏訪大社へ。コトシロヌシノカミは三島神社へ。神社をパワースポットとみなした時には、このような祭神の親近性で辿って行くのがよいでしょう。この場合、負けたり退いた神というのは、知られているものよりももっと多くの潜在力とか資産を持っていることになります。

　熊野三山は眠ったものを目覚めさせる場所です。

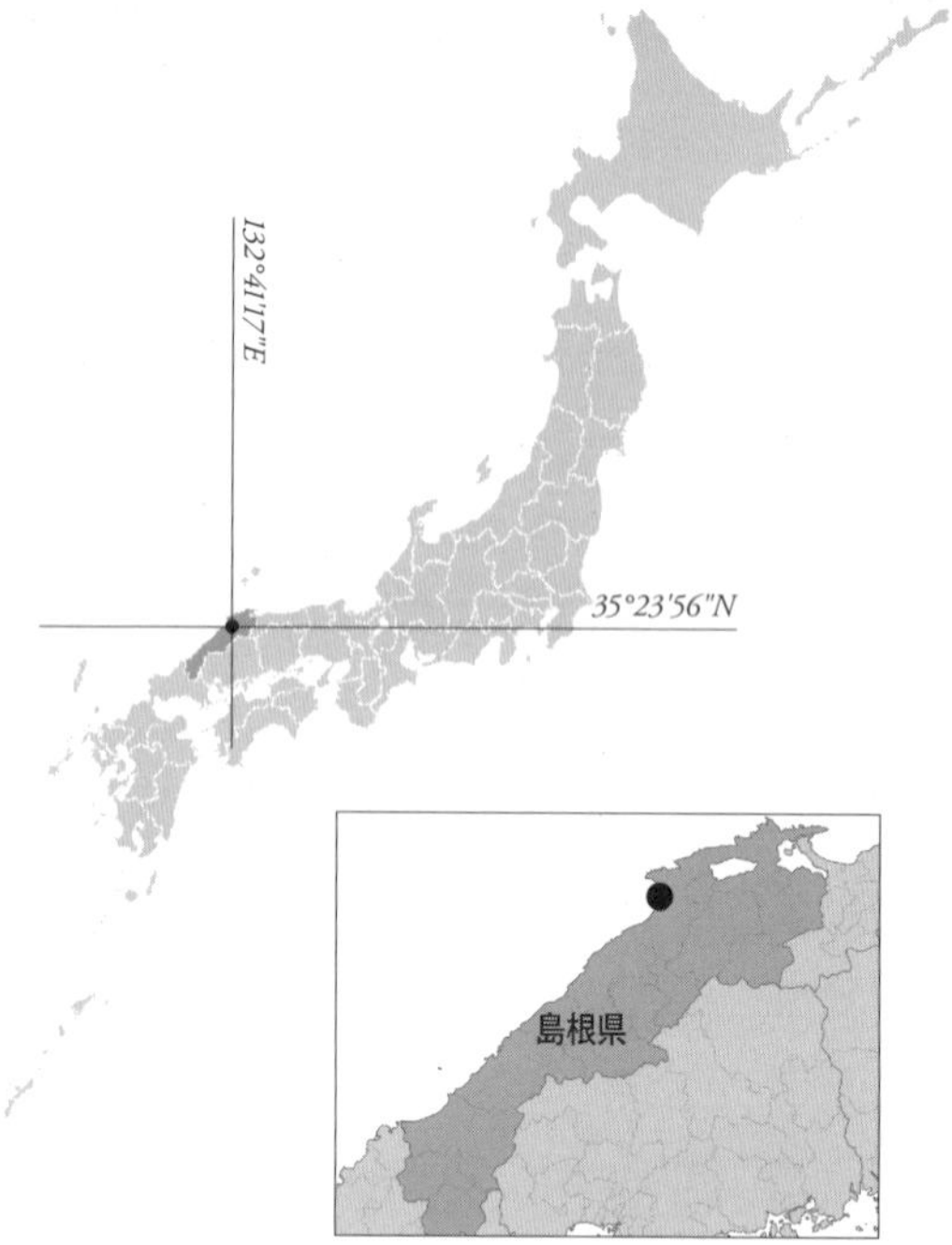

26

出雲大社

【いずもおおやしろ】

［北緯・三五度二三分五六秒
東経・一三二度四一分一七秒］

御来光の道の西端
縁結びの強い力が存在する

御来光の道の西端は出雲大社です。『古事記』にはオオクニヌシが国譲りを認める条件に「我がすみかを、皇孫のところのように太く深い柱にして、千木が空高くまで届く大きな宮を造っていただければ、そこに隠れましょう」ということを要求しました。これが出雲大社の由来となっています。祭神はオオクニヌシですが、式内社として、出雲神社（素鵞社《そがのやしろ》）があり、オオクニヌシの父であるスサノオを祀る社があります。これは本殿の真後ろ、八雲山との間にある小さなもので、その後ろに八雲山の岩肌がむき出しになっている場所があり、私個人はそこが出雲大社の中心スポットだと考えています。十七世紀までは出雲大社の祭神はスサノオだったのです。

東端の玉前神社では海の中の竜宮に住んでいたタマヨリヒメから始まり、西はスサノオでつながれているラインは、そのままもっと西につないでもよいでしょう。

国というのを独立的に扱うと、そこには始まりと終わりがあります。そして神話的な力も、そこで小さな範囲で止まってしまいます。かつて古い時代、国家のない時代には、神話的な存在は世界共通のものだと考えてもよいのではないでしょうか。スサノオの出身地はずっと西の方だという説があります。御来光の道の北緯三五度二二分をそのまま西に伸ばすと、シリア、イラク、イラン、アフガニスタンを通過します。

京都の祇園神社の祭神は、スサノオと牛頭大王《ごずだいおう》と蘇民将来《そみんしょうらい》ですが、この三人のうち、はじめの二人は同一のものだと考えられています。旅の途中で宿を乞うた武塔神《むとうしん》を裕福な弟の巨旦将来《こたんしょうらい》は断り、貧しい兄の蘇民将来はもてなしました。後に武塔神は巨旦将来の一族を絶滅しました。武塔神はスサノオを名乗り、以後、茅の輪《ちわ》をつけていれば疫病を避けることができると教えたとされています。

ユダヤ民族やフェニキア人などセム族の間で信仰の対象になっていたバール神は、この牛頭大王のことです。フェニキア文字でアルファベットのAは「アレフ」と読み、二本の牛の角を表現したもので、暴れまわる牛を意味する言葉です。これはタロットカードではじめの愚者のカードを表しています。もともとAは、尖った頂点を右横に倒した形で使われ、それが日本語のカタカナである「ア」に変わりました。御来光の道とはスサノオの系列の道であると思えてきます。

出雲大社に比較して、アマテラスの場所といわれるのが、伊勢神宮です。そして斎場跡が重なるのが太陽の道です。御来光の道はスサノオの道で、太陽の道はアマテラスの道と考えるとよいと思います。大陸からスサノオ信仰を持ち込んできたといわれる秦氏の発祥地は新疆《しんきょう》ウイグル自治区のホータンだという記録が残されていますが、実際には、これも途中経路にすぎないということなのでしょう。

私たちの現代では、人間は個人を中心に考えます。すると、数百年というのは自分には関係のない長さです。しかし、古い時代、個人を中心に生きているわけではない時代には、集合魂としての意思というものが存在し、それはカナンの地で八百年じっと潜伏し、それから東に移動したという長い期間の思念というものが存在しうると思われます。

27

秋芳洞【あきよしどう】

［北緯・三四度一三分一四秒
東経・一三一度一八分一四秒］

水は感情や愛情の表れ 秘めた思いを外に出すのに最適

山口県の秋芳洞は天然の鍾乳洞です。入り口付近が北緯三四度一三分、東経一三一度一八分で、観光路はだいたい一キロ。最奥部の琴ヶ淵から洞口まで、約一キロの長さの地下川が流れていて、さらに東方にも伸びているということが判明しています。さらに探検は続いていて、まだ完全な長さは不明であるそうです。この点で、三輪山ネットワークの十五里ラインにも抵触しそうです。

私は、数年前にある雑誌でパワースポットの連載をしていた時に、東京から日帰りで行きましたが、日帰りでも無理な感じはしませんでした。もちろんのんびり探索した方がよいです。洞窟の入り口からは、地下水が激しい勢いで流れていて、洞窟も鍾乳洞ですから、何かぬめぬめした感じで迫力があります。この強烈さというのは、観光地ではあまり見ないものかもしれません。

しばしば水は感情や愛情、サイキックなものを表します。地というのは物質です。ですから、形に閉じ込めたものが、噴出するという性質でもあります。奥にあるものが激しく噴出しているというのが、特徴的というわけです。

もちろん観光としてこの場所に入るだけで、自分にもそういう影響がきます。潜在的なものを明らかにすることや隠れたものをもっと表に出すという目的では、効果的だと思います。

無意識との橋渡しをするわけですから、ここでも目的をはっきりとさせるか、あるいはサーチするテーマをはっきり意識して取り組むとよいのです。

よりスムーズに行うには、自分の気に入ったパワーストーンを持参してもよいでしょう。才能開発ということでも大きな効果があることでしょう。

増強するために三回往復するのを試みてはどうでしょうか。

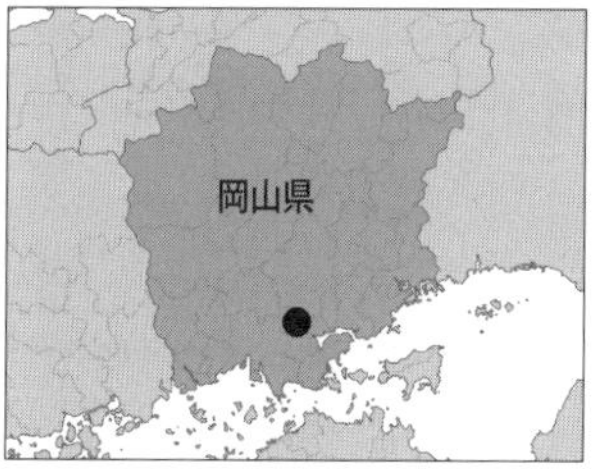

28

吉備津神社【きびつじんじゃ】

［北緯・三四度四〇分〇三秒
東経・一三三度五一分一二秒］

対立するものや裏に隠れたもの 抑圧したものとの表裏一体のバランスを保つ

岡山県の吉備津神社は北緯三四度四〇分で、箸墓・三輪山などが走る太陽の道、三輪山ネットワークの主線の線上よりもやや北にあります。また少し東に吉備津彦神社もあります。このような紛らわしい名前になったのは、もともとは吉備国（現在の岡山県と広島県東部、香川県島嶼部《とうしょぶ》、兵庫県西部にまたがる地域）の総鎮守が一つだけだったのですが、吉備国が三国に分割された時に、まず吉備津神社は備中国の一宮、備前国（現在の岡山県の東南部に香川県小豆郡と直島諸島、兵庫県赤穂市の一部にまたがる地域）・備後国（広島県東部）には分霊が勧請されたというわけです。各国のそれぞれに一宮があります。吉備津彦神社は備前国一宮であり、北東側にあります。

その昔、近くの片岡山に「温羅《うら》」という名前の鬼が住みつき、城まで作り悪行の限りを尽くしたので、その鬼を退治するために吉備津彦が朝廷から派遣されたという話です。これは桃太郎伝説のルーツといわれていますが、実際にはほとんど関係がないようです。吉備津神社はこの吉備津彦を祭神とします。ただ完全に温羅が封じられているわけではありません。ミンデルなどの話では、大きな自己は小さな自己が自身を成立させるために排除し、周辺領域の闇に追いやった裏人格と一体化することで手に入ります。その点で温羅も退治されたわけでなく、吉備津彦が表人格で温羅が裏人格になっているだけで、御釜殿《おかまでん》での御釜神事では、実際に温羅が託宣をします。水を満たした釜を茹で、その際に発する音で吉兆を占うというものですが、「幸あれば豊かに鳴り、禍あれば荒らかに鳴る」とわれています。上田秋成の『雨月物語』では、禍が起こる時には釜は鳴らないと書かれています。この釜鳴りは、東京の御田八幡《みたはちまん》神社でお正月に見たことがあります。

温羅とは、百済から吉備の国に渡来した百済の王子といわれていて、禍叉温羅《かしゃうら》、艮御崎《うしとらみさき》とも呼ばれ、大本教などでは丑寅の金神《こんじん》といわれて、古い神であるが、ある時代に陰謀によって封じられたといわれています。温羅は恨みでもあるわけですが、もともとは製鉄をはじめ、さまざまな技術文化を伝えた存在であると考えられています。日本刀が作られたのもこの温羅のおかげであるといわれています。

東北の阿弖流為《あてるい》伝説もそうですが、政権の交代によってそれまでの英雄も悪者にされてしまい、また時代が変わると反対になります。その意味では、小さな自己は他の自己を闇に追いやることで成立するというミンデルの考えがわかりやすいのですが、特にこの吉備津神社では、裏に封じた温羅を占い（温羅ナイ）として使うので、決局は寛容です。「おかやまうらじゃまつり」では、温羅はむしろヒーローで、「温羅」という銘柄の日本酒もあります。太陽の道を朝廷と大陸を結ぶラインと考えた時に、ここがある意味中間点なのかもしれません。大陸から来たものはここで邪悪とみなされるのです。ここより西の山口県などは、百済からの影響などを歓迎する文化です。

この場所の効能とは、このように対立するものや裏に隠れたもの、抑圧したものとの表裏一体のバランスともいえるでしょう。うまく合わないものを合わせる工夫などがメリットです。

近所にある倉敷は、倉敷川に沿って美観地区で、古風で優雅な環境を楽しむことができますが、しかし実は極めて活発な工業地帯という顔を持っています。何かこういう二面性が持ち味だと考えてもよいかもしれません。

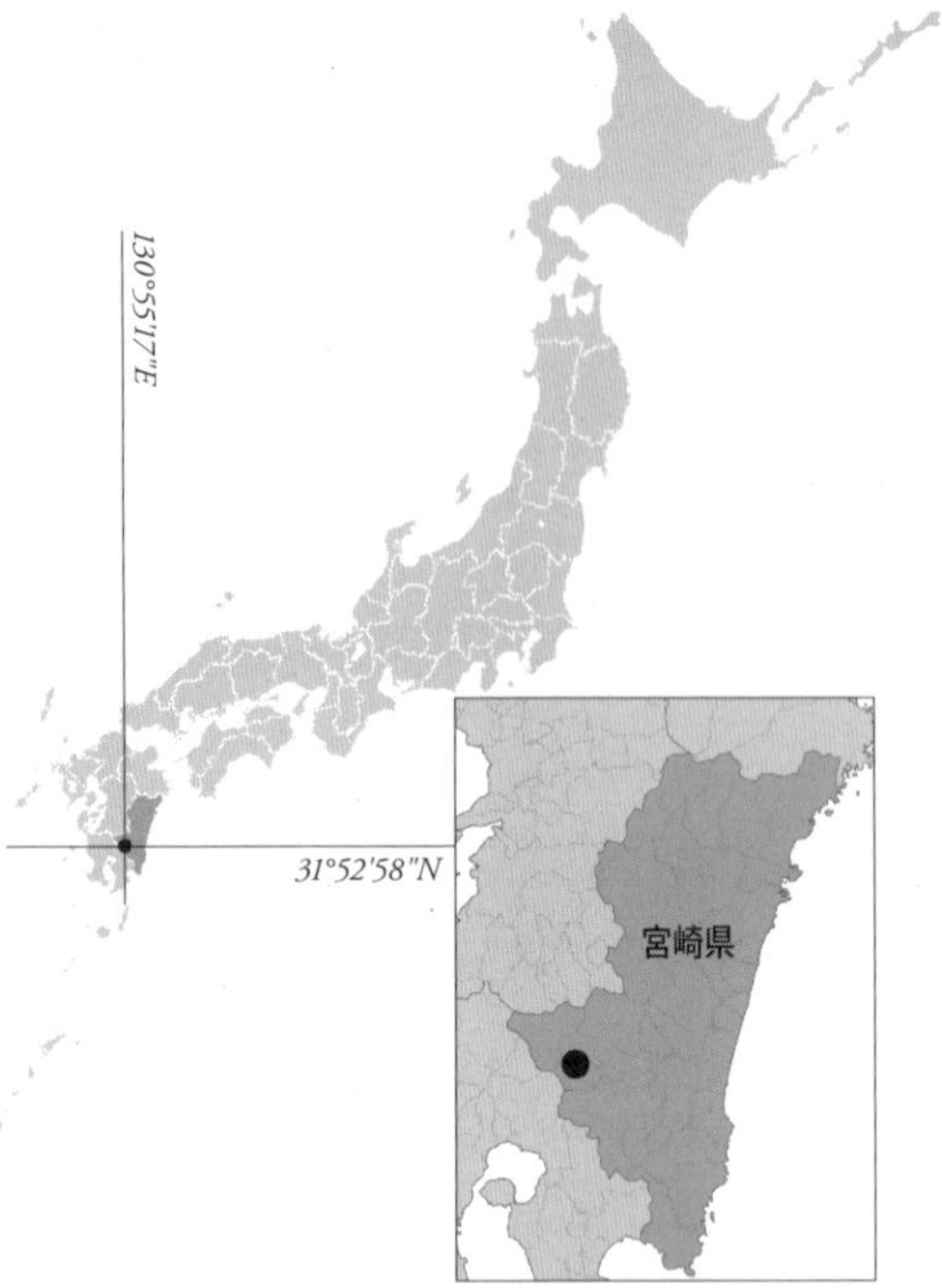

29 高千穂峰【たかちほのみね】

「北緯・三一度五二分五八秒
東経・一三〇度五五分一七秒」

天孫降臨の山は三輪山ネットワークと同調し何かを始めたい時にパワーのポイントとなる

九州の高千穂峰は、アマテラスの孫の瓊瓊杵尊《ににぎのみこと》が、天孫降臨した山であるといわれています。高千穂峰と高千穂町は全く違う所にあるので、混同しないようにしましょう。山頂にニニギノミコトが降臨した時に峰に突き立てた天逆鉾《あまのさかほこ》が立っています。山頂周辺に霧島神宮（北緯三一度五一分二七秒、東経一三〇度五二分二四秒）、霧島東神社（北緯三一度五三分一八秒）、狭野《さの》神社（北緯三一度五四分三〇秒、東経一三〇度五八分一一秒）があります。高千穂峰は北緯三一度五二分、東経一三〇度五五分なので、富士山から南側に三十里のラインの八本目であり、三輪山ネットワークとそのまま同調します。

九州はアフリカと似ているという考えからは、この高千穂はまるでジンバブエです。高千穂に天孫族が天下ったという伝説は、ゼカリア・シッチンの話を思い出します。シッチンは爬虫類人のような姿をした、惑星ニビルに住むアヌンナキが、約四十五万年前、アフリカで金を採掘するために地球にやってきたと説明しています。シュメールの粘土板を解読した結果、そのような内容になったのです。主要な金鉱は、現在ジンバブエとなっている場所にあり、その地域は、シュメール人たちからは「アブズ（深き鉱床）」と呼ばれていたといいます。そしてアヌンナキは、金の採掘をさせるために人類を作り出したのです。アングロ・アメリカン・コーポレーションが、十万年前から六万年前くらいの間に、アフリカで金採掘がなされていたといういくつかの証拠を提出しているので、案外、あり得る話なのでは考えている人々も増えています。雛形理論でいえば、世界で起きたことはその縮小の型が日本でも起きると考えるわけですから、天からやってきたアマテラスの一族は、アヌンナキに対応させることになります。

アヌンナキはやがて戻ってくるとまじめに考えている人は多数いて、数千年周期の軌道を持つニビルが接近する時がそうだといっています。リモートヴュイングの父であるインゴ・スワンも、その著書『ノストラダムス・ファクター——未来予知能力を目覚めさせる』（秋山真人監訳、三交社）で、そう遠くない未来にやがて戻ってくると書いています。天孫族はアヌンナキであるという話は驚くほど飛躍した話ですが、天孫族も大陸から移動してきたのではなく、天から降臨したのだというとさらに飛躍した話になります。神話なのでシンボリックな話であり、直接の人物や出来事に結びつけるのは無理なことも多いでしょう。

何かを始めたいなら、最高に強力です。

30

宗像大社【むなかたたいしゃ】

［北緯・三三度四九分五二秒
東経・一三〇度三〇分五二秒］

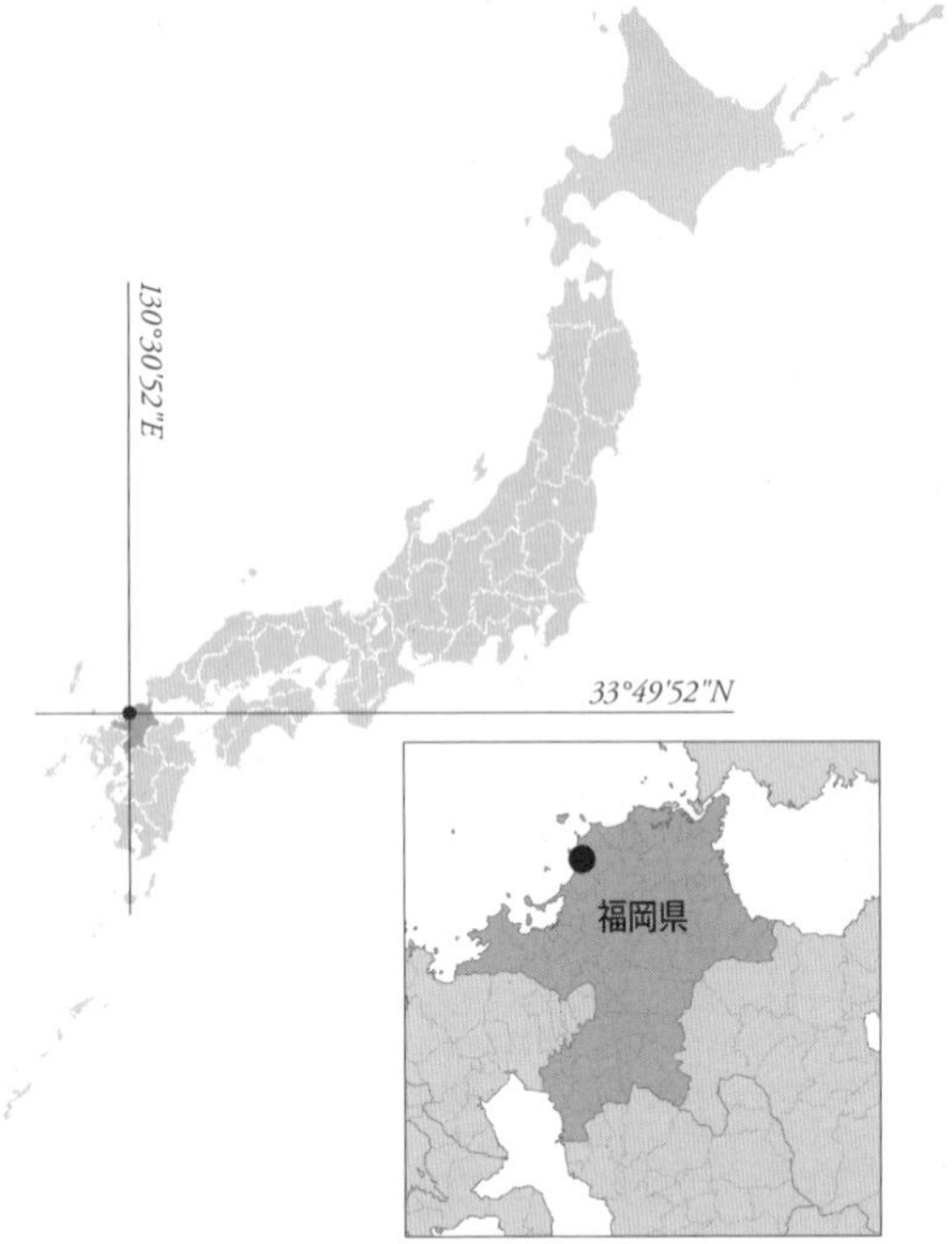

伊勢神宮に対しての裏伊勢
多くの情報が交わるところ

宗像大社は福岡県宗像市の神社です。日本各地に六千以上ある宗像神社、厳島神社、あるいは宗像三女神を祀る神社の総本社です。北緯三三度四九分、東経一三〇度三〇分なので、三輪山ネットワークから十五里シフトしたところです。沖ノ島には四世紀から九世紀までの石舞台、装飾品、祭祀遺物が見つかったので、古代から信仰の場として扱われていました。祭神は宗像市沖の島・沖津宮（長女）である田心姫神《たごりひめのかみ》、宗像市大島・中津宮（次女）であるタギツヒメ、宗像市田島・辺津宮（三女）であるイチキシマヒメ、という三人です。ここは、伊勢神宮に対して、裏伊勢といわれています。

竜宮界の関係としては、対馬には海神神社がありますが、現在では韓国とのトラブルの火種になりやすく、行きにくいかもしれません。海神神社は「わたつみじんじゃ」または「かいじんじんじゃ」と読みます。トヨタマヒメを主祭神で、他にヒコホホデミノミコト、宗像神、道主貴神《みちぬしむちのかみ》、ウガヤフキアエズノミコトが合わせて祀られています。

本州の千葉県の東には妹のタマヨリヒメが祀られている玉前神社があり、この西の端には姉のトヨタマヒメがいて共に竜宮界です。北緯三四度二七分、東経一二九度一七分なので太陽の道から少し南になりますが、富士山基準にするとよりネットワークに近い計算になります。朝鮮半島に非常に近いので、日本文化と大陸文化の共存の地として、古くから重要視されていました。

広島出身の三人の女性ユニット、パフュームは明らかに宗像三女神の神話型をモデルにしているのではないかという意見も多く、神話型を使うと多くの人が無意識に反応し売れやすいという話は、ジョーゼフ・キャンベルの打ち出した考え方です。

北日本・四国・九州地域

31 信夫山【しのぶやま】

〔北緯・三七度四六分〇三秒
東経・一四〇度二八分一二秒〕

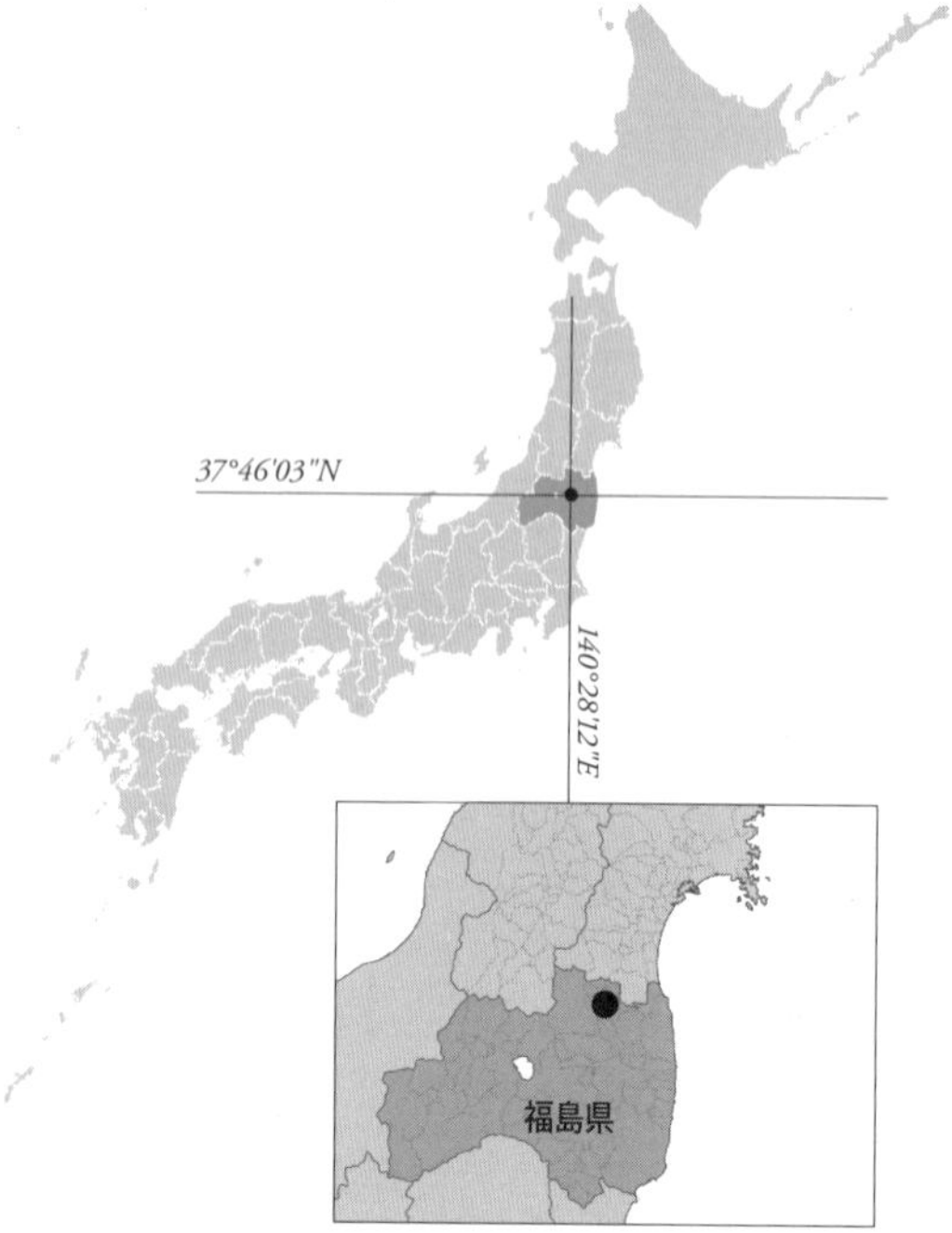

巨人伝説の残る地は ドリームボディを刺激する場所でもある

福島は二千五〇〇万年前は海底にあって、一千万年前にマグマ活動によって隆起し、百万年前に福島盆地周辺の地域が丘陵化、五〇～六〇万年前に陥没が起こり、これが福島盆地になったといいます。信夫山は山というよりは、周辺が沈降したために、結果的に山になったのです。高くなるのでなく、周囲が低くなることで結果的に高くなるというのも変わっています。しかもマグマ活動によって押し上げられたのです。決して自分からは何もしないのに、いつの間にか有利に運んだとでもいうようにも思えます。

この信夫山には、信夫山を作った大徳坊伝説というものがあります。大男の大徳坊がたんがらで土を運び、出来上がったのが信夫山。たんがら一杯ぶんが一盃森。石を投げてできたものが石の森。昔は金が採れたという話ですが、もともとは修験道の修行場です。山伏が修行する神聖な山として崇められていたのは羽山で、鎌倉時代から聖地だったのです。信夫修験を統率する寂光寺《じゃっこうじ》御坊慶印が伊達政宗に仕えることになって、この山伏一行は青葉山を開いて拠点を移しました。

大徳坊は巨人伝説ですが、この巨大としては日本でダイタラボッチという言葉が知られています。ある人は、これをヘブル語で、「ダイタ」はもともと「ディタ」のことで「壮大な」という意味であり、また「ラボッチ」は「集団」ということで大きな集団を意味すると主張しています。今の人間観ではとうてい収まりきれないような不思議な人間、いわば基準からはみ出したような人物像は伝説ではたくさんあります。まさかそんなことがあるわけない、と考える必要はありません。象徴的な真実です。そしてそのようなものこそ、パワースポットの持つパワーそのものです。ダイダラボッチの集団は、黒曜石を求めた足跡を残しているといいますが、この大徳坊にも石の伝説はたくさんあります。

また信夫山には人を化かす御坊狐、一盃森には長次郎狐、石が森には鴨左衛門という狐がいて、これを信夫の三狐といいます。御坊狐は鴨左衛門に騙されて、尻尾で釣りをし、氷で尻尾が切れてしまいました。改心した御坊狐は鼠を追い払う蚕の守り神として猫稲荷に祀られることになりました。

パワースポットという時には、目覚めたいつもの意識が眠って、パワースポットのパワーを吸い込む余地を作ることが肝心ですから、伝説の多い場所、つまりドリームボディを刺激する場所がよいことになります。土地の伝説や昔話が多い所は、まさにそういう場所なのです。労力を使わないで、周囲の状況の変化により運が上がるという効果です。

32

十和田神社

【とわだじんじゃ】

［北緯・四〇度二五分五〇秒
東経・一四〇度五三分四五秒］

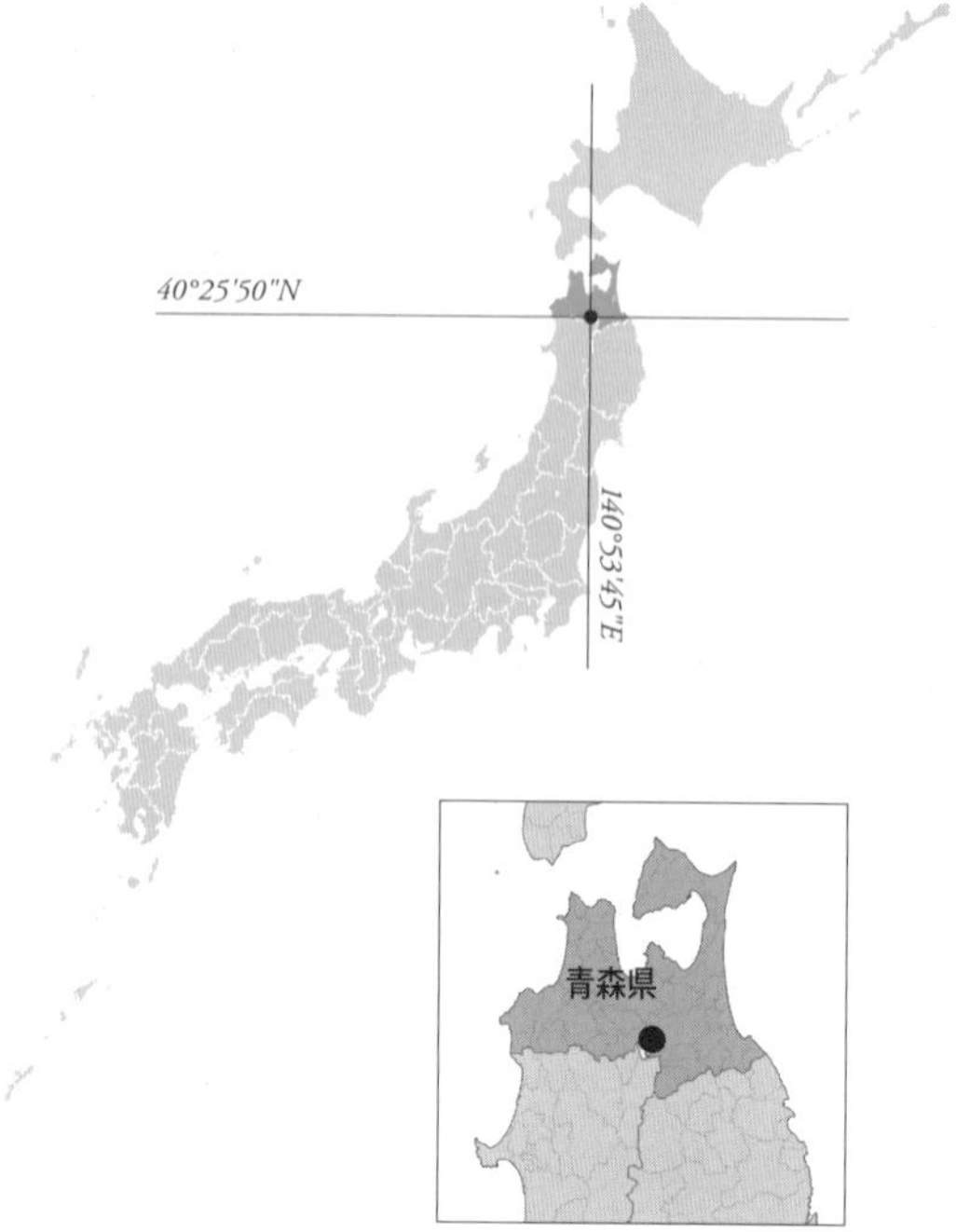

悪に見えたものが善に 善に見えたものが悪に変化する

北東北の十和田湖、田沢湖、八郎潟を題材にしたものを三湖物語と呼び、竜神伝説で有名です。

パワースポットを求める時に、この日本中に広がる竜神伝説が最も重要と考えてもよいです。日本中、稲荷を求めて旅をするのもよいように、竜神伝説のある所を歩き回るだけでも楽しめます。それは地球グリッドのボルテックスのことを表していて、昔の人は、というよりも今でも渡辺豊和のいう縄文夢通信の意識、あるいはミンデルのドリームボディに入ると感じることができますし、その活力を吸収できるのではないかと思います。

三湖物語を紹介したいと思います。まず、八郎太郎伝説は十和田湖の由来です。太郎は仲間二人と山仕事に出かけ、昼の食事の時に岩魚を三匹捕まえました。焼いた岩魚を三匹全部食べてしまい、喉が渇いたので奥入瀬川の水を飲みました。ふと水面に写った自分の顔を見ると、竜の顔がありました。三十三夜も川の水を飲み続け、いつしか三十三尺の竜へと変化していったという話です。八郎太郎は奥入瀬川を堰き止めて湖を作り、そこの主となりました。しかしもともとそこに住んでいる土地の神々はよそものが来たということで、八郎太郎を嫌い、神の使いの白鼠によって邪魔されたといいます。

次に南祖坊《なんそぼう》伝説について紹介します。元は修験者の南祖坊が、熊野で夢のお告げがあり、その結果、生まれ故郷の近くの十和田湖に住みつこうとして、八郎太郎と南祖坊のどちらが住むかということで戦いになったのです。戦いは七日七晩続き、その間、十和田湖の水が鉄砲水となって、奥入瀬渓谷をコの字型の渓谷にしたといいます。戦いは南祖坊が勝ち、負けた八郎太郎は米代川《よねしろがわ》を下って、八郎潟を作りました。勝った南祖坊は青龍となり、青龍権現として十和田湖に住んでいるという話です。十和田湖畔の乙女の像の森に十和田神社があり、ここに南粗坊の鉄のわらじが奉納されています。

最後の伝説は田沢湖の辰子姫伝説です。これは、出羽の国の辰子という娘の夢枕に観音様が出現し、北の山を越えた所にある清い泉の水を飲むと美貌が失われないといわれ、その清い泉を探して飲み続けると竜になったという話です。その時、大地が割れて田沢湖ができたのです。辰子はその湖の主となりました。八郎潟の八郎太郎は冬の時期のみ湖面が凍らない田沢湖に移動して、辰子姫と仲良く暮らしているといいます。現在でも八郎まつりやたざわ湖まつりがあります。

竜を退治する話や竜がずっと住みつく話などは日本

中でなく、世界中にありますが、竜が地球グリッドやレイライン、アボリジニのいうソングラインなどに関係するとしたら、それらにつながることは、より大きな集団的な活力に接触することを表します。竜を退治してばらばらにするというのは、世界的にある時代がして来た時に、国家や共同体などをそれぞれ独立的な場にしていったという経緯を表しているのではないかと思います。シルクロードも巨大な長い蛇、あるいは竜です。それらを分断して国ができたのです。また個人はその延長で、共同体や家族から孤立して、個人として生きるようになったのです。

個人は海の波の一つのようなもので、全体は海としてつながっているといいます。私たちは個人として目覚めた時に竜が死に、また個人以前の集団的な意識に戻った時に竜が目覚めます。ヘミシンクなどで宇宙的な体験をした時に、クラスターという集団意識はスパゲティの麺のようになっているという話がありますが、ある特定の時間・空間のみクローズアップした時に、それは長い筒を分断して、一部を丸めて、個というものができるのです。

ヴォルフガング・アマデウス・モーツァルトの『魔笛』に、王子タミーノが巨大な蛇に出会って気絶する話が冒頭にありますが、蛇あるいは竜は個人としての意識が眠り、つまり気絶しないことには遭遇できない、連続意識です。そして個はこの竜をぶつ切りにして、始まりと終わりができた段階で、個としての生まれと死が始まります。

チベットでは人々は永遠に死なず、網をたどって天国に戻ったといいますが、ある時代にこの網が壊れて人には死がやってくるようになったといいますが、網はグリッドであり、そして竜です。

占星術でもドラゴンベッドとドラゴンテイルというのがあります。これは太陽の軌道である黄道に対して、月の軌道である白道が交差した場所、つまりノードのことをいいます。ここで新月や満月が起きると、日食とか月食になります。惑星のノードは百年に一度くらいしか移動しないのですが、金星がそのノードを通過した時を「ビーナストランシット」と呼び、地球、金星、太陽が一直線になり、時代に変革がもたらされると、天文学者のヨハネス・ケプラーは考えていました。

月のノードであるドラゴンは、月がエーテル体、つまりドリームグボディを表し、これが太陽の力を受け取って拡張していく場所を表し、多くの縁が作られます。つまりは竜が目覚めるのです。

十和田湖周辺の竜伝説は、東北地域の大きな力のベースの一つになっているのではないでしょうか。熊野で霊感を得た南祖坊の十和田湖は、熊野とつながっているとみなしてもよいかもしれません。

三輪山ネットワークのラインで考えると、この三つの湖のうち、十和田神社は三十里ネットワークプラス十五里の所にあります。八〇二年に死んだ阿弖流為は平安時代初期の蝦夷の軍事指導者です。十数年もの間、朝廷軍を撃退していましたが、坂上田村麻呂に降伏した後、処刑されました。桓武天皇から蝦夷征伐を命じられた坂上田村麻呂は、東北各地に少しずつ拠点を増やしていき、最終地点が十和田神社でした。

鹿島神宮は、藤原氏の東北遠征のための指令拠点だと考えられていましたが、その宝物殿に「悪路王」の首と首桶が祀られています。宝物館の説明には、「平安時代、坂上田村麻呂将軍が奥州において征伐した悪路王（阿弖流為―アテルイ）の首を寛文年間・口伝により木製で復元奉納」ということになっていて、「悪路王は、大陸系の漂着民族とみられるオロチョン族の首領で、悪路（オロ）の主（チョン）とみる人もいる。」とあります。

しかし、北日本に扶桑国という先行する文明があり、それは蘇我氏がベースとなって作った倭国よりもはるかに大きな文明であり、蝦夷の阿弖流為もその末裔であったという発想から考えれば、阿弖流為のイメージも激変します。鹿島神宮は東北へ進攻するための拠点でなく、東日本の勢力が西へと進攻するための前線基地であったということになり、またヤマトタケルもこの北の種族の仲間であり、個人というよりも軍の総称であるということになると、阿弖流為自身は各地に分散した村々を統合化して、侵略してくる朝廷に対して十数年に及ぶ長い戦いを指揮していたことから考えて、ヤマトタケルのような伝説的存在と考えてもよいのかもしれません。

十和田神社は悪に見えたものが善に。善に見えたものが悪に変化する場所ともいえます。

十和田神社の三湖物語でも取り上げた田沢湖は、そのまま三輪山ネットワークに入ります。田沢湖は最大水深が四二三・四メートルで、日本で最も深い湖です。一九四〇年にダム建設のために水質が変質してしまい魚が絶滅しましたが、現在はそれを回復させる方向に向かっているといいます。

田沢湖畔潟尻《かたじり》に、美しさを永遠に保とうとして、お告げどおりに湖の水を飲み続けて竜になった辰子の金色ブロンズ像があります。竜と弁財天は竜と女性です。辰子は自身が竜になった話です。

御座石《ござのいし》から湖を覗き込むと、まさに吸い込まれそうな印象を感じるでしょう。周囲はあまり開発されていないので、ますます良い雰囲気です。

33 岩木山【いわきさん】

［北緯・四〇度三九分二一秒
東経・一四〇度一八分一一秒］

大徳坊ネットワーク＋三輪山ネットワーク
UFOがグリッド上に出現するスポット

富士山の北緯は北緯三五度二一分で、玉前神社だと北緯三五度二二分。どちらを中心の基準にするか迷いますが、富士山の北緯から三十里（一里が一六二〇メートルの三十倍の四八・六キロ）を順次足してみます。つまり、二六分一四秒を足します。

北緯	35度21分38秒
	35度47分52秒
	36度14分06秒
	36度40分20秒
	37度06分34秒
	37度32分48秒
	37度59分02秒
	38度25分16秒
	38度51分30秒
	39度17分44秒
	40度10分12秒
	40度36分26秒

青森県弘前市の岩木山は、頂上が北緯四〇度三九分二一秒です。したがって、三十里ネットワークの北緯ラインからすると、頂上は三分ほど北にあります。また、山がかなり大きいので、だいたい四一分から三七分くらいの範囲はカバーしています。

なぜ岩木山を取り上げたのかというと、『すべては宇宙の采配』（東邦出版）を書いた木村秋則さんの奇跡のリンゴの農園がこの近くにあるからです。木村さんのリンゴの育成方法は、作物に聞きながら育てるという自然農法です。

北海道と東日本全域に扶桑国があったという話ですが、扶桑というのは、葉が桐に似ていて、梨のような型をした赤い実をつけるという話なので、ここからリンゴだろうと栗本慎一郎は推理しています。リンゴが代表的な作物なのです。

実は木村さんはUFO体験をおびただしくしています。書籍で木村さんの写真を見ると、私は昔の友人であったカゼッタ岡さんを思い出します。何かが似ているからです。カゼッタ岡さんはUFOコンタクティーではなく、自分自身が白鳥座のカゼッタから来た宇宙人であるといいます。私が等々力に住むことになった理由はカゼッタ岡さんの影響が強く、昔、テレビでカゼッタ岡さんは宇宙人の乗り物が接近してくる地図を公開していました。これは地図に三角形の網の目が描かれたもので、その頃、つまり一九八〇年代の終わり頃は、この三角形の地図はそのまま渡辺豊和の『縄文夢通信』に書かれたグリッド、つまり今扱っている三輪山ネットワークと同じものと感じました。カゼッタ岡さんは本も読まないし、渡辺豊和のことを知っていたとは思えません。

三輪山ネットワークやレイラインはいわゆるエーテル体のラインです。このエーテル体というのは、物質よりも上位にある次元と接続するラインで、そこを通じてUFOが行き来するというのはありそうに思えました。それは種々の次元を上がったり下がったりするということを想像すると、グリッド上を行き来するというのは自然に見えます。もちろん、物質はこの私たちが見ている次元しか存在しないと考え、ＵＦＯも同じレベルで作られるはずだと考える人から見ると、逸脱した意見になります。ユングは、ＵＦＯは集合無意識の幻像だと考えた時期があるようですが、より上位の次元は、三次元から見ると複数の個体に共有され、鏡に映った像のように同時に複数の所に出現可能という理屈から考えると、ユングの集合無意識論と矛盾もなくなります。懐かしい七〇年代から八〇年代の話題になりますが、ＵＦＯはグリッドライン上に出現する。このように考えて、岩木山も東北の重要な拠点とみなしてもよいのではないかと思います。

「縄文中期には間違いなく後の三輪山ネットワークに先行して北日本中心の太陽信仰を基礎に置くネットワークが確立していた」という栗本慎一郎の根拠の一つとして、三内丸山遺跡では、六つの穴でできた長方形の長軸方向は冬至の日没と夏至の日の出方向にぴったりと照準を合わせて作っていたといいます。この冬至線の延長に、西南西に岩木山があり東北東に高林山があるのです。南西と北東の穴が作る対角線は完全に東西を示し、東の延長には三角岳が配置されています。

岩木山の冬至の日出方向のラインは、福島の大徳坊を基点にすると思われる大きなネットワークの一つに当たると栗本慎一郎は書いていますが、東北ネットワークは北緯三七度一五分を基準線にする大徳坊が始まりであると、渡辺豊和も説明しています。

三輪山ネットワークはその勢力の及ぶかぎり、その基準を拡張していったというところでは、その基準は東北地域にまで拡大していますから、東北では大徳坊ネットワークと三輪山ネットワークが混在する形で考えていくことになります。そして岩木山はこの両方に関わっていると考えてもよいわけです。

34

恐山【おそれざん】

〔北緯・四一度一九分三七秒
東経・一四一度〇五分二四秒〕

マイナスが吸い込まれることでどこよりも強烈な活力が手に入る

恐山は下北半島の霊場で、高野山や比叡山と並ぶ日本三大霊場の一つといわれています。北緯四一度一九分、東経一四一度〇五分の位置にあり、東北ネットワークにも三輪山ネットワークにも属していません。しかしそれでも本書で取り上げたいと思ったのは、あまりにも特徴的だからです。

恐山は、カルデラ湖である宇曽利湖《うそりこ》を中心にした外輪山のことを表していて、外輪山というのは八つあります。釜臥山《かまふせやま》、大尽山《おおづくしやま》、小尽山《こづくしやま》、北国山《ほっこくざん》、屏風山《びょうぶやま》、剣《つるぎ》の山《やま》、地蔵山《じぞうやま》、鶏頭山《けいとうざん》で、地獄といわれた火山岩に覆われた地域と、美しい宇曽利湖の極楽浜《ごくらくはま》の対比が鮮烈です。

これまで竜神とか竜宮に関係した弁財天社や、富士山などは、真ん中に島あるいは山があり、周囲に海あるいは湖が取り囲んでいます。恐山はその反対で、周囲に山があり、真ん中に湖があるのです。すると、弁財天のエネルギーとは反対になると考えることができます。

それを上手に表現しているのが恐山菩提寺の院代である、南直哉《みなみじきさい》さんのブログ「恐山あれこれ日記」〈http://indai.blog.ocn.ne.jp/osorezan/〉です。

ある新聞社でアンケートがあり「パワースポットだと思う所はどこですか?」という質問に、伊勢神宮に次いで恐山が第二位となり、それを聞いた南さんはびっくりしたそうです。その後すぐにテレビ局のディレクターからパワースポットに関する質問の電話がきたそうですが、南さんは「恐山が『パワースポット』だとするなら、それはパワーがあるからではなく、無いから」ということを答えたのだそうです。

「ここには何か有り難いもの、超自然的なもの、人知に計りがたいものがあって、そこから力が発散しているわけではないでしょう。そうではなくて、力も意味も何も無いがゆえの『霊場』だと思います。あえて言うなら、底を抜いた時に水が吸い込まれていくような、そういうマイナスの力の働く場所だと思います」

「『元気をもらえる』ように、『癒される』ように、何か『ご利益』があるようにと、人々は『パワースポット』を求めるわけです。しかし、『霊場』としての恐山の存在の仕方は、それとは異なると思います。いまや恐山は、『現世』を根底から脅かすもの、『元気』を断ち切るもの、『ご利益』を無に帰するもの、社会と生活から可能なら排除したいもの、つまり『死』が開放される場所なのです」〈http://indai.blog.ocn.ne.jp/osorezan/2010/06/post_3438.html〉

弁財天は現世ご利益ですが、形が反対になっている恐山は、エネルギーの形が反対になっていると考えてもよいのです。湖をへこみ・マイナスと見て、山を突出・プラスと見た時に、恐山は、プラスの八つで集めたものを、真ん中のマイナスに吸い込みます。

恐山の特徴はそれだけではありません。日本地図を人体にたとえるという発想は昔からよく流行していました。大型の人間。これは雛形理論からすると理に適ったものです。この場合、日本地図の九州を頭にするか、それとも北海道を頭にするかという二つの考えがあり、伝統的に古い時代からのものは、ほとんどが九州を頭にしたものです。これは文明の発祥は九州だからである、という理由からです。九州はまた世界地図のアフリカに対応しています。

しかし、北海道を頭にするという考えもあります。これは北海道の南に、東北全員を支配する「日の本」と称する先進文明があったという渡辺豊和や栗本慎一郎、久慈力などの見解からいうと自然です。

北海道を頭とすると、津軽海峡は首です。この首というのは、そもそも異次元との接点です。アリストテレスのいう生命の階段という考えは、脊髄にさまざまな生物の進化の歴史が階段状に残されているという考えと似ていますが、人間の割り当ての椎骨が拡大して脳になったという説があります。すると脳は人の世界に閉鎖していて、脳と脊髄のつなぎ目は、そうした人間の意識が他の領域と接点を持つ場所だという話になります。首は死者との接点だとよくいわれます。日本地図の中で死者との接点に、下北半島の恐山は最高に適している配置なのです。

恐山の開山は貞観四年（八六二年）で、最澄の弟子の慈覚大師円仁が唐に留学中、夢で「汝、国に帰り、東方行程三十余日の所に至れば霊山あり。地蔵尊一体を刻しその地に仏道を広めよ」といわれたそうです。円仁はすぐに帰国して、夢で告げられた霊山を探し歩き、恐山に辿り着いたといわれています。パワースポットやエネルギーのスポットとしては、最も正しい発見の方法です。つまりエーテル体は起きている時よりも、寝ている時の方が接点を持ちやすいのです。寝ている時に、閉じた延髄が開くとシュタイナーは説明していますが、日本地図では恐山の場所となります。

恐山の特徴から、現世ご利益的な欲求を沈没させますが、しかしこれはやはり超越的なパワーであり、結局のところ、同じです。行けば強烈な活力が入ります。

下北地方では「人は死ねば（魂は）お山（恐山）さ行ぐ」と言い伝えられているそうですが、これは御岳山なども共通の考えでしょう。人は死ぬと山に行き、その頂上から異界へ向かう。生まれてくる時に、山から今度は里に下りてくる。それを春先に迎えるのが、桜であるというのは、古い日本の伝統的な考え方です。吸い込む場所は吹き込む場所でもあります。

稲荷神社は、ウカノミタマが初午の時に山から下りてきて始まったといわれていますが、初午は旧暦で考えなくてはなりませんから、今でいう三月の半ば頃です。江戸時代に、この三月半ば頃である初午の時に学校も始まったのですが、占星術での始まりは太陽が春分点を通過した頃ですから、三月二十日とか二十一日前後で似ています。

生きている人が死者と接点を持つのは夏至と冬至と考えられていたので、夏至の近くで盆踊りをして、死者と一緒に踊るという風習が始まりました。死者の力を吸い込んで元気になる。これは古い日本のタマフリの発想法です。

35

遠野【とおの】

〔北緯・三九度一九分四七秒
東経・一四一度三二分〇三秒〕

エスペラント語の雰囲気が漂い喧騒をすべて堰き止めた別世界

　JR釜石線の遠野駅の座標は北緯三九度一九分、東経一四一度三二分ですが、これは三輪山ネットワークから二分北にあります。

　遠野といえばカッパです。柳田國男の『遠野物語』が原因です。常堅寺《じょうけんじ》の裏にカッパ淵があり、代表的な観光スポットです。常堅寺の座標は、北緯三九度二一分〇六秒、東経一四一度三四分二八秒となります。常堅寺の境内にはへこんだ頭をしたカッパ狛犬があります。『遠野物語』のカッパは猿ケ淵川に住んでいるそうです。もともと話が不気味なので、観光場所としては適切ではなく、観光用にかなり作り替えたことになります。

東北新幹線の新花巻駅で釜石線に乗り換えた段階で、急に雰囲気が変わります。宮沢賢治はエスペラント語を世界の言葉にしようと考えていたので、釜石線はそれにちなんで、各駅にエスペラント語の名前がついています。これが非常によいのです。交通の便がそれほど良くないからなのか、釜石線からは別世界になった印象があります。喧騒をすべて堰き止めてしまったかのようです。

古い作りの町。五百羅漢。鍋倉城址公園。とおの昔話村。遠野ふるさと村。遠野城下町資料館。

どのスポットものんびりと歩いていくのがよいでしょう。私はひょっこりひょうたん島のモデルになった三貫島《さんがんじま》のある釜石に行くために釜石線に乗ったのですが、素晴らしい場所だと思いました。

このように素晴らしい場所と私が感じたのは、遠野の他では兵庫県明石市の隣にある坂越があります。もし交通の便が良くなったら、この釜石線沿線の景観は壊れてしまうことになるのでしょうか。

一度お出かけしてみるとよいでしょう。忙しい生活をしている人ほど、この場所への旅はリフレッシュの効果があり、また影響も多く取り込むには荷物は軽く、少ない方がよいのです。

異次元との接点というふうに考えると、わりに哲学的・思想的要素を高めます。

36

洞爺湖【とうやこ】

［北緯・四二度三四分二六秒
東経・一四〇度五〇分四三秒］

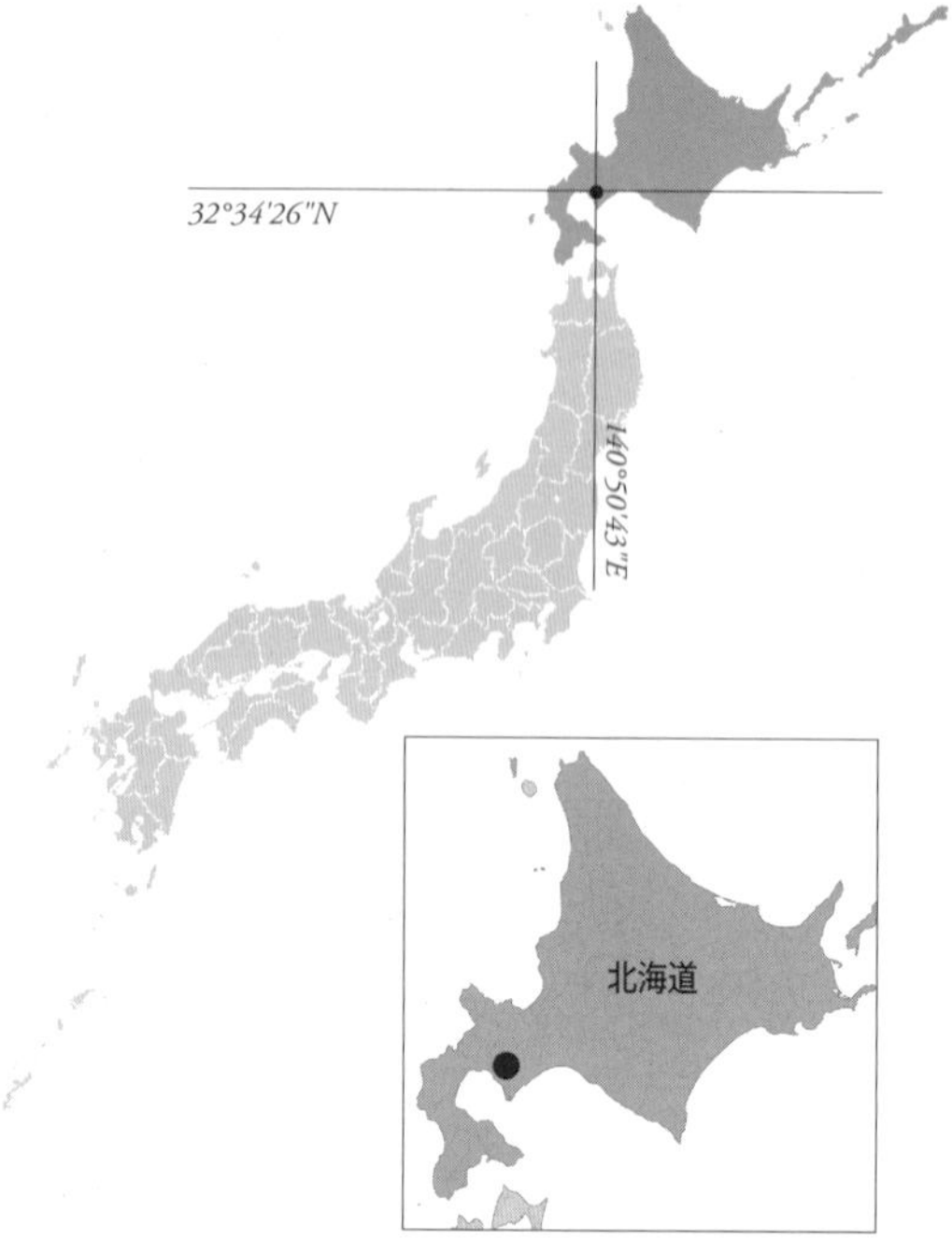

三輪山ネットワークを北海道にまで伸ばす弁財天のセオリーを満たした希有な場所

洞爺湖は北海道の湖ですが、三輪山ネットワークを強引に北海道にまで伸ばしてしまえば、そのラインに入ります。大きさは東西に約十一キロ、南北に約九キロという広い範囲に及び、中央に浮かぶ中島は標高四五五メートルもあります。

湖の真ん中に山があるのですから、本州であればこれに目をつけないはずはなく、山の上を祭儀場にして、後に神社になったはずです。湖は平野よりも低く、山は高く。この落差が大きな振幅を作り、刺激を与えてきます。平坦になった気分に揺すぶりをかけます。その点ではこの洞爺湖も、弁財天の場所のセオリーを満たしているのです。

洞爺湖の中央には四つの島があり、大島、弁天島、観音島、饅頭島の合計を中島といいますが、このうちの弁天島という名前は、日本には多数あります。

インドに起源を持つ弁財天はもともと水の神としての性質です。だからこそ、セオリツヒメとタギツヒメは同一視されたのです。また財産の神として崇められ、海難避けや豊漁祈願として、漁師の守り神になっています。

この地にはアイヌの洞爺湖の蛇神伝説があり、アイヌの英雄ポイヤウンペが洞爺湖にやってきた時、羽の生えた毒蛇の神オヤウムカイが彼を苦しめ、ポイヤウンペは滝の神へ逃れました。滝の神はポイヤウンペの世話をしたところオヤウムカイに見つかり、滝の神は蛇神の集団に殺され、ポイヤウンペは命からがら、全身やけどのまま、石狩に逃走したといいます。

渡辺豊和は『扶桑国王蘇我一族の真実』で、蘇我氏は五世紀末から七世紀前半に扶桑国を作ったと書いています。北海道の桧山郡・渡島半島に拠点を持って、北海道と東北地方の全域を治め、「日の本」と称していた。扶桑国の都の東にはアイヌの国である女国もあったということを、『梁書』から計算して割り出しています。

バイカル湖畔の高車《こうしゃ》・丁零《ていれい》の流れをくむトルコ系騎馬民族の扶桑国王は女国のアイヌと友好関係を持っていたのだそうです。五世紀、北魏（鮮卑《せんぴ》系）に圧迫された後、北海道・東北地方に移住。やがて扶桑国王は畿内に入って、継体天皇と同盟し、九州の倭国を滅ぼして、日本列島を支配。

このように考えてみると、北海道はアイヌと共存した蘇我氏の帝国が一時的に存在していたことになります。拠点が檜山・渡島なら洞爺湖はかなり近いスポットといえるでしょう。

37

四国霊場【しこくれいじょう】

七宝山観音寺【しっぽうざんかんのんじ】

［北緯・四二度三四分二六秒
東経・一四〇度五〇分四三秒］

日本版ソングラインが四国霊場
空海の修行の道をなぞることで力を得る

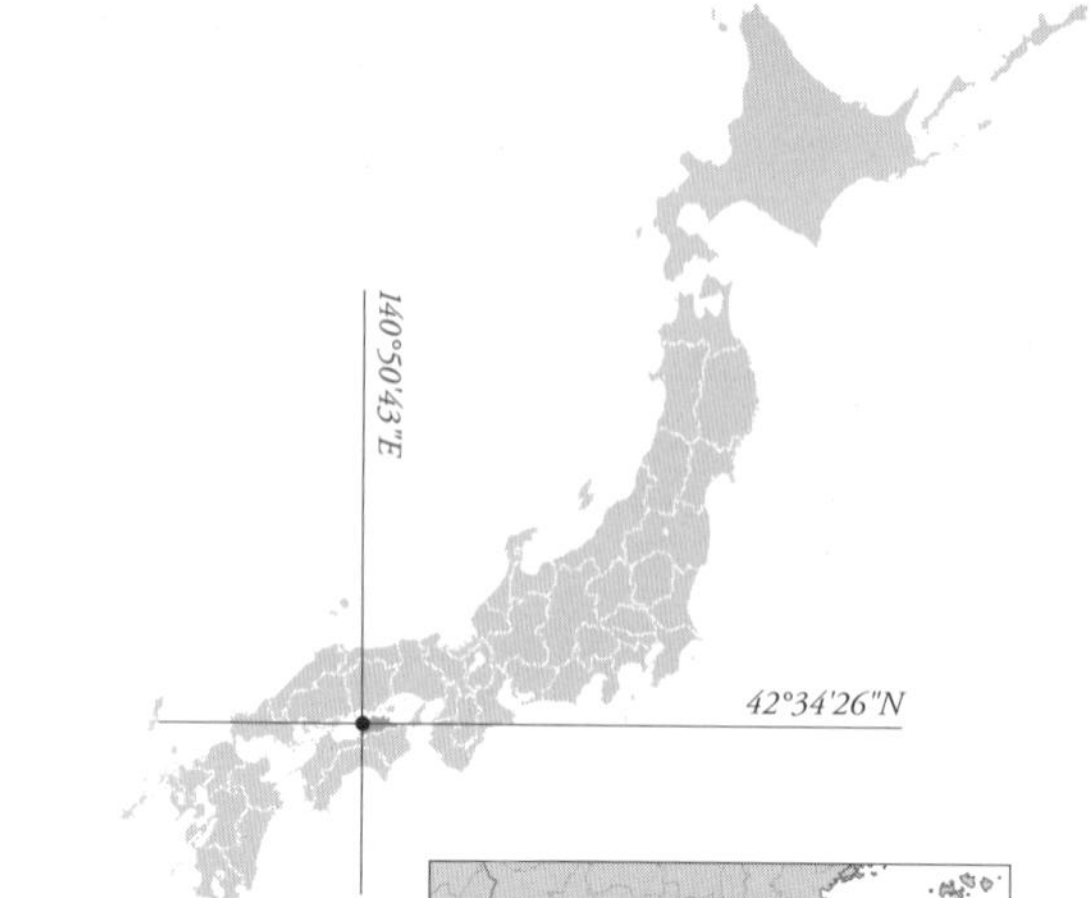

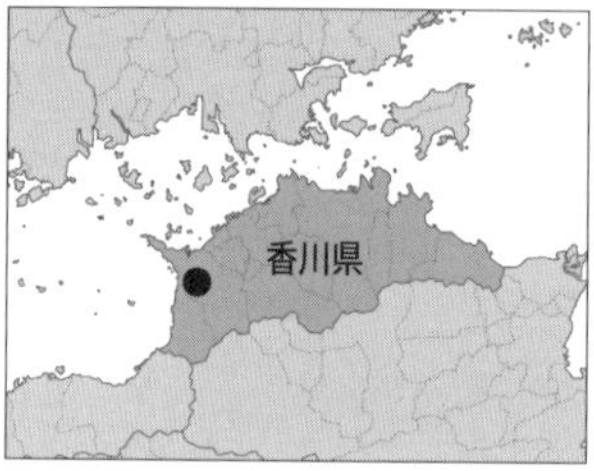

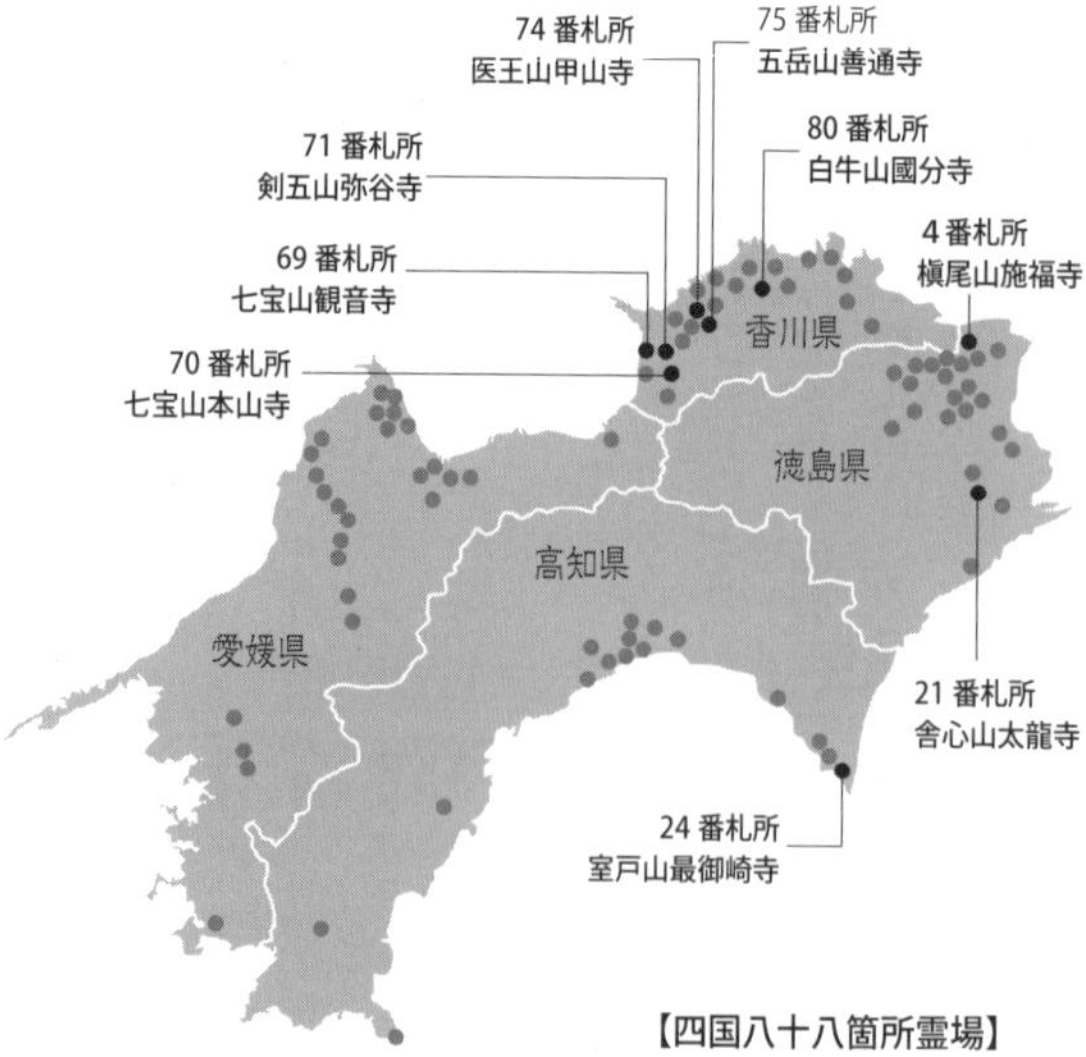

【四国八十八箇所霊場】

四国霊場の八十八箇所は、巡礼のコースとして有名です。日本中でこうした霊場は多数ありますが、四国のものは大規模です。

そもそもは空海が修行したコースをそのまま追跡することから始まりました。同じコースを追跡すると、同じ体験をする。これはパワースポットやレイラインもそのような使い方をするのがよいのではないかと思います。オーストラリアのアボリジニのソングラインと同じことです。そして世界地図の中ではオーストラリアと日本の四国は対応しているので、四国霊場はそのままソングラインのようなものでもあると考えてもよいのです。

空海（弘法大師）は七七四年に、讃岐国の多度郡《たどぐん》屏風ケ浦《びょうぶがうら》（現在では七十五番札所の五岳山善通寺《ごがくざんぜんつうじ》）で生まれました。幼少の頃から高い教育を受ける機会が与えられました。その頃に勉強をしていた場所が、医王山甲山寺《いおうざんこうやまじ》（七十四番札所）と剣五山弥谷寺《けんござんいやだにじ》（七十一番札所）です。十二歳で讃岐の国学（現在では八十番札所の白牛山國分寺《はくぎゅうざんこくぶんじ》付近）を学び、十八歳で大学の明教道に入学。しかし出家のために大学を辞めて山岳修行者となります。阿波の太龍岳（二十一番札所の舎心山太龍寺《しゃしんざんたいりゅうじ》）、土佐の室戸岬（二十四番札所の室戸山《むろとざん》最御崎寺《ほつみさきじ》）を巡りつつ、和泉国槙尾山寺（西国三十三箇所の四番札所である槇尾山施福寺《まきのおさんせふくじ》）で得度、名を空海と改めました。大師入定後、平安末期には四国辺地という海辺の霊場を巡拝する習慣が生まれ、八十八箇所の霊場が決まったのは室町末期から江戸初期で、一般の人も参加するようになりました。一四四〇キロの道のりは歩くと二カ月弱かかり、車でも十日かかります。

四国の瀬戸内海側に霊場が密集していますが、三輪山よりも一つ下の三十里ラインもあれば、また三十度傾斜ラインに入っているものも複数あります。渡辺豊和の図（二六六ページ～二六七ページ参照）の中に七宝山がありますが、これは弘法大師の七つの宝物の伝説によってつけられた名前で、三豊平野の北側に連なった稲積山《いなづみやま》、志保山《しほやま》、七宝山、妙見山《みょうけんやま》など全体を七宝山系と呼びます。七宝山の中腹には高さ五〇メートルの不動の滝もあります。七宝山には六十九番札所である七宝山観音寺がありますが、明治の神仏分離令によって、六十八番札所の琴弾山《ことひきざん》神恵院《じんねいん》の本地仏を西金堂《さいこんどう》に請来したため、一つの境内に二札所となりました。また、七十番札所である七宝山本山寺《もとやまじ》もあります。七宝山から三十四キロ東北東には讃岐の一ノ宮である田村神社があります。

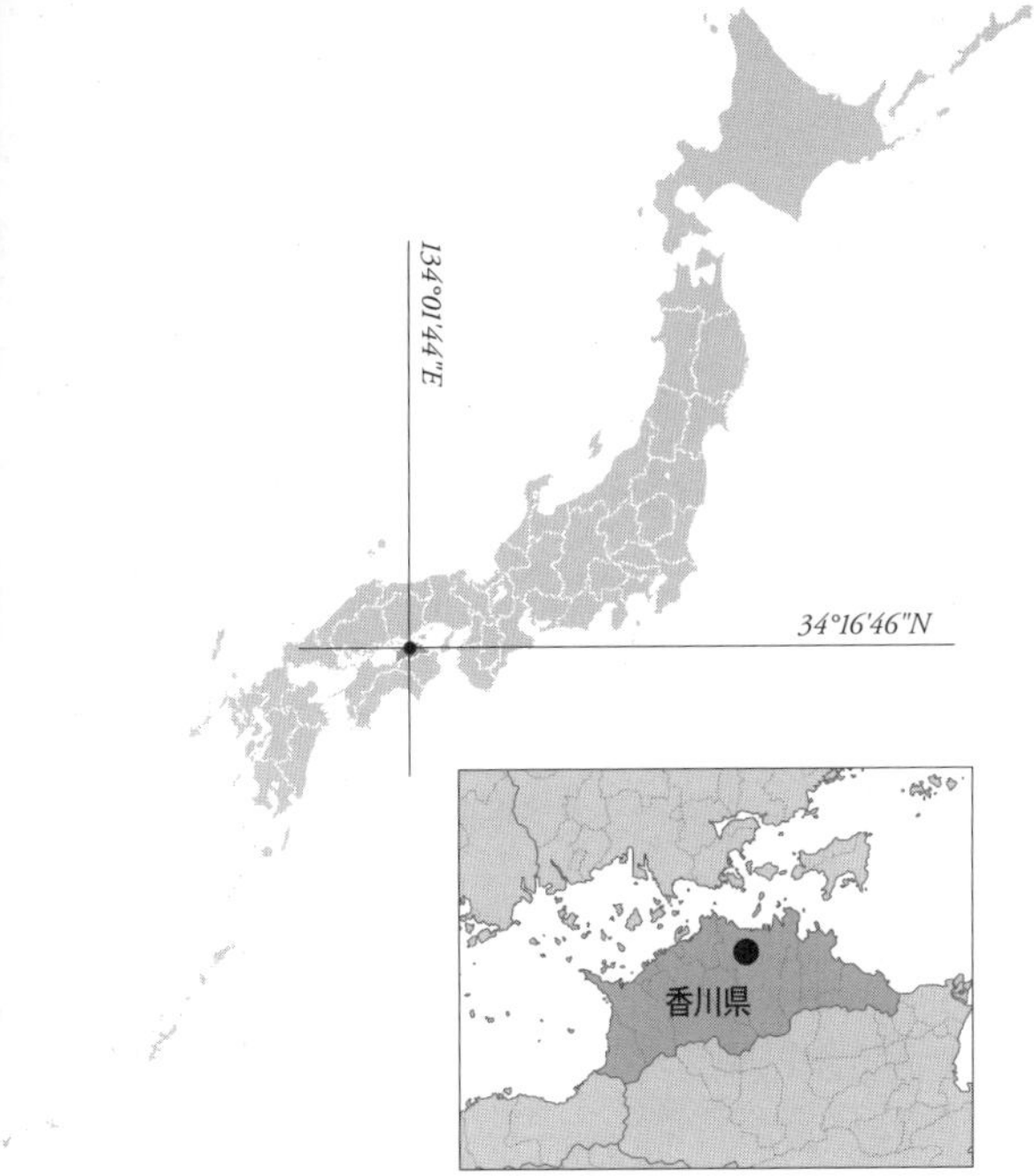

38

田村神社【たむらじんじゃ】

［北緯・三四度一六分四六秒
東経・一三四度〇一分四四秒］

三輪山ネットワークからは少し外れるが竜宮ネットワーク上の重要なポイント

田村神社は、新四国曼荼羅霊場十一番にもなっています。社伝では、はじめは神社の奥の床下にある定水井《さだみずのい》にいかだを浮かべて、その上に神を祀っていたそうです。そのため、もともと祭神は当地の水神であったといいます。この一帯は湧水地であり、境内には花泉《はなのい》・袂井《たもとい》という井戸があります。床下の「底なし淵」という沼の中には竜が住んでいるといわれ、江戸時代、神社改築のためにやってきた奉行が覗いたところ竜が出現して睨みつけたために、奉行はその日のうちに死んでしまったといいます。

祭神は、倭迹迹日百襲姫命《やまとととひももそひめのみこと》、五十狭芹彦命《いさせりひこのみこと》（別名：

吉備津彦命、猿田彦大神、天隠山命《あめのかぐやまのみこと》、天五田根命《あめのいたねのみこと》です。

問題はヤマトトトヒモモソヒメで、これは箸墓に埋葬された巫女で、孝霊《こうれい》天皇の皇女といわれています。異母兄弟に孝元《こうげん》天皇がいます。ヤマトトトヒモモソヒメは霊媒あるいは巫女であり、崇神《すじん》天皇に頼まれて災害の理由を調べようとしたところ、三輪山の大物主神が取り憑き、その後大物主神《おおものぬしのかみ》を祀ることで災害が収まったり、武埴安彦命《たけはにやすひこのみこと》の反乱を予言したり、戦況についても詳しい予言をしました。ヤマト（大和）のトトビ（鳥飛び）というのは、霊魂が身体から離脱して鳥のように飛んでいく脱魂の方式なので、現代であれば幽体離脱のようなものです。ヤマトトトヒモモソヒメは、三輪山のオオモノヌシが蛇であることを知って驚き昏倒した時に、箸が陰部に刺さって死んだといわれています。ヤマトトトヒモモソヒメの墓は箸墓といわれています。三輪山伝説では、ヤマトトトヒモモソヒメが結婚したオオモノヌシは、昼は姿を見せずに夜だけやってくる。その実体は、「長さ太さは衣紐《きぬひも》ぐらいの、美麗な小蛇《こおろち》」だったといいます。箸墓は古墳の中でも高度な技術が集約された代表といわれていますが、最近は、箸墓は卑弥呼の墓ではないかといわれてもいます。

箸墓は三輪山ネットワーク、すなわち太陽の道の代表的なポイントで、北緯三四度三二分、東経一三五度五〇分にあります。一方の田村神社は、北緯三四度一七分、東経一三四度〇一分なので、差は一五分前後です。十五里が一三分〇七秒なので、東西線としては誤差が二分はあります。三輪山ネットワークのラインとして考えると田村神社よりも七宝山の方が適切といえます。そのため、田村神社はあまり関係ないかもしれませんが、しかし湧き水地域で竜が祀神である田村神社と蛇と結婚した脱魂型の巫女であるヤマトトトヒモモソヒメは、蛇竜ネットワーク、竜宮界ネットワークとして連動していると考えてもよいかもしれません。

最近ヘミシンクが流行しています。そして高いレベルである「フォーカス39」とか「フォーカス40」以上のレベルに行くと、人の形はなくなり、みなスパゲティとか焼きそばの麺のようになってしまうといいます。それが集積して、蜂の巣のようなクラスターに集合するのです。これは昔からいわれた、アニマムンディ、つまり世界卵にも似ています。これは管のようなものなのですが、特定の時間・空間に注意力が集中せず、むしろ意識の連続性ということを焦点にすると、人や生命はみな、この管の形になります。この場合、管はそのまま複数の個体がつながっていった状態だとみなすとよいのです。そこでは情報が「筒抜け」に入ってきます。個体意識を超えたら初めてそのような状態になるのですが、この情報が入らない理由は、個体意識に鋭く集中して、他は入ってこないようにするということからきています。

日本には蛇竜伝説がたくさんあり、蛇と結婚したヤマトトトヒモモソヒメもその類ですが、蛇と結婚したというよりも、蛇と一体化した、つまり脱魂すると、自分が管になったと考えてもよいと思います。そしてこのレベルというのは、浅野和三郎がいうように、個体を超えて情報が行き来しますから、ある程度、時間・空間を超えた内容が入ってきます。筒である、すなわち異なる時間が連続してつながっているということです。私たちはこれを切り離し、膨らませて、個体となります。その意味では、筒化した場合には、死んだという言葉が正しいのかどうかはわかりません。

ヤマトトトヒモモソヒメが死んだといっても、管化したヤマトトトヒモモソヒメは、そのまま時空を超えて存在します。それはヤマトトトヒモモソヒメと似た、他の存在とも「雛形」的に結びつき、一つの意識状となります。

私の個人的な印象では、箸墓から少し離れた所にある宗教団体の教祖、中山みきも同類で、また卑弥呼も同類です。これは時空を超えているという意味では、特定の時空に縛られている私たちの誰か、あるいは複数が接触することも可能だと思います。その場合、接触の人数の数ほど複製が作られるということになります。そして接触した人の知識や経歴、経験などによって、受け取った内容は変質します。

個体は米のご飯。そして讃岐うどんは、この個体の一つひとつのこだわりを打ち壊して、筒化したものを思い浮かべます。夢では、この筒はバスあるいは電車、また縦にあるものはエレベーターなどで表れます。

この筒化した自分というのは、昔式にいえば「竜と一体化した私」という意味になるでしょう。その段階でのみ、ある程度予知的なことができるといえます。つまり「情報の筒抜け」です。そして地球グリッドやレイライン、ソングラインもまたこの筒の流れですから、当人が筒化した時に、一番これを感知します。むしろセンサーになるといってもよいでしょう。

第四章

実際にパワースポットを使う場合の心得

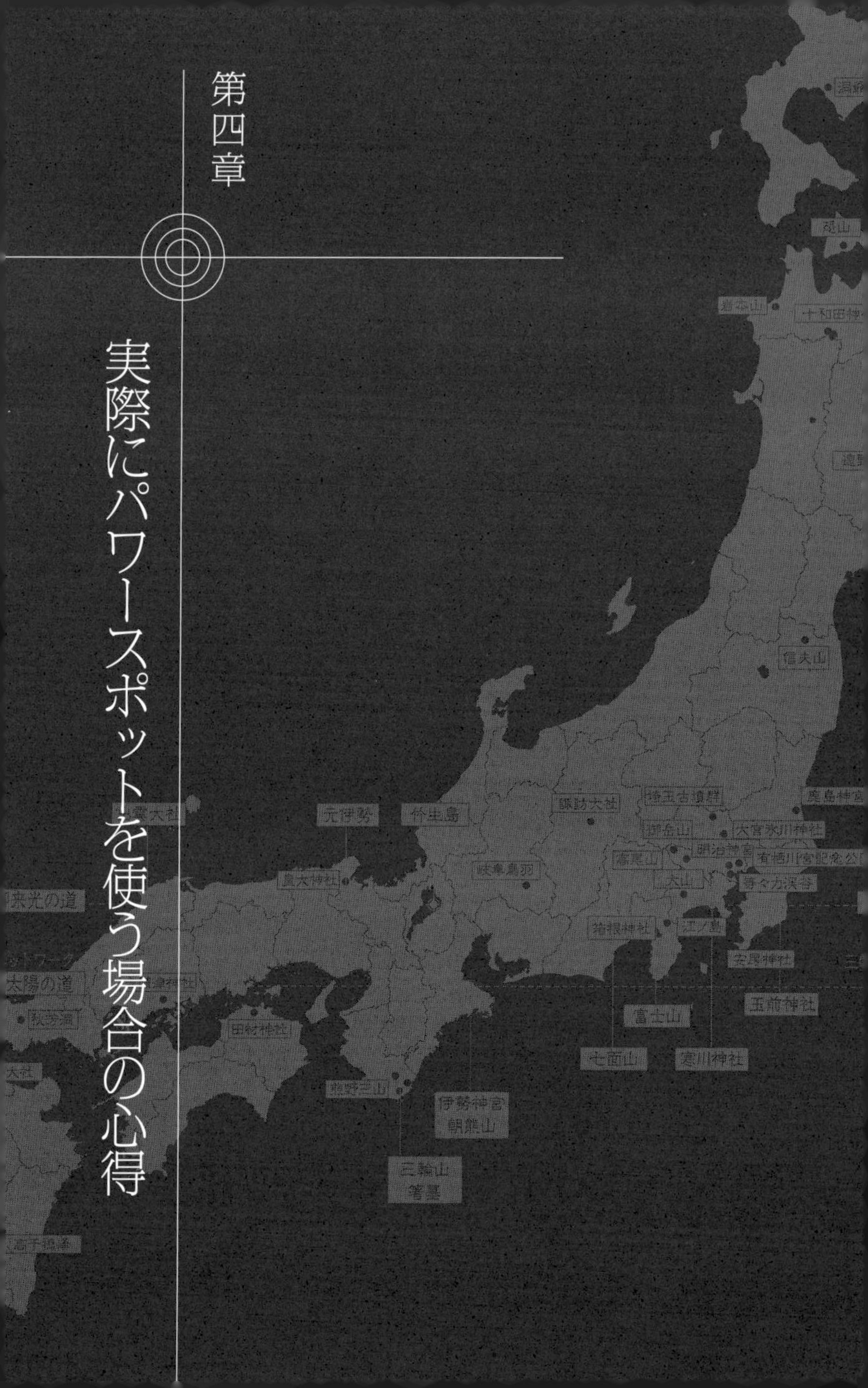

1 パワースポットにはいつ行けばよいか

一年の間ではどの時期がよいか

→

春分・秋分・夏至・冬至が最適

古代の太陽の通り道を基準にして作られたパワースポットは、春分と秋分、夏至と冬至の日の出・日没のラインを基準にしています。一年の中でこの四つの時期は、非常に敏感なゼロエネルギーポイントと呼ばれる隙間を表しています。

この時に、新しい刺激や情報が入って来やすいといえるのです。

春分

三月二十日前後

何かを具体的にスタートさせるのに最適な時期

一年の始まりである春分は、太陽が春分点を通過した時の瞬間を表しています。三月二十日または二十一日と、年によって太陽が春分点を通る日は変わりますが、この時に、陰と陽の力がバランスを取って中和的な状態に入っていきます。つまりは昼と夜が同じ長さということなのですが、この中和的な状態というのは空白状態を作り出し、そこにより大きな宇宙の力を取り入れることができる隙間が生じます。それは種蒔きに関係します。毎年の活力がその瞬間に外宇宙から取り込まれてくるのです。昔の日本の言い方であれば、それは山から降りてくるのです。この時は特別な時間として、日本では非常に重視されていたと考えられます。一年で最も大切な瞬間です。何か新しいことをしたい時は、春分の時期にパワースポットに行くとよいのです。

夏至 六月二十日前後

多くの人に働きかけるのに最適な時期

春分で種を蒔いたものは夏至の間に成長していきます。これは陽の力が最高に達した状態で、熱を持ち、水分を取り込んで、どんどん成長していく生命力を表しています。このような時には、大きな盛り上がりを見せるものです。日本では、夏至と冬至は死者の世界と接触をすると考えられていて、そこからお盆なども考えられたのです。盆踊りでは死んだ人が一緒に踊るという目的があって、集団的な力が最高潮に達します。生きている人も先祖も全員集合です。西洋占星術で夏至というのは蟹座のはじまりを表しています。蟹座は水のサインであり、活動サインです。共感力とか情感が最高潮に達していきます。多くの人に働きかけるような仕事などをする場合には蟹座は非常に重要です。春分で植えられたものを成長させます。だいたい六月二十日前後です。

秋分　九月二十日前後

これまでの関係の総括をして見直しをするのに最適な時期

秋分は太陽が秋分点を通過する時のことを指しています。この時も春分と同じく陰陽が中和されて、ゼロ状態に入っていきます。つまりは外との扉が大きく開かれて、異次元と行き来するという状況を表しています。春分の時には異界から種蒔きしてきましたが、秋分の時には外に出ていきます。この時には育った作物を刈り取っていく時期です。この刈り取りとは、しばしば異界からの刈り取りという意味も含まれていきます。だいたい九月二十日前後ですが、この時に大きな切り換えが発生し、それまで続けていたことが結論を迎えるというふうに考えればよいのです。結果が出るということです。春分で種を蒔き、夏至で育ち、秋分で刈り取るのです。内面的なものがステージを変えて形になっていくために、それまで曖昧だったことがはっきりとしていきます。外と関わることや対人関係、成果を出すことに関係します。

冬至　十二月二十日前後

ひたすら考えることに集中するのに最適な時期

冬至はあらゆるものが乾燥し、作物は育たなくなり、また寒くなってきている時期です。十二月二十日前後ですが、これは西洋占星術では山羊座を表しています。山羊座は土のサインであり、活動サインです。乾燥した食物は長持ちします。その意味でここでは出来上がった作物を干物にしていくようなプロセスが進みます。古い日本では夏至と同じように、死者の世界と接点ができる時期ですが、折口信夫は「フユ」というのは「増える」という語源から来ていると説明しており、肉体と魂が分離していくような状況の始まりを表しています。身体はあまり活発になっておらず、家に閉じこもっているのに、むしろその分だけ、精神や魂は活性化して増えていくのです。この分離は春分まで続きます。分離したものは増殖し、春に強力になって降りてきます。

この四つの時期は一年間の中で最も大事な四つの時期を表していて、パワースポットを使う場合は、この四つの時期のそれぞれ前後五日間程度の時期に出かけていくと理想的な状態だといえるでしょう。

一方で、お正月に行くというのはあまり意味をなしていません。なぜならば、お正月は自然界のサイクルに従っておらず、パワースポットのもともとの原理をあまり考えていない状態で決められているからです。どちらかというと、この四つの時期の力を使うというのは、西洋占星術の発想に最も近いものだといえます。レイラインは春分と秋分、夏至と冬至の太陽光線の方向性をそのまま使っていますから、時期としてはこの四つの時期が最もパワーが行き来しやすいと考えてもよいでしょう。

ひと月の間ではどの時期がよいか
→新月・半月（上弦・下弦）・満月が最適

一年の間では春分と秋分、夏至と冬至の四つの時期がよいということがわかりましたが、それでも一年間にこの四つの期間ということで限られてしまいます。もう少し自由な時に行きたいと考えた時、例えば、ひと月の間ではいつ頃がよいのでしょうか。

現在のカレンダーはグレゴリオ暦で作られていて、これはレイラインのような自然界に従ったものに同調してはいません。そのため、私たちが普段から使っているカレンダーの日数はあまり考慮に入れなくてもよいでしょう。日の数字も取り上げる必要はありません。もしできるならば、新月や満月を使うのがよいでしょう。その他には上弦の半月と下弦の半月もよいでしょう。つまりこれは大ざっぱにいうと、一週間のサイクルになってきます。最も重要なのは新月で、その次が満月、それから上弦と下弦という順番になります。月のサイクルについては、手帳に月のカレンダー（月齢カレンダー）として載せているものもありますし、インターネットで簡単に調べることができます。

これは太陽の力を月が受け止めるということを表しています。月はエーテル体ということを意味していて、空気の中の生命力と考えてみてください。古代の日本ではお餅をイメージするものでした。太陽は目的を表し、月はそれを形にするイメージ力です。したがって月が太陽の力を受け止めているこの四つのサイクルでは、何かが実現しやすいと考えてもよいのです。

まず新月でテーマを決めます。その次の半月では集団的な影響が混合されていきます。つまり個人の意図は、集団的に見てどれと合致しているかということです。合致していれば、それは力強くなります。二つの材料を混ぜ合わせていき、実際の生活の中で形にしていこうとする力が増してきます。ただしその時に、ちょっとばかりテーマが変わってしまう場合もあります。個人の都合で暴走していたという時には、それを引っ込めて調整します。

満月は決めたテーマが形になっていきます。少し予想違いの場合の結果も出てくるでしょう。また、実現してしまうとそれまでのエネルギーが失われてしまうために、急激に空虚な状態になってきます。つまりは満月というのは実現と空虚さという分裂したものを体験する時期になってきます。

満月を過ぎると方向性が変わり、空虚さを埋めるための行為というものが出てくるようになります。それはこれまでの願望実現とは正反対のもので、むしろ考えていくこと、思うこと、考え直すことなどに関係することになります。しかし、それは次の新月のための材料を作っていくということになります。とりわけ矛盾が発生しやすいのは、半月の瞬間です。結果を社会集団の中にあるもので符号するものとつき合わせていきます。自分がしていることと同じようなものが社会の中にあります。それと合致させ調整します。そしてやがてまた新しいテーマの提示の新月に向かいます。

ひと月の中でこの四つのサイクルでパワースポットに行くというのはなかなか好ましいものです。ただし、これは春分と秋分、夏至と冬至という一年の四つの時期よりかは弱いものです。

月のサイクルとして考えた場合、一年の四つの時期よりも強力なものがあります。それは日食と月食です。弱い日食と月食はそれぞれ半年に一回あります。その年のいつに日食と月食が来るのかを調べるのもよいでしょう。

一日の中ではどの時間帯か
→日の出・正午・日没・真夜中の時間が最適

それでは一日の中ではどの時間がよいのかを考えてみましょう。たいてい神社では参拝は午前中が常識です。

一日の中で一年間の四つのサイクルに似たものというのは、日の出と正午、日没と真夜中です。方向では東と南、西と北にも対応しています。

一日の中ではこの四つの時期が外部と接触する大きな扉を表していて、また切り替えの期間です。この中で最も代表的なのは日の出で、その次は日没です。それから真夜中となり最後が正午です。

本来は毎日の日課をする場合にも、このコースが変わっていく四つのポイントで意識的な行為をすると形になっていきやすいということを昔から多くの人は考えてきました。どんなものも螺旋状態として回転しながら前進すると考えた場合には、一日の中でこの四つのポイントに意識的な取り組みをして、さらに一週間ごとに方向づけを明確にし、一年の中では四つのサイクルをもっと大きなことに使うという連続性があると、人間の生活はリズミカルにある目的の方向に螺旋に進化していくということが考えられていたのです。

現在ではこのようなサイクルはあまり考えられていませんから、長期的に見た場合には、人間の生活はばらばらになっていたり、脱線したり、全く違うものに目的が変わっていたりすることがよくあります。それが普通だと考えられているので、今説明したような毎日、毎週そして一年間という方法だと、何かしら息苦しいように感じられるかもしれません。

一日の中で最高にエネルギーの行き来が激しくなるような、日の出と日没は有効活用しましょう。パワースポットに行く場合には、まず理想的には日の出です。神社に行く場合にも、その時期に参拝するというのが一番良いでしょう。この時は願いを込めて出向くのがよいのです。反対に日没の場合には、自分の意図を強く押し出しすぎない方がよいでしょう。むしろ自分が求めているものに反応して、向こうから何かがやってくるというふうなイメージで考えた方がよいのです。

西洋占星術に詳しい人はより緻密に計算できるでしょう。自分のホロスコープに対して理想的な天体配置が来た時に、すかさず重要ポイントに出かけていくことで効果が高まることになります。あまり西洋占星術の知識がない人は、そのことにこだわらず、これまで説明してきた「穴が開く瞬間」を活用しましょう。

「穴が開く瞬間」というのは、自分で何かしなかった場合には、外から何かが入ってくるということを表しています。この穴が開く瞬間のことについてほとんど知識のない人は、毎日のように、いろいろな想念とかいろいろな雑多な影響が入り込んできています。そしてそれが当たり前なので、それが妙なことだとは考えないのです。逆にいえば、この扉が開く瞬間を全部自分の意図で埋めていくと驚くべきスピードで願望が実現していくことになるでしょう。手薄なところを全部埋めてしまうということは、泥棒や侵入者がいなくなってしまうということを表しています。これらはたくさんあるのです。私たちは心理的に感情的にかなり受け身ですから、そのことにあまり注意深くはありません。

現在では一年間の中で一番時間が取れるのはお正月休みでしょう。そのため、その時に気に入った場所に行くというのは、一般的なことだと思います。既に一月一日のお正月は、パワースポットに行きエネルギーを得るという目的からはあまり実用性がないということを説明しましたが、それでもあえてお正月に何かしたいと思う人は、それが十二月二十日前後の冬至の延長線にあると考えてみるとよいのではないでしょうか。

chapter 4

2 パワースポットでは何をすればよいか

パワースポットの場所で何をすればよいかということについて考えてみましょう。

山登りはレジャーとして楽しむことができます。雑誌を読むと山に登る女性が増えていて、それを「山ガール」というのだそうです。ついこの間までは、歴史に熱中する女性を「歴女」といっていました。

神社の参拝はそんなに労力を使うわけではありませんが、そう頻繁に出かけて行くわけにはいかないような場所に出向くのならば、一回の来訪も貴重なので、限界まで可能性を追及して行き、とことん関わった方がよいはずです。

例えば、東京の人が伊勢神宮に行くというのは、一年間の中でそう頻繁にできることではありません。参拝できたとしても三年に一回程度が常識的な範囲ではないでしょうか。お金もかかるし、時間もかかります。したがって計画的に出かけて行った方がよいのです。

前兆について考える

神社というのはエネルギーのスポットですから、それ自身があたかも意志を持っているかのようにあなたに反応します。その神社あるいは山が、あなたを歓迎しているかどうかはすぐにわかるでしょう。西欧での土地の精霊はゲニウス・ロキでしたが、日本での産土神《うぶすながみ》と違うと説明している人がいます。しかしこれは同じようなものです。あなたのルーツに縁のある場所はとても行きやすいのです。

行ってみたら雰囲気が良かったというのは、とりあえずのところ歓迎されています。しかし、特別な縁がある場合には、そのしばらく前から既にリアクションが始まっているはずです。出かけて行く前にお迎えが来ることもあるでしょう。神社には眷属《けんぞく》というものがあって、それはたいていの場合に動物ですが、神社に行った時にそうした動物がやってくるとか、それに似たものがやってくるとか、あるいは前日くらいから夢の中で兆候が出てくるとか、何かしらメッセージというものが働くはずです。それが全くないというのは、あなたがミンデルのいう小さな自己に閉じこもってしまい、自分のドリームボディを生かしていないということかもしれません。駅前でタクシーの運転手と喧嘩することそれさえもが前兆といえます。

私は、何か講座する時や出張をする時など、その直前に調子が悪くなることが多くなります。すると、私は「今日はきっとうまくいくに違いない」と確信します。日常の生活の流れがどこかで中断されたり、注意力の方向が違うところに向けられる場合には、何かにシフトしていくということを表していることが多いのです。つまり、それまでの自分に変更を迫るのです。

しかし、嫌な体験をするとそれはすべて良いことだというわけではありません。何かが切り替わる時には、感情の乱れが発生するはずです。動揺したり、怒ったり、不安になったり、そのような時には注意深くなる必要があります。それはミンデルのいう、周縁に追いやられた別の人格からやってきたメッセージであり、それと共同的な関係になれば、より大きな自己としてのエルダーシップへの懸け橋になってくれるのです。

ヘミシンクやバイノーラルビートを使う

私が知っている人は、何人かでパワースポットに出かけて行き、その場所でヘミシンクを聴くということを繰り返しています。深い意識に入っていくので、それができるならば、その土地の深層の記憶を引き出すことができます。つまり、パワースポットと直接のコンタクトができるのです。

私はいろいろな場所の遺跡を探索するのが趣味だった時期があります。そういう時には車で出かけて行き、その場所の近くで昼寝をします。あるいは夜寝る場合もあります。そうすると夢の中で、その場所に関係した人物が出現して、何か説明してくれるのです。「あなたが思っている場所は間違っていて、実は本当の場所はここだ」と地図を表示してくれた時もあります。

眠っていると個人のエーテル体は自由に動くので、箸墓の巫女のように脱魂と似たような体験をすることになり、何らかのメッセージを取り込むことができるのです。しかし、何度もそんな体験をしていると、あまり眠れなくなります。睡眠時間が十分な時もあるからです。

そこで私は、車の椅子を倒して、深くリラックスして金縛りになるというやり方を使うようになりました。これは頭のてっぺんから足先まで、順番にリラックスしていきます。そして呼吸をゆっくりと規則的に行うのです。この二つの行為だけで体が動かなくなり、硬直して、金縛りになるのです。金縛りというのは、体は寝ているが精神は目覚めているという状態を表していて、そのような時には、感覚からの情報がやってこなくなるのです。感覚は肉体と結びついていて、私たちの精神活動は常にこの感覚からの情報に依存して働くようになっています。したがって、体が寝てしまうと感覚が働かなくなり、同時に精神も眠ってしまうのですが、練習をすることで感覚に依存しないでも精神が目覚めたままに働くというやり方に慣れてくるはずです。

私たちは日常では、そのような体験をあまりしていないわけですから、感覚が働かなくなると昏睡してしまうのが普通です。そのため、何度も練習するとよいのです。そうすると、夜眠っている時にも目覚めた意識で夢を見ることが増えてきます。実際の体験でいえば、このような生活は二人分生きているような実感があり、楽しいことが多くなります。ぐったり疲れてしまうということはありません。

私はこの体験で、車の中で三十分もしないうちに情報を手に入れることができるということになりましたが、体をリラックスさせるだけではそのレベルにまで入れない人もたくさんいます。つまり、体が緊張しているのを解除できないのです。体の緊張というのは、何かに注意を向け続け、気がかりになりすぎているのです。それらが解決しないかぎり、体はリラックスしないということがよくあります。それらの原因を突き止めて何らかの対策を取るということも必要なことでしょう。いずれにしてもこれは複雑な工夫ではなく、単に体が楽になるということが目的です。

理想的なリラックスとは、あたかも体がないように感じてしまうことです。自分の手がなくなってしまった。自分の足がなくなってしまった。自分の頭がどこにあるかわからなくなってしまった。これがリラックスの果てにあるものです。このような状況になれば、感覚からやってくる情報というものが遮断され、その代わりに感覚ではないところからの別の回路の情報が入ってきます。パワースポットでこのリラックス方法を実践すると、そのパワースポットに対する驚くほど親切な解説ということも多くなってきます。親切すぎるくらい親切というものが多いのです。

ヘミシンクはそれを加速する装置であって、その必要性を感じない人は使わなくても構いません。私個人としては短時間で一気に「身体は眠り、意識は目覚めている」というレベルに入ることができるので便利なものだと感じます。iPodなどに入れて使ってみるとよいでしょう。ヘッドホンも大きなタイプではなく、カナル型で十分です。ヘミシンク以外の「インサイト」など他社のものでも役立ちます。

ヘミシンクやバイノーラルビートを使わずにリラックスする方法

Step1 頭から順番に力を抜いていく

頭のてっぺんから順番に足の先まで点検しながら力を抜いていきます。頭。額。両耳。目。頬。顎。首。肩。両腕。胸。背中。腹。脇腹。腰。太もも。足先までという具合に順次リラックスしていきます。このようにしないと、緊張していても、それに気がつかないことがあるからです。体の一つひとつを点検してみると、実はそこがかなり力がかかっていたということはよくあります。

Step2 ゆっくりとした深呼吸を続ける

規則的な呼吸を五分間続けます。例えば、四カウントでゆっくりと息を吐き、そのまま二カウント休止をし、四カウントでゆっくりと息を吸い、また二カウント休止するというようなリズムです。体の力を抜きながら規則的な呼吸をしていき、その間は目をつぶっているのがよいでしょう。私はゲリー・ボーネルの片鼻呼吸を試してみましたが、ビジョンを見るためならこれもかなり有効です。

へミシンクを使った場合にも、慣れてくるともうへミシンクそのものを使わなくても、瞬間的にトランスレベルに入ることが増えていきます。何か合図を作るとよいのです。合図に合わせてすぐに深いレベルに入ります。

そういう時には体が思い切り重たくなるので、動かすこと自体が億劫になってきます。すぐ傍にあるノートさえ取りたくないというような状態になってきます。深く入った場合にはノートを手に取ることができません。そして体がどこにあるのかさっぱりわからなくなってきます。

実はこのような時に、いきなり立ち上がると、幽体だけが身体の外に出てしまいます。つまり私たちは精神とか魂が感覚にしっかりとつなぎとどめられているので、起きている時にはその留め金を外すことはしませんが、時々、それを意図的に外してしまうということも可能なのです。

意図的なシンボルを思い描く

金縛り状態に入るのに役に立ちやすいものは、体をリラックスさせて呼吸をしている時に、同時に何らかの単純なイメージを思い浮かべることではないでしょうか。

私たちはいろいろなイメージを転々と移動していますが、この転々と移動している中で精神に多彩な刺激がくるのです。その時に、非常に単純な図形をイメージし続けると、精神がそのシンボルに固定されてしまい、そのイメージの中に昏睡状態で入ってしまうということがよくあります。あるいはまた睡眠の前に、もう眠りそうになる直前の時には、何かリアルなイメージを見ているという人は多いと思います。つまり何かリアルにイメージを思い浮かべるということ自体が、眠る直前の状態でないとうまくいかないということなのです。それこそ感覚から離れる状態です。こうしたイメージを使うと、実際に場への接触に邪魔なのではないかと思う人はいるかもしれませんが、呼び水の作用であり、すぐにその場の表すものと入れ替わります。

私のオススメとしては、紺色の楕円を思い浮かべることです。これはアカーシャのタットワの図形といわれていて、実際に籠目のエネルギーグリッドを走っているポイントと共鳴しやすいです。また、五角形や六角形もよいでしょう。

神社あるいは山などで、座る所があればそこで休憩します。そしてそこで既に説明した方法でリラックスしてイメージを思い浮かべたりします。

ここで大事なのは周囲の人から目立たないように振る舞うことです。目立っても構わないという人がいるかもしれませんが、目立ってしまうということは、関心を向けられてしまうということです。そして関心を向けられると、見ている人たちのさまざまな感情というものがあなたにやってきます。あなたはそれに邪魔されてしまいます。誰からも目立たないように振る舞うことができたら、その分、邪魔というものは少なくなっていくと考えればよいのです。

祭神を想像する

私たちが何かを想像した時に、その想像された対象というものは、確実に私たちの中に飛び込んできます。興味を向けると、ほぼ百パーセントそれは接触することができるのです。しかし、接触したものが私たちのイメージに上がってくるかどうかということが常に問題になるでしょう。つまりは何か信号があるのに、他の信号があまりにもうるさいために聞こえてこないということはあるのではないでしょうか。これは交差点で隣の人が囁いているのが聞こえてこないということと同じです。

興味を向けることができれば百パーセント接触できるということをするには、神社あるいは山などに行った場合に、その場所に縁のあるようなもの、または祭神にアクセスしてみるというのもよいのではないでしょうか。

私は、昔はこうした祭神を信じていませんでしたが、しかしある神社に行った時に、その夜に、夢の中に登場していろいろな説明をされたり、自動車でどこかの遺跡に行った時に、かなりの比率で解説をしてくる何ものかが存在しているということを思い起こすにつれて、やはり祭神というものを想定してもよいのではないかと考えるようになりました。

実在するかどうかは問題になりません。そもそも物質的には存在しないのだから、実在するかどうかを取り沙汰してもあまり意味はないのです。心理的には存在する。そして心理的に存在するものは、その後その心理的な実感がエーテル体という気の身体に反射して、それは出来事や人生の方向、実現力などに直接影響を与えてくるのです。それならば「ある」といってもよいのです。

パワースポットに行き、身体をリラックスさせ、呼吸法もした後で、祭神を呼び出してみるということをしましょう。具体的なイメージが浮かばない場合でも構いません。それはちょっとした感触や雰囲気、体が何らかしら反応する、または匂いのようなもので感じる場合もあるでしょう。あるいはただの色だけかもしれません。イメージで見えないのはイメージで見ることに慣れてないだけということも多く、それは単なる好みの問題ではないでしょうか。

はっきりいえることとは、祭神を意識の中で接触しようと試みた時には、百パーセント接触するということです。例えばこれが十和田湖の竜とか、また田沢湖の辰子ということでも構いません。それは話だけで、実際にそんなものが存在しているわけはないと考える人は多いでしょうが、形として存在していたということが重要なわけではないのです。人間になったこともないというような何ものかの場合もあるでしょう。浅野和三郎のいう幽界の生き物です。体は幽界にあり、その結果底上げされて、精神は、人間よりも上にある生き物です。そして私たちと接触する場合には、接触した人数の分だけ複製される形態です。受け取った私たちはそれぞれの育ちや知的背景、好みによってそれをモディファイします。どんなに優れた霊能者でも、その人格の持つ知的背景による脚色や変形から免れることはありません。降ろす道具が青色なら、降ろしてきたものはみな青色になるのです。

私たちは深いレベルに入った時は、夢の体験と同じで元に戻った時には記憶を失うことが多くなります。したがってノートにすぐに記録するというのが大切なことです。放置しておくと次の日には何も思い出せないということが多いのではないでしょうか。

ここでは接触したということや何らかの手ごたえがあったということが重要で、その影響は後からじわじわとやってくるのです。それにその場でわからない場合も、後で、実はちゃんと接触していたとわかることもあります。祭神との接触によってパワースポットの効果は最大限に高まります。

chapter 4

ヨ　ジグザグ歩きとクォンタム・コンパス

大地と再びつながるためにやらなければならない方法

アーノルド・ミンデルは『大地の心理学―心ある道を生きるアウェアネス』（青木聡訳、富士見幸雄監訳・解説、コスモス・ライブラリー）で、無重力になった時に働く、生体のコンパスのような作用を目覚めさせることを提案しています。これを「クォンタム・コンパス」というのですが、なぜその名前になったかというと、物理学者のリチャード・P・ファインマンが、素粒子がすべての道を「嗅ぎ回る」と述べていることに着目したからだといいます。素粒子は単純に最も可能性の高い道を選択するのでなく、すべての道を試すというのです。実数と虚数の両方で、ということです。

ミンデルは次のようにいいます。

「多くの人は、時間感覚が最初は空間と関連していたことを忘れてしまっている。人工的な光や時計なしに、わたしたちは単純に大地を観察して、自分を位置づけていた」

「まもなく人は、特別な、センシェントな、大地に根差した自覚と共に動くようになった。人は自分の身体を大地と同一化し、ドリーミングボディと大地の夢のような性質を結びつけ、レイラインやソングラインを感じ取った。今日、多くの人は大地に根差した感覚を覚えていない」

「宇宙飛行士やシャーマンたちは、わたしたちの方向感覚が星の配置を反映していると常に語ってきた」

大地と再びつながるためにミンデルは、誰もが持っている生来のクォンタム・コンパスを目覚めさせるように提案します。これは試みてみれば、それが機能していることに気がつきます。私たちは試みていないのです。

最も簡単なものとして次のものがあります（『大地の心理学』一〇二ページより引用）。

1 現在抱えている人生の問題を思い起こす。
2 センシェントな自覚にしたがって、身体にまかせ、その問題があなたを導いている方向（方角）を向いてください。それを紙に書き留めること。

3 昨晩、おぼえていないとしても、なんらかの夢を見たと想像してみます。その夢を思い出すことは自分にとって重要であると想像する。それは身体のどこに位置するか。それから大地を感じる。この身体感覚と関連する方向を大地に聴いてください。時間をかけてください。さまざまな方向を探求してみましょう。つまり素粒子が「嗅ぎ回る」ように。

4 この夢はどの方向に進もうとしているでしょうか。その方向を向いて動きながら、あいまいな夢に話しかけてもらいましょう。あなたが歩いている方向や夢の意味を大地に語ってもらいます。

この探索は、小さな範囲でも広範囲なものでもよいと思います。問題やテーマを忘れないことが大切で、それを意識しながら町を一日中うろつくのでもよいでしょう。すると、その問題に最も関係ある場所に辿り着きます。町をうろつくのは一人でしないとうまく働きません。なぜなら、他の人は他の問題を探求しなくてはならないからです。

何かに引き寄せられてこの探求が中断することもあるかもしれません。しかし、それが現在のあなたの居場所といえます。クォンタム・コンパスはその志が大きいのなら、探求を適度なところで打ち切ることをしません。あらゆる可能性を探すのです。

クォンタム・コンパスをもう少し複雑にして、ジグザグ歩きに使うアイデアもミンデルは説明しています。これは自分を鉛筆にするというものです。つまり、動作を伴うブレインストーミングです。自分が鉛筆になって、大きな紙にたとえられる大地をジグザグに歩き回るのです（『大地の心理学』一三八ページより引用）。

1 取り上げてみたい仕事、創造的なプロジェクトを選ぶ。中心的な質問は何か。その仕事にかかわるときの典型的な仕方について思い起こす。ノートを取り、方向を描く。
2 そのプロジェクトの風変わりなところをノートにとる。方向。
3 もっとも困難な側面。方向。
4 そのプロジェクトの最高の部分をノートに。そして方向を描く。
これらをまとめて、最終的な方向を決めます。

別役実は毎日脚本を書く時に外のカフェで書きました。朝、駅のホームで今日はどちらに乗るかを決めました。この時に、もちろんクォンタム・コンパスで決めているわけです。レイライン上の神社や山、強い力の場所では、いつもよりもパワーアップしますから、そこでこのジグザグ歩きをしてもよいのです。

また、どこのパワースポットに行くか、その方向をこのジグザグ歩きで決めてもみるのもよいでしょう。あなたがよく見知ってる町ではなく、知らない町でジグザグ歩きをしてみてもよいのではないでしょうか。

クォンタム・コンパスを働かせるためには、体をリラックスさせ、呼吸法を行い、この後で、目をつむります。感覚に支配されているよりは、そうでない方が働きやすいのです。ゆっくり時間をかけま

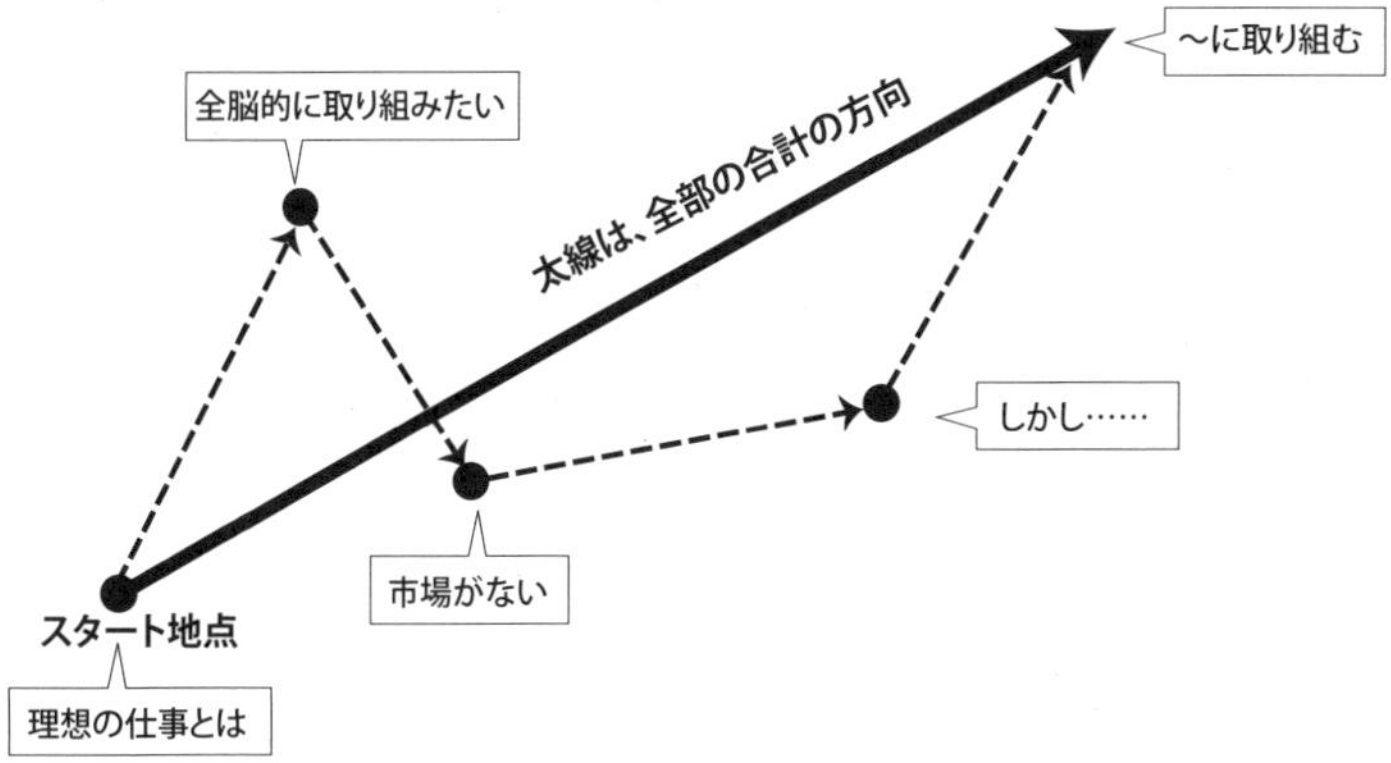

しょう。

身体の信号に忠実であるというのは、感覚に忠実であるという意味ではありません。感覚を仲介して、浮遊状態にある素粒子的な信号がメッセージを伝えるからです。つまり感覚が主導権を握るのでなく、感覚を利用して違うものが働きかけるのです。

クォンタム・コンパスを働かせるためには、何よりもリラックスが大切だということです。自分が向いている方向の気分はどうでしょうか。三六〇度の全方位を意識して、自分が最も引きつけられる場所はどの方向なのかを感じ取りましょう。

会社などでも、ある程度の時間を確保して、何人かでこのクォンタム・コンパスで、方向を決めたり、またアイデアを出したり、進めたいことを発掘するということをしてもよいのではないでしょうか。

あらゆる可能性を「嗅ぎ回る」ためには、実は、これまでの経験に基づくものだけでは不足です。まだ存在していない可能性も含めて、すべてを検討するのです。

大脳辺縁系を刺激するために、スタート地点をどこか近所にある稲荷神社からスタートしてもよいでしょう。

chapter 4

4 グリッドの活用範囲を考える

東西に対して三十度が許容範囲

クォンタム・コンパスはかなり自由な方向を選択します。ところが、これまで紹介してきた籠目グリッドでは東西の直線から三十度までしか離れません。

シュタイナーは、何か自分以外のものにコンタクトするのは十二分の一までであり、それ以上関わると飲み込まれるといいました。これを方位感覚に移し変えると三十度以内だということです。それ以上いくとスピンアウトしてしまい、接続が切り離されて違うものに接続されます。そこで飲み込まれるというよりは、ターゲットの力の方が自分よりも強まり、リアリティーが相手の方にシフトするということです。これは意識の連続性を保てなくさせます。

レイラインまたは渡辺豊和の籠目グリッドを移動する時には、クォンタム・コンパスと違って、三十度傾斜までの範囲で移動します。春分と秋分は東西を貫きます。それは個人の力の基準ラインです。次に、集団性を表す夏至と冬至の日の出・日没に傾斜します。それは三十度です。もともと集団性の圧力というのは南北を表します。

北は見えない集団性であり、それは家族や親密な人々、霊的なもの、見えないクラスターです。南は見える集団性であり、それは会社や組織、国家、仕事のチームなどです。三十度を超えて、例えば、四十五度や六十度で北や南に向かうと、集団性の方が強まり、私たち個人は飲み込まれます。そこで、集団性へ働きかけることを意識しながらも、個人としての行為というものを軸に考えた時には、東西線に対する、北あるいは南の三十度傾斜が、「限界の振り幅」とみなしてもよいでしょう。

反対にいえば、南北から三十度までの範囲のものは、集団性という意図から外れないで個人へアプローチする限界的な振り幅なのです。それぞれ出発点の設定を忘れずに移動するのに、その限界点は三十度までであるということです。

クォンタム・コンパスは、この出発点や途中で断絶して違う軸が乗っ取ることに対してはあまり気にしないで追及する方法です。

クォンタム・コンパスを働かせ、自分を鉛筆として描いた大型のイデオグラムを紙に描き、これに方位のチェックをしてみましょう。東と西は個人の力で北と南は集団の力です。

1 西から東へ……主張を強め、自分を強化して元気にする。

2 東から西へ……自分を弱め、西の力をチャージして人との関係を高める。自分以外のところに関心を向けるが、実はそれは逆像であり、自分のことに他ならない。

3 北への傾斜……個人の心理や魂、内奥にあるものが共感する集団性へ移行する。

4 南への傾斜……社会や見えるものへの成果を出したいという力が強まる。社会生活を強化する。

東西線から内角六十度の範囲の中に出発点がある場合には、それは個人の意志から始まるものを意味します。南北線から内角六十度の範囲の中に出発点がある場合には、それは集団の意志という個人の思惑からは離れたものからの個人への干渉です。また最終結果がどの方向にあるのかで判断してみましょう。

私は、三輪山の巫女が三輪山の蛇の妻になりその実体を見て死んだという伝説は、集団的な力に飲み込まれて、巫女が個人としてもう生存できなくなったことを意味するシンボリックな話だとみなしています。関わりが行き過ぎて、自分と蛇のバランスが崩れ、蛇が中心になってしまったのです。

生き続けることは、個人の都合を保ち続けることです。そのために入り込まれすぎてはならないのです。霊的な見えない集団性は北で、個人としての受容は西です。これは北西への三十度傾斜の直角三角形となります。これが巫女の働きの方位だといえるでしょう。そして三十度を超えて北に向ったら、今度は相手が主導権を握るのです。

【図Q】は、東西線を中心にして、そこから三十度範囲で移動できるコースの四種類の図です。

移動に関しては東へまっすぐというコースと西へ

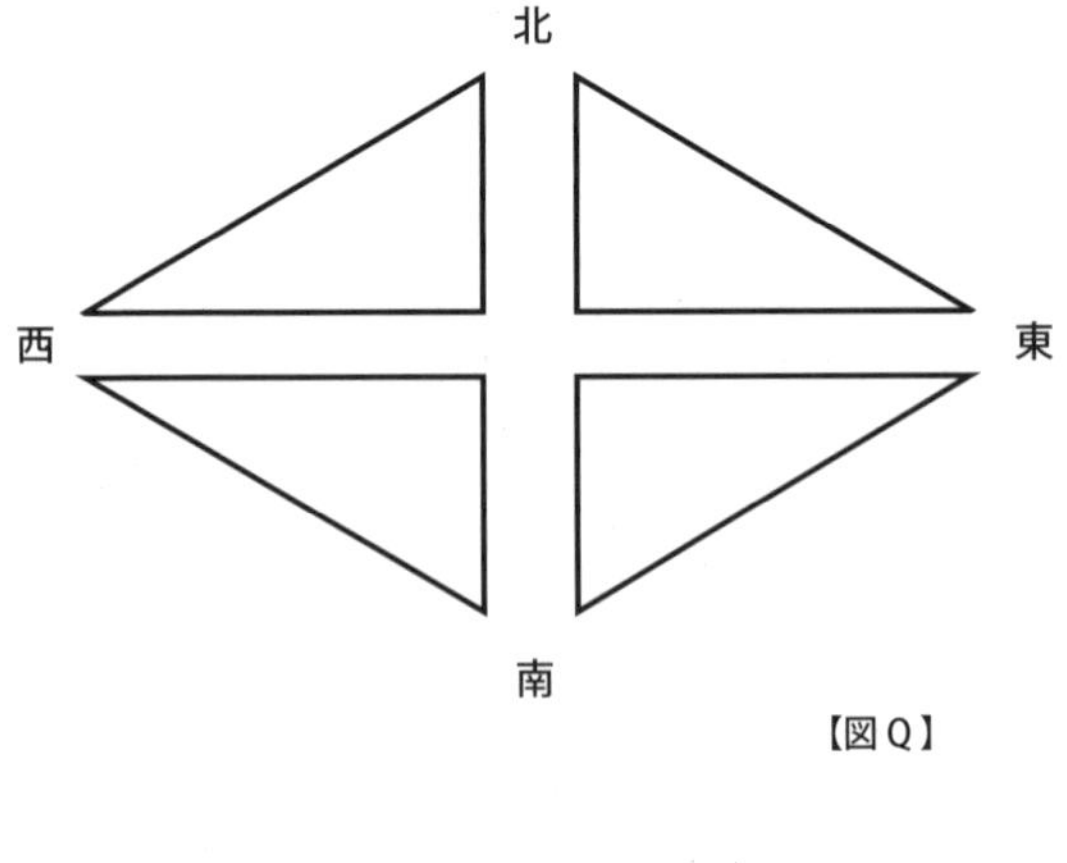

【図Q】

まっすぐというコースです。そしてこの四つの図形のような方向がありますから、合計六種類の移動ルートがあります。

集団性からの関与という点では、南北軸を起点にして、これと違う方向を示した図形が六種類ありますが、誰でもまずは個人からスタートするので、レイラインの籠目移動は、この図示したものと東西の六種類がよいでしょう。スピンアウトしない移動コースです。

クォンタム・コンパスを使って、いつも自分が住んでいる場所から、どこの方向のパワースポットに行くとよいかを決めましょう。この時、部屋で決めてしまってもよいのですが、家の周辺を歩きながら探求してもよいでしょう。いつもの習慣に従うと決まり切ったコースを使ってしまいます。いつもの習慣ではなく、「あらゆる可能性を嗅ぎ回る」のだと想像してください。

ジグザグ歩きの中で最終的に決定した方位に旅行することを試みるのもよいでしょう。日本では方位学があり、方向に行くことの意味が決まっています。それを使ってもよいのですが、ここでは頭で決めるよりも、クォンタム・コンパスに任せることが大切です。

私が過去に引っ越ししたコースでも、良くない方位はたくさんあります。しかしそれは必要な方向で、強い意味があり、ソングラインに従ったものでした。既に説明しましたが、私の個人的な体験である原宿への引っ越しは、方位としてはかなり良くない方位でした。

一箇所のパワースポットに行く場は、まずクォンタム・コンパスでその方向を決める。そこで終了というケースです。シンプルなコースなので着いた場所でヘミシンクなどを試みて、祭神あるいは伝説のものと接触を試みるとよいでしょう。次に、出かけた先のパワースポットで六方向のいずれかの移動パターンを使います。この場合、すべてが該当する重要拠点でなくてもよいのです。つまり、太陽の道や御来光の道などの東西線を貫くラインで、重要なパワースポットを選びます。

例として寒川神社（一二〇ページ）にするとします。

目的は南東方向、つまり自分のしたいことがあり、それを社会的に成功させたいというものです。東は主張で、南は見える社会へということです。東方向の三十度から逸脱しないので、それはあくまで自分がやりたいことという意図を忘れないことになります。

次に南東の三十度にラインを引きます。およそ一八キロ先に鎌倉の光明寺があります。これは一一八度です。光明寺までの一八キロのコースは直線に移動しなくてもよいです。電車の乗り継ぎでも問題ありません。光明寺に行く間は「自分はこれを社会的に成功させたい」と意識し続けてください。そのための力を、ラインに沿って、見えない四次元の世界に打ち込んでいるように考えてください。それを打ち壊す反対の概念を持ち込まないでください。

次に帰還コースですが、光明寺から北にそのまま上がります。ちょうど寒川神社と同じ北緯の場所を決定します。そこは何もないかもしれません。地図を見ると横浜市栄区です。適当なレストランを見つけます。インターネットの情報サイトなどで良い評価のついているレストランがありましたのでそこに入ります。レストランでなくても、何か気に入ったものがあればそこで構いません。

二時間くらい過ごして、次に西に、そのまま寒川神社まで移動します。それぞれのポイントに二時間くらい滞在するとよいでしょう。地球の日周運動は三十度範囲の角度に二時間かけます。占星術でいえば、一つのサインの経験が完結するのが二時間です。

北のレストランに移動するコースは南から

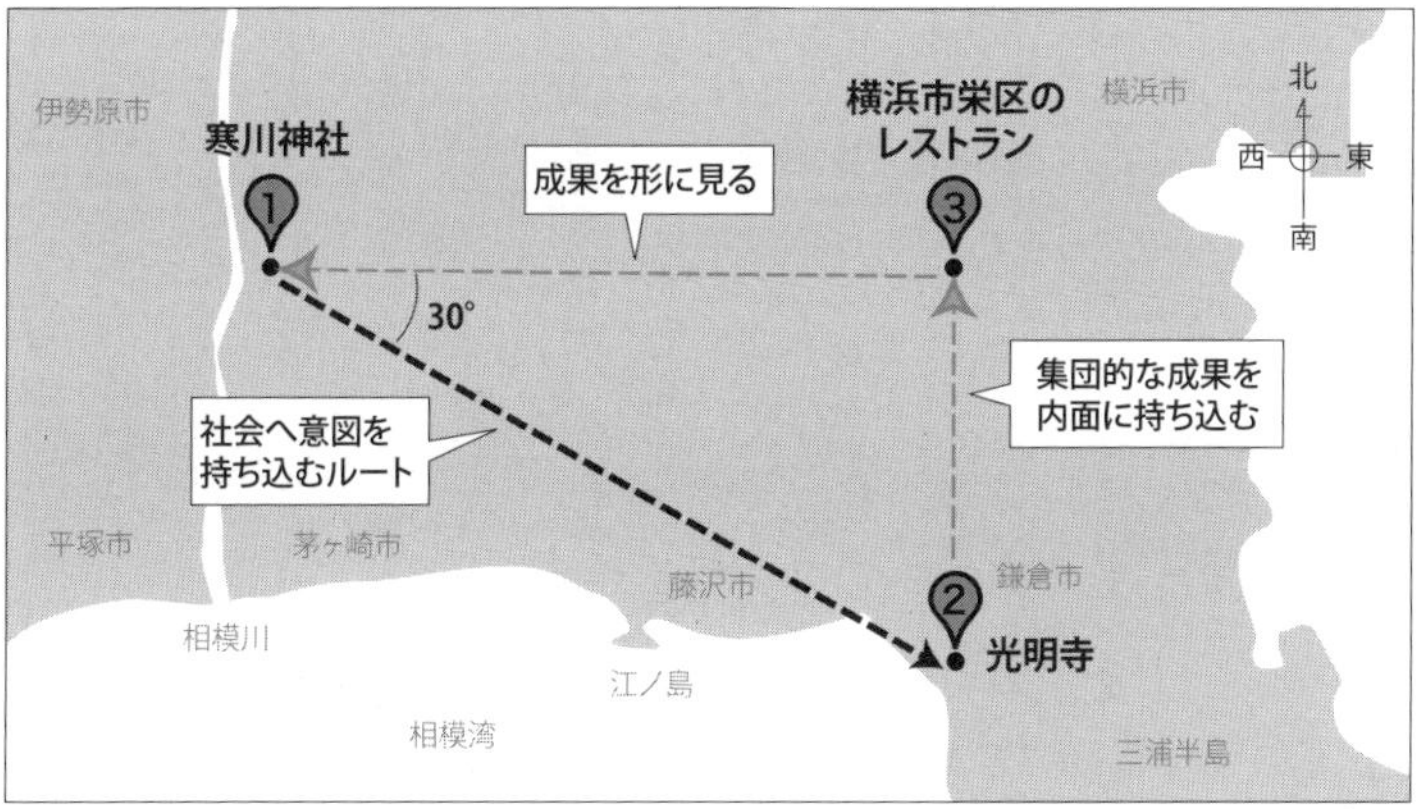

北へ。つまり集団的な成果が表れるとそれを内面に持ち込み、経験の成果としてそれが新しい自分を作り出すことを考えます。レストランから寒川神社までの移動は東から西への移動で、これは自分の意図したものが、結果を返してくると考えます。

この中で東西軸から離れて、南北という非個人的なプロセスが進行するのは、光明寺から横浜市栄区のレストランまでです。自分でよくわからないところで、話が進んでいるというような状態だと想像します。

有名なパワースポットの間の直角三角形移動は、かなり時間がかかるので、このように、一点のみを選択し、その後はグーグルアースなどのGPSツールで移動コースを設計してもよいのです。気に入ったら、同じコースを何度も出かけてもよいでしょう。

この時に何があったか、何を感じたか、それらのすべてをノートに記録してください。テーマに対して必ず大地はリアクションを戻してきます。

また、直角三角形のコースは二回曲がりますが、はじめのコースがメインテーマです。つまり、寒川神社から光明寺までの一一八度コースが主テーマです。あとは結果を受け取るループです。

私はある時、小田原のヒルトンホテルに宿泊しました。次の日の朝、時間があったので急に思い立ち寒川神社に行きました。これが初めての寒川神社です。たまたま春分から一週間後くらいです。小田原のヒルトンホテルから寒川神社までは四十八度で、三十度ラインからは脱線していますが、四十五度ライン軸に近いので、むしろ寒川神社の本来の八方除けの八方方位でもあります。東、そして北ですから、自分の家系や家族、あるいはその根底にある魂のクラスターに接触し、そこからの力づけを得るというコースで、なおかつ、三十度を超えているのでターゲットの方が強くなるというコースです。自分が出した意図を相手に乗っ取られるという角度でも構わないのは、むしろ自分が期待しているよりも大きな成果がやってくるということでもあります。ここでスタートしたものがあるのです。

このように突然行きたくなって衝動的に行ったという場合であっても、その方向をメモしておくとよいでしょう。そこには意図も意味もあります。自分のクォンタム・コンパスが反応したのですから、そこでリーディングしてみるとよいのです。

【方位別効果】

見えない集団性（家族、先祖、家系、魂）を強める方角

真の意味で仲間や家族を発見する。古い時代の記憶を蘇らせる。情感が豊かになる。良い不動産が見つかる。

結婚運を上げる方角

自分はもともとどんな目的があり、どこから来たのかなどを考える時に刺激になる。夢を見やすい。霊的な能力。家族全員の平和。

（冬至の日没のライン）

自分が家庭の中心となって仕切る力を得る（=亭主関白・カカア天下）方角

家族的な関係の人を助ける。能力の発揮をもっと広い世界に知らせて生かす。人気商売では重要な方角。明るい性格。わかりやすさと親しまれやすさ。

（夏至の日の出のライン）

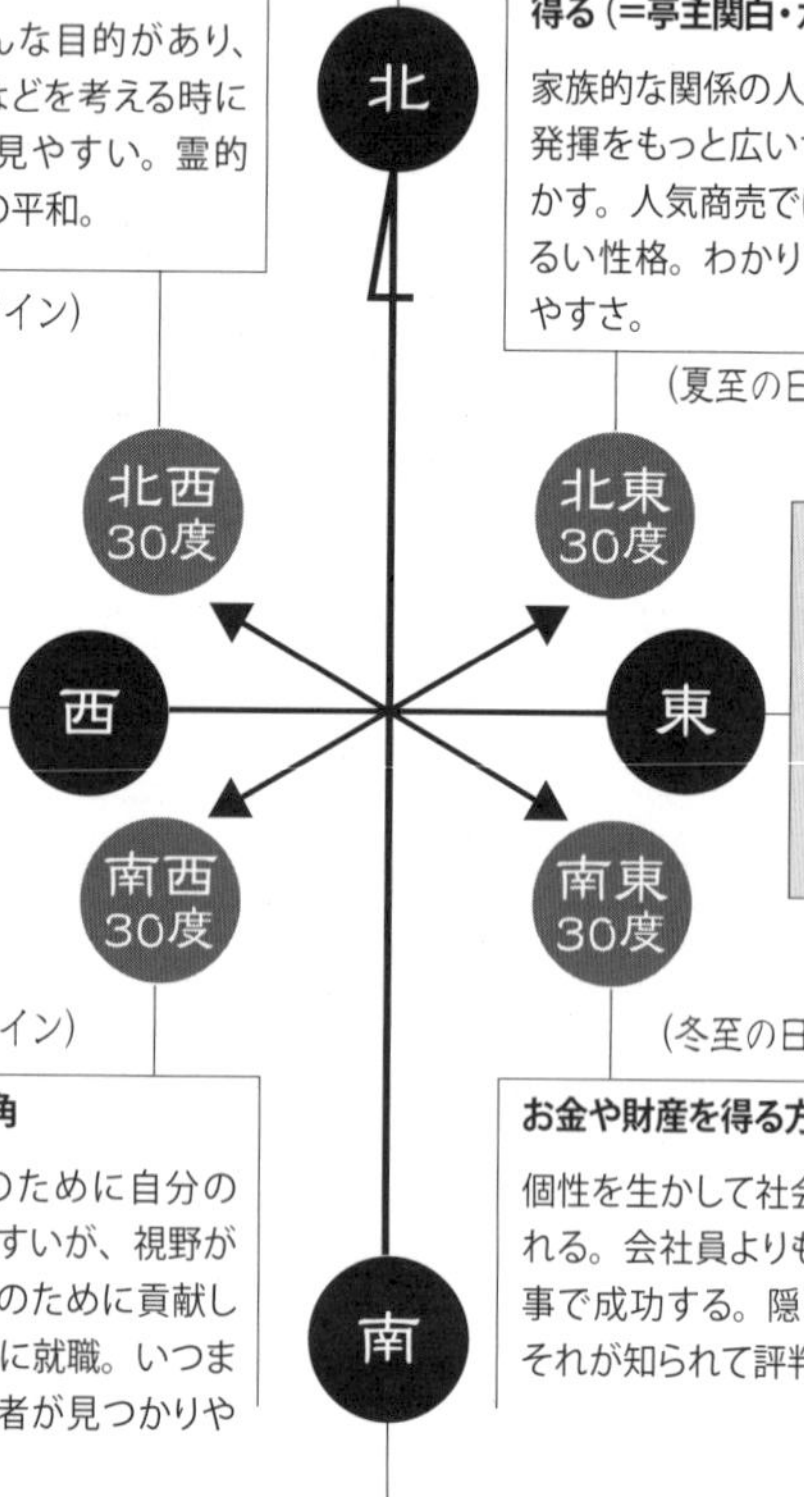

自己主張を弱め
他力本願を得る方角

魅力的。自分でがんばらなくても援助が得られる。容貌が良くなる。正当な評価を得る。

自分が強まり、
自己主張をする方角

生命力が高まる。若々しくなる。個性を強める。可能性を開花させる。才能発見。

（夏至の日没のライン）

社会的に成長する方角

社会・会社・組織のために自分の都合が犠牲になりやすいが、視野が広がり、大きなもののために貢献しやすい。大きな会社に就職。いつまでも続く相棒・協力者が見つかりやすい。

（冬至の日の出のライン）

お金や財産を得る方角

個性を生かして社会的な地位を手に入れる。会社員よりもフリーな特技の仕事で成功する。隠れて人を助けても、それが知られて評判が上がる。

見える集団性（会社、組織）を強め、社会的成功を得る方角

縦社会の中で地位が上がる。権力。押しの強さ。年齢よりも上に見られる。

第五章

パワースポット実践編

洞爺湖
恐山
岩木山
十和田神社
遠野
信夫山
鹿島神宮
埼玉古墳群
諏訪大社
大宮氷川神社
御岳山
明治神宮
有栖川宮記念公園
高尾山
大山
等々力渓谷
御来光の道
岐阜
島
元伊勢
皇大神社
箱根神社
江ノ島
安房神社
三輪山ネットワーク
太陽の道
玉前神社
富士山
七面山
寒川神社
田村神社
熊野三山
伊勢神宮
朝熊山
三輪山
箸墓

ケース1

自分を大きく変える力を手にするコース

〜三輪山を中心として〜

三輪山ネットワークの中心点であるヤマトの三輪山近くには、大量にパワースポットがあります。小川光三の『大和の原像』（大和書房）が、そうした三輪山近辺のエネルギーラインや太陽の道をはじめて紹介した本なので、ぜひ読んでもらいたいものですが、しかし絶版になり中古本もそうとうな高値なので、なかなか手に入りません。

折口信夫の『死者の書』の題材にもなった、大津皇子が山頂に葬られたのは、二上山です。また、ヤマトヒメが初期に、アマテラスの鎮座する場所として決めた檜原神社から二上山は、穴虫峠、二上山を西に見る位置にあります。二上山は暗闇へ。そして西へ。これ

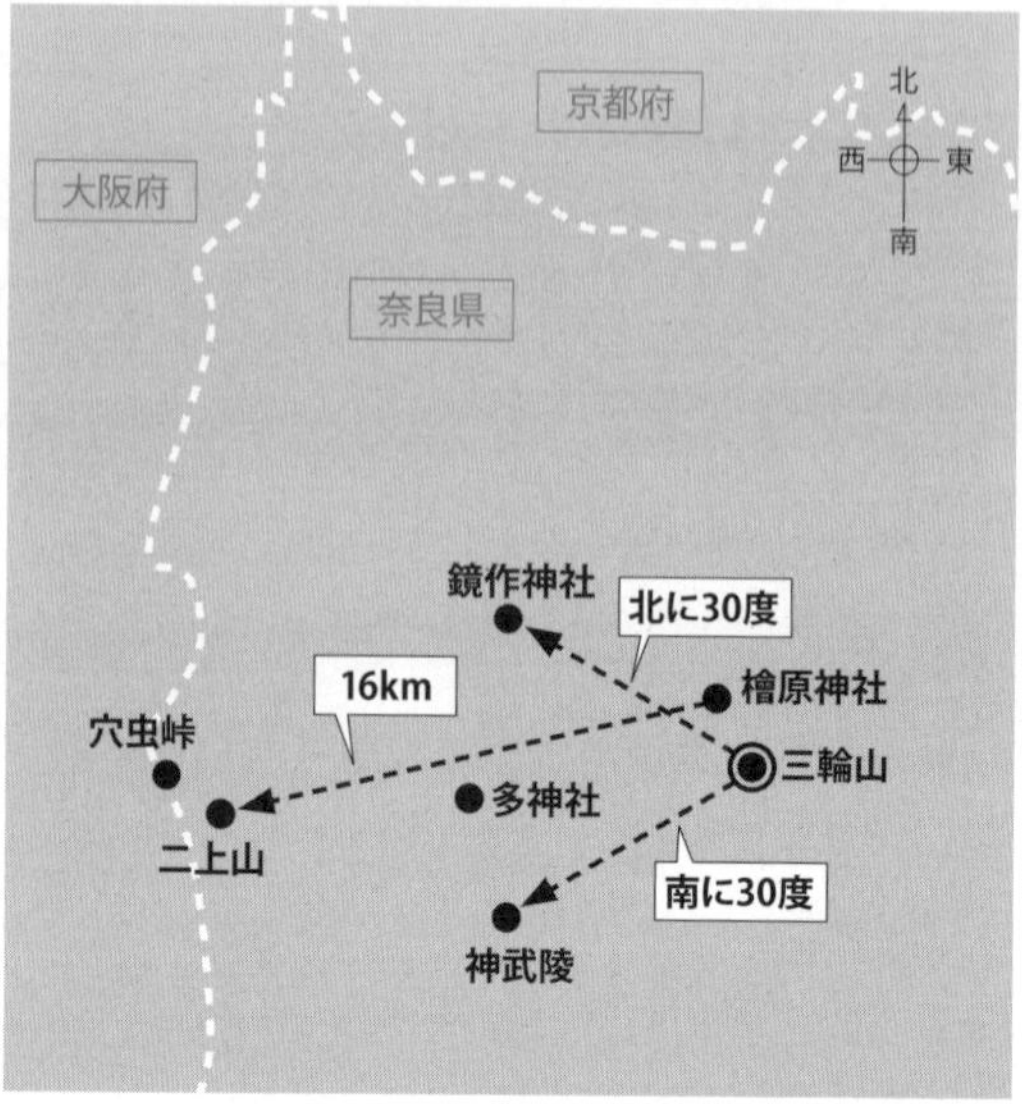

は鎮魂にも関係します。

悩み事や問題を抱えている人は、その解決と浄化のため、檜原神社から二上山に。これはおよそ一六キロ前後のコースです。本来は春分・秋分の時に、日没を見る場所ですが、しかし季節はお構いなしにこのコースを移動してもよいのです。

また同じコースの反対側にある多《おお》神社から三輪山へのコースは東方向です。二上山が陰とすると、三輪山は陽ととらえられていますが、さらに東へのコースなので、復活や自分の生命力を蘇らせることに関係します。

実は多神社は、延喜式内社中、最も重視された神社でした。場所は近鉄橿原《かしはら》線笠縫《かさぬい》駅から西南西へ一キロ。三輪山への移動は直線でなくても構いません。また春分・秋分の時の日の出を見るというのは理想です。そうでない時には、移動するということで同じ効果を得ることができるでしょう。

私の見解として、大和の近くのスポットは力が強すぎて、影響が深く働くように思います。

この三輪山と多神社を軸にして、三輪山から南に三十度の冬至の日没コースに、神武陵《じんむりょう》があり、また北に三十度の夏至の日没コースに、鏡作《かがみづくり》神社があり、『大和の原像』に図入りで紹介されています。太陽の力、すなわちアマテラスを鏡に受け止めて農業の豊作を祈るというのが、この三輪山と鏡作神社の関係なのだそうです。鏡作神社から三輪山は、南東三十度ですから、冬至の日の出の方向です。鏡作神社の一帯は鏡作座と呼ばれていて、鏡を作る職人の集団が居住していた地域のようです。

こうしたある程度距離の近い処でまとまった直角三角形は、その目的に応じてコースを考えるとよいでしょう。

社会的に芽が出る…………鏡作神社から三輪山へ

自分の本来の才能を発見する…………多神社から三輪山へ

自分に縁のある人脈を増やし孤立しない生き方をする……神武稜から三輪山へ

より大きな力へ自分が吸収されて救われる…………三輪山から鏡作神社へ

結婚運などの縁を高める……三輪山から多神社へ

就職運を高めて大きなところへ参加する……三輪山から神武稜へ

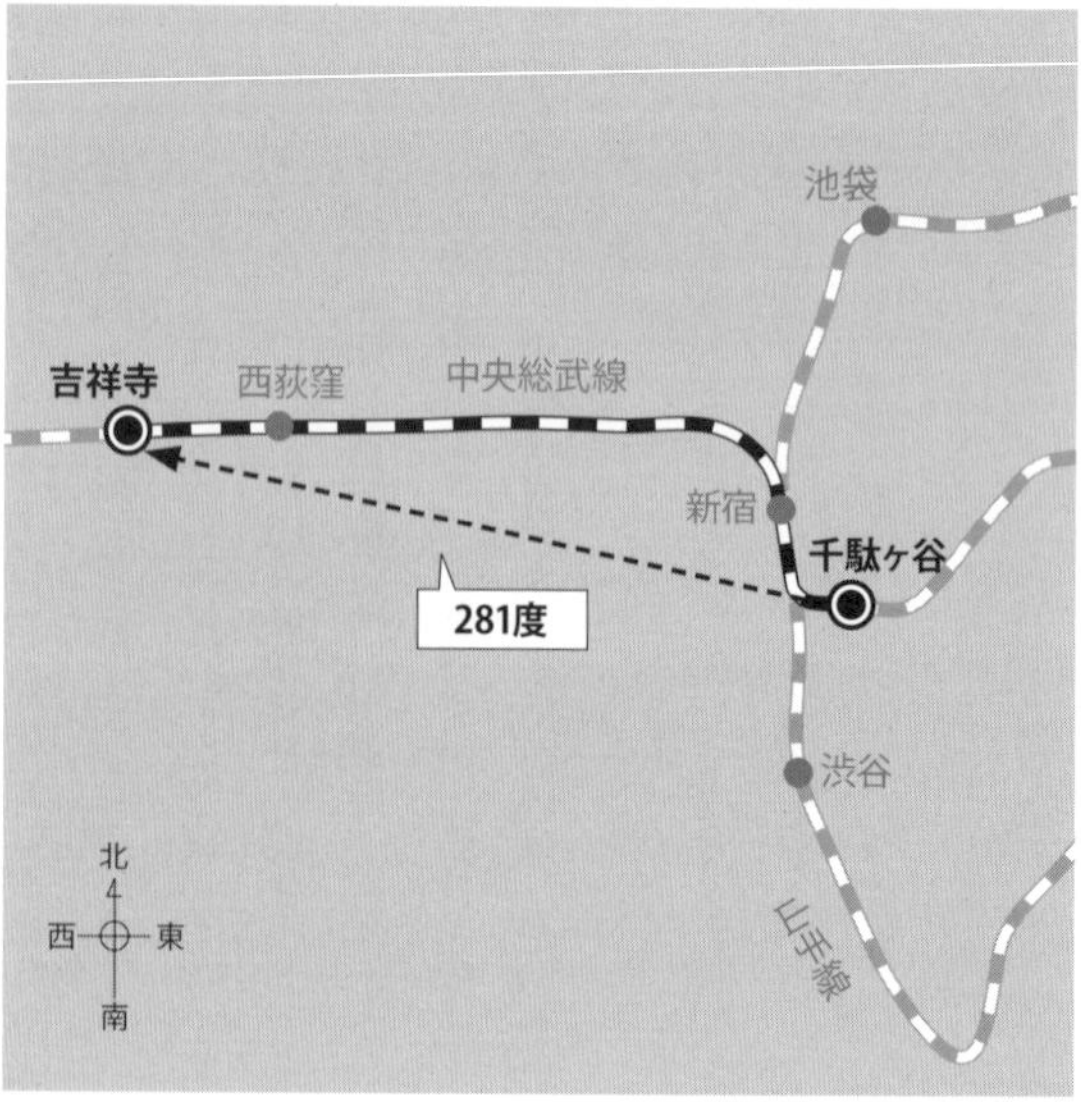

直角三角形を巡回するコースでなく、この一本のラインのみで移動を終了するのは、意図を四次元世界に放り込み、その後のフォローまではしないのですが、

結果が出るまで繰り返し出かけてもよいのではないでしょうか。つまり、定期的な来訪のコースとして馴染むまで繰り返すのです。この場合、移動コースの中で起こる出来事に必ず情報や兆候というものがあります。

パワースポットに限らず、移動の時に同じことを繰り返すことで、刻み込まれる効果があります。

例えば、私は時々講座で吉祥寺に向かいます。事務所がある千駄ヶ谷から吉祥寺は二八一度で距離は一二キロ。JRの中央総武線で三十分少しです。この時に、習慣的にいつもヘミシンクのゲートウェイを聞いていました。ゲートウェイは三十五分前後あり、吉祥寺までそのまま聴いていると電車から降りる時に足がふらつくので、吉祥寺の手前の西荻窪あたりでストップして、いつもの意識に戻るようにしています。このようなことを何度か繰り返すと、エーテル体に刻み込まれて、千駄ヶ谷から吉祥寺に向かう時には電車が空いて、椅子に座った瞬間に、深いトランス状態に入ったりすることになります。

方向は正確ではありませんが西です。そしてすこし北に傾斜しています。自我が弱まり、また集団意識というほどではないが、複数の人数の集まりへ自分が溶け込むという方向です。こういう時には自分としては、どういう関わり方をしたいのかを考え、そのイメージを繰り返すとよいのです。

アファメーションで「自分は複数の人と関わり、その関係の中で自分の目的がもっとはっきりします」などというものでもよいでしょう。「こうしたい」というのではなく、「こうなります」という言い方がよいのです。

希望にしてしまうと、それはずっと希望を言い続けるだけで、実現しないままでもよいという話になるからです。アボリジニのソングラインは、土地にソングがあるのですが、逆に、決まった場所にソングを埋め込むというのでも構わないのです。それは忘れても働き続けます。

ケース２

身近な散歩コースからエネルギーを手に入れる

〜自分の住居を利用した場合〜

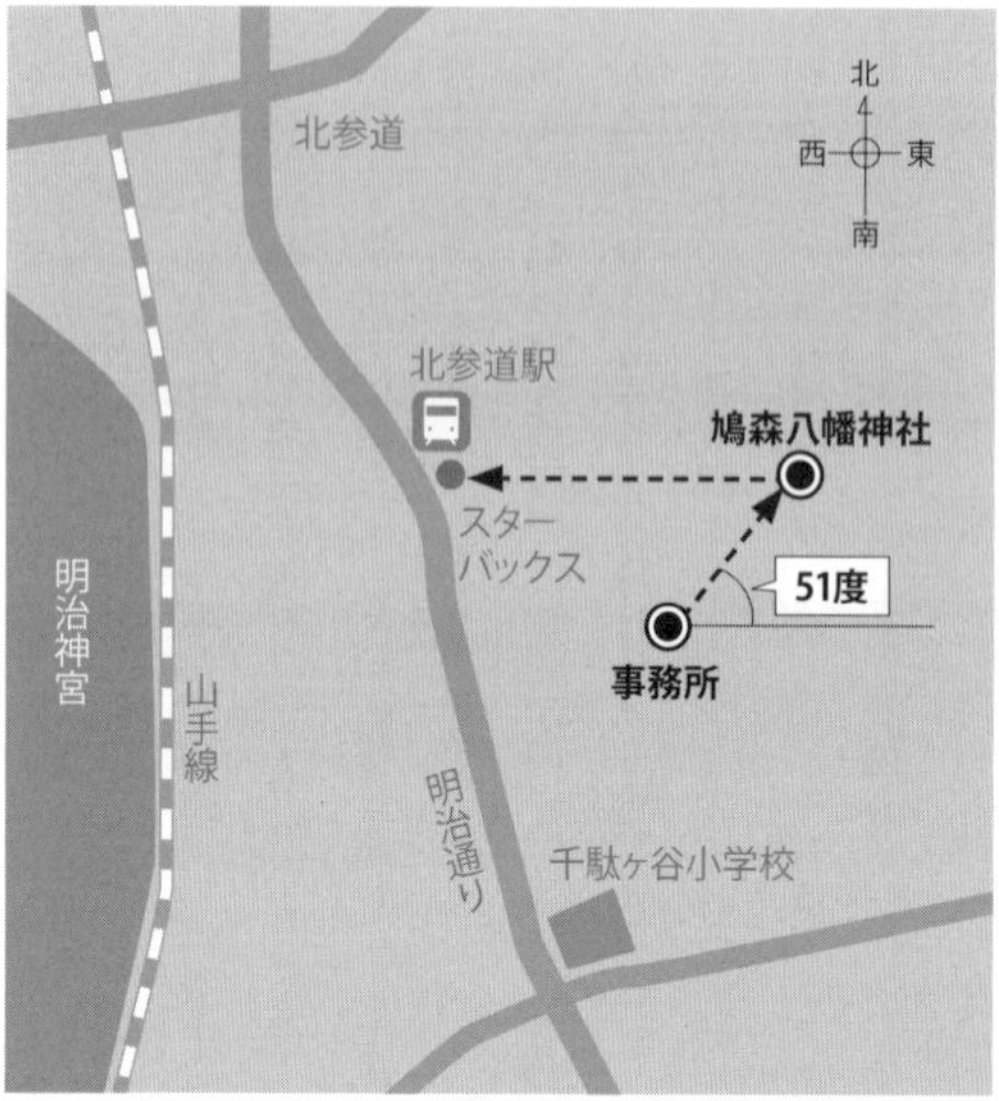

住居を利用しようということで、ごく身近な例として、私の事務所を取り上げてみます。

東京都渋谷区千駄ヶ谷の三丁目に事務所がありますが、ここから五十一度の角度で、二七〇メートルの距離に鳩森八幡神社の中に浅間神社があります。ここには富士塚があり、江戸時代には富士山に行く代わりにこの富士塚に登ったのです。事務所から二七〇メートルなので十分もかからずに行けます。しかし角度は中途半端なので、どうせなら東西ラインか、あるいは三十度傾斜ラインにして散歩コースにしてみたいと思います。

まずは、小型富士浅間神社を目指して真西の場所を探してみます。すると私が毎朝、原稿を書くために行っているスターバックス北参道店が鳩森八幡神社から見て真西にありました。距離は三百メートルです。スターバックス北参道店から出発して、直線に進むことはできませんが、住宅の間をぬって歩くと、鳩森八幡神社から比較的直線的に進むことができます。この場合、スターバックス北参道店と鳩森八幡神社の中の浅間神社コースは東の九十度ですから、純粋に個人の力を高めます。

ところで、古代の日本では夏至と冬至が重視されていました。夏至は陽の極であり、冬至は陰の極です。タマフリなどもこの陰陽のふりを大きくして死者や異次元とつながっていました。

仏教は春分と秋分重視ですが、これは陰陽が中和されてゼロ状態になり、この古代日本のような陰陽の極端なふりでなく、静かに何もなくという状態を好ましいと考えたからです。「今日も一日、何事もなく無事であることを感謝します」というような心理は、仏教が伝来してから定着したのです。それ以前は強度な興奮が好まれていたのです。

しかし陰陽中和というのは、この世にある霊を浄土に、またあの世の何かをこの世に持ち込むには、抵抗もなく気がつかない間にシフトするという特徴があるのです。興奮の極で呼び出すのでなく、何もなかったかのようにして、呼び込むのです。

そこで、このスターバックス北参道店から鳩森八幡神社までは東ですから、陰陽中和であり、裏が表に表が裏にという陰陽のゼロ状態が持つ逆転性質で、無意識にあるものが意識に上がってくるという効果を狙うことになります。

仕事に関した、何か新しいアイデアが欲しいという時には、「裏側の世界から、この世界に表れてくる」と意識しながらこのコースを歩くとよいことになります。

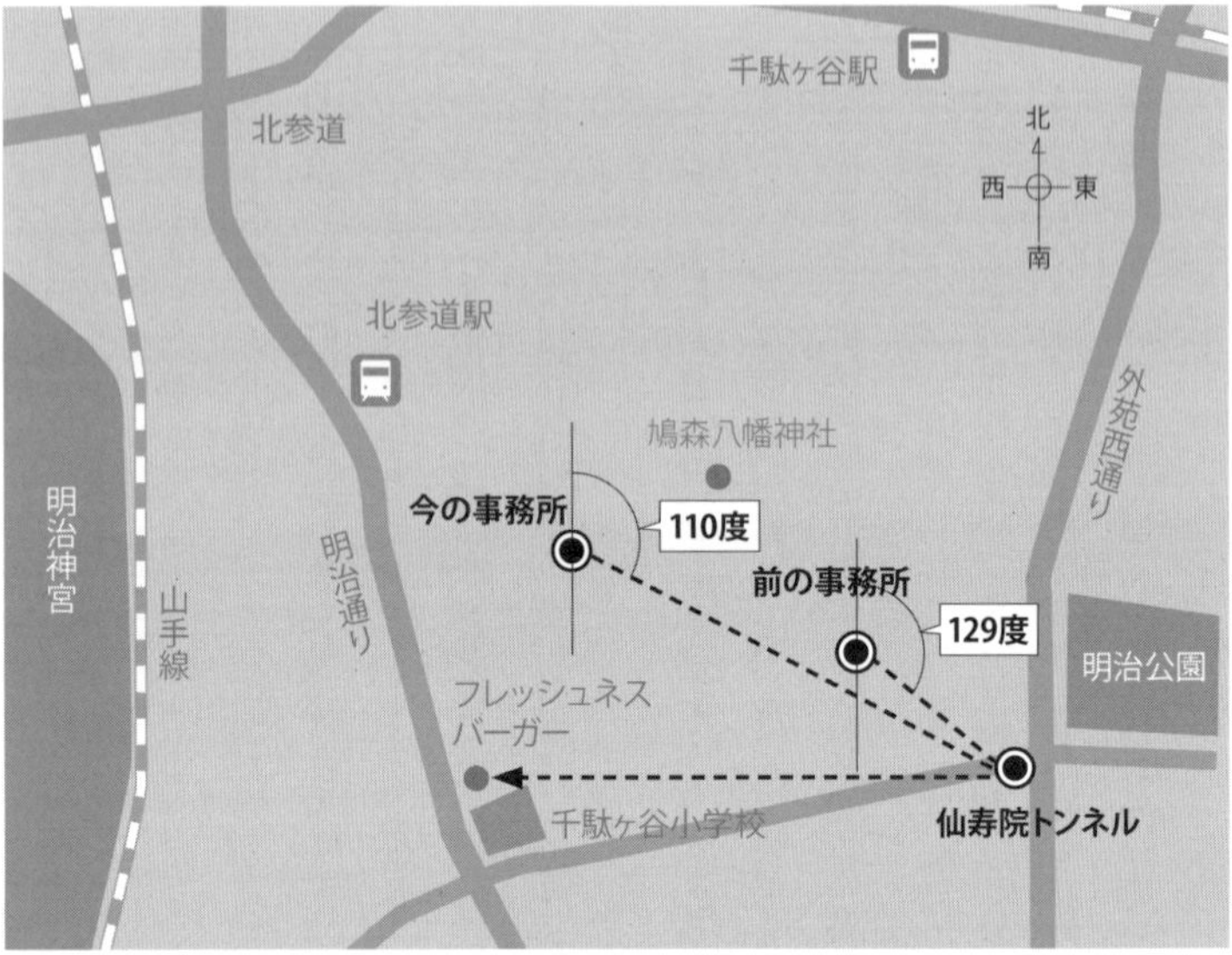

私はこの事務所の前は、同じ千駄ヶ谷二丁目の千駄ヶ谷小学がある通りのカフェ、サザビーアフターヌーンティーの近所に事務所を持っていました。現在の事務所はとてものどかで穏やかな雰囲気です。しかし前の事務所は、何か緊張感が強く、特に夜中は異様な雰囲気が漂っていました。この理由は、至近距離に仙寿院トンネルがあったということもあります。これは東京オリンピックのために、仙寿院の墓所の下に強制的にトンネルを空けてしまったために、この場所が妙な裂け目となってしまったのです。東京の怪奇スポットなのです。

仏教の発想だと、これはとても良くないことです。しかし古代の日本の思想からすると、良くも悪くも、ここは死霊との接点ができる「サカ」（異次元の扉のこと）になってしまい、古代日本世界観からすると、利用しない手はない場所です。

夜中に私の事務所に原稿のゲラを持ってくる人がい

て、その人は「この近辺は不気味すぎる空気に変わるので怖い」といっていました。もちろんそういう空気を感じつつ、あるいは感じないまま、多くの人はこの近所を夜中でも歩いています。

前の事務所から仙寿院トンネルまでは九十メートルで一二九度の位置関係です。ここで西洋占星術の発想を入れると、南東の一二九度は水瓶座の二一度です。これは未来からやってくる情報と考えてもよい配置です。

ある霊能者が私の事務所に訪ねてきた時には、「この事務所は仙寿院トンネルから直通の通り道になっていて、まるで往来のようだ」といっていました。西洋占星術の水瓶座式にいうと、仙寿院トンネルから異界のお友達がたくさん集団で歩いてきているのです。

今の事務所に引っ越してから、前の事務所がいかに異様な緊張感を持っているかがわかりました。今の事務所はのどかで温和なのです。この事務所から見て、仙寿院トンネルという異界の扉は一一〇度で三九〇メートルです。星座式にいえば、魚座の二十度です。仙寿院の緊張感は消えてしまいました。

この仙寿院トンネルは良くも悪くも異界の穴なので、これを東の扉に活用しようとすると、西に移動して、千駄ヶ谷小学校の近く、明治通り沿いにあるフレッシュネスバーガー千駄ヶ谷店が適しています。ここから仙寿院トンネルはまっすぐに東です。だいたい四百メートルです。

仏教の陰陽中和というのは、浄土への扉ということでいえば、もし仙寿院トンネルに違和感のあるエネルギーが発生しているのなら、仙寿院トンネルからフレッシュネスバーガー千駄ヶ谷店にまっすぐに歩いていくと、それは「西方浄土への道」そのものです。ざわざわしていて、心を落ちつけたい場合には、仙寿院トンネルからフレッシュネスバーガー千駄ヶ谷店まで歩いていく時に、同時に自分の心も浄土へ、というふうに

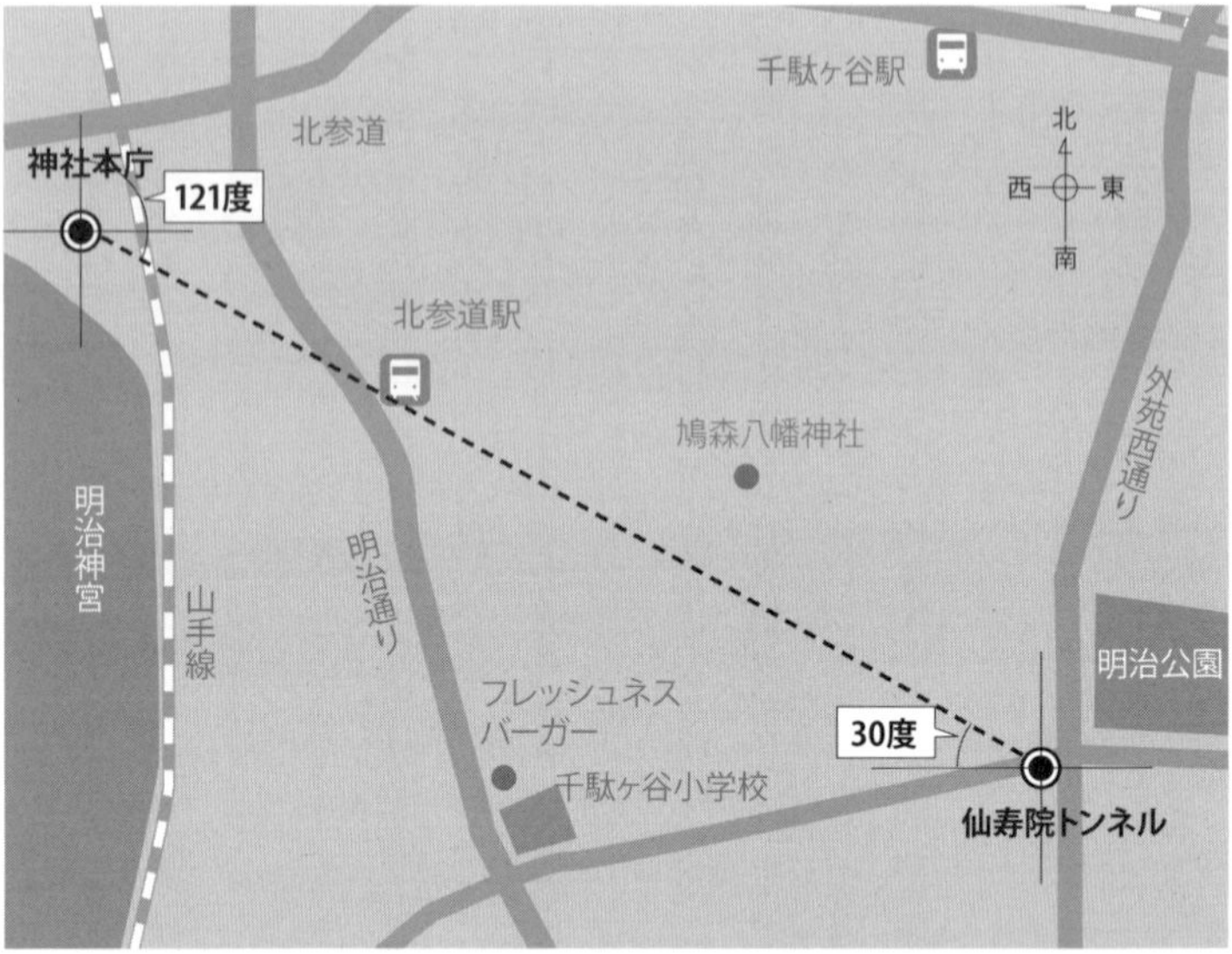

重ね合わせるとよいのです。

北参道には神社本庁があります。明治神宮の北参道入り口です。そこから仙寿院トンネルは一二一度なので、冬至の日の出方向にあり、つまりはパワーラインです。

反対に仙寿院トンネルから神社本庁は北西の三十度傾斜となり、夏至の日没です。何か怒りが蓄積している時には、それはこの方位に向かうことで、見えない集団心理のところで増殖していきます。無意識の床で増殖していくということです。

仙寿院トンネルは、江戸時代の意思が現代に次元トンネルを通じて入ってきたという印象のものなのです。

このように、自分の住んでいる町を点検して、神社とか何か有名な伝説の場所をチェックし、次にそれらを組み合わせて、移動の動きの中で目的を打ち込むというのをすればよいのではないでしょうか。

地球の自転からすると、二時間で一つのサイクルが切り替わります。そこで、本来は二点間移動の場合、一箇所に二時間いるのが理想です。

スターバックスやフレッシュネスバーガーはカフェですが、カフェというのは落ち着く場所で、またリラックスしたり、エーテル体にシフトしたりしやすい場所です。

仙寿院トンネルの中に二時間いたいと思う人は一人もいないでしょう。ですからこの行程では、トンネルに十分位いて、それから移動し、カフェに二時間でもよいでしょう。この場合、たとえ十分でも「接続した」という実感があるとよいのです。

この実感を得るためには、肉体感覚からエーテル体意識へと比重が移動する必要があります。

①身体を楽にして呼吸をゆったりさせる。

②目や耳という感覚の方に意識を集中しない。

③目線の焦点を合わせずにぼかす。

この程度でよいでしょう。

ケース3

狐の力を手に入れて無意識の力を解放するコース

～お稲荷さん散歩～

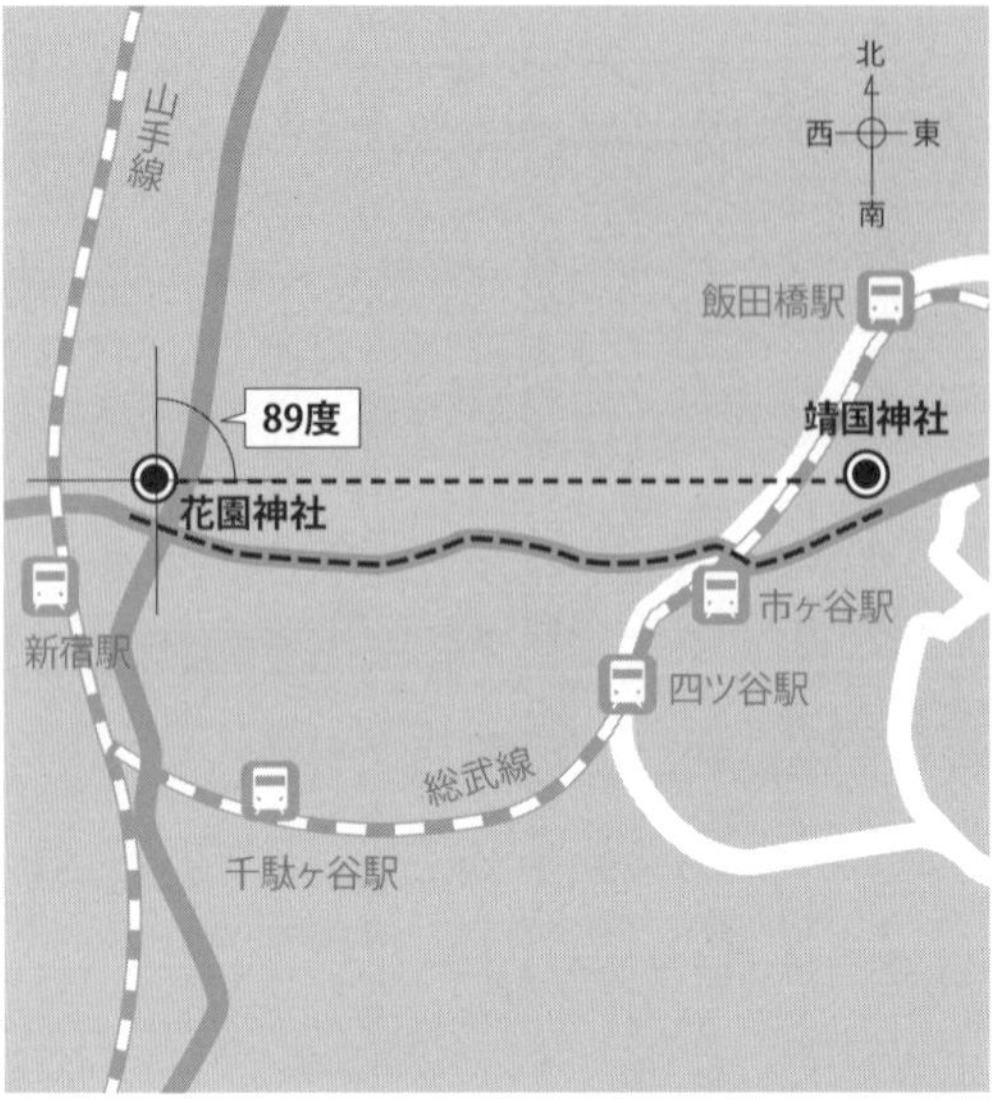

私は何年か前に、お稲荷さんの本（『日本人はなぜ狐を信仰するのか』（講談社））を書いたので、ここでお稲荷さんに関しても少し紹介しましょう。

古代エジプトでは死者をあの世に送り出す時に、こちら側での立ち会いはアヌビスとされています。彼らはミイラ作りなのです。そしてあの世では、死者を受け取るのも、冥界にいるアヌビスです。つまりアヌビスは生と死の境界線にいて、その橋渡しをするのです。アヌビスは動物ではジャッカルですが、中国から日本へと伝わるうちに、それは狐に変わってしまったのです。そのために日本では、狐は食物の神様のお遣いであると同時に、生と死の境界線を受け持つ動物になりました。稲荷を日本に持ち込んだのは秦氏だといわれていますが、八幡神社や稲荷神社などはみな秦氏の手によるものが多く、秦氏はヨーロッパの方から来ているといわれているので、エジプト起源説を考えてもそんなに違和感はないかもしれません。

稲荷神社は、たいてい、元は墓所の上に建てられます。そもそも稲荷はどこにも所属せず、それぞれの土地神のブースターとして機能します。だから、どんな神社にも稲荷を一緒に配置するのです。単体ではパワー不足と感じられた時には必ず稲荷が置かれるのです。

基本的には大脳辺縁系をアクセスするためのシンボルとして働くので、願望実現したい時には稲荷神社に行くとよいのです。できるかぎり不気味で、この世あらざる妖しい雰囲気のものの方が効果的です。人間的で紳士淑女的では、大脳辺縁系は刺激できません。

かつて私はカメラを手に、日々、東京のお稲荷さんを探しては写真撮影していた時期があります。外のカフェで仕事していたので、そのついでの移動時に稲荷を探したのです。稲荷は果てしなくたくさんありますから、この「稲荷は土地神のブースター」というルールを重視して、自分用の稲荷ループを作るのもよいでしょう。一箇所の稲荷に行くのでなく、複数稲荷の連結ないしは違う聖所とのミックスです。

私がよく行く新宿の高級オーディオ店の近くに花園神社があります。この中に稲荷神社があります。ある日、花園神社の古物フェアを見てから事務所に戻ると、仕事中のまついなつきさんがいました。夕日の差し込む中で私をちらっと見て、「首に狐が襟巻きみたいに取り巻いている。初めて狐を見た」といいました。こんなことを読んで警戒する必要はありません。

狐は日本人の集合無意識の中に深く刻まれています。そのため、稲荷神社に行けばその集合無意識の中からのイメージが表出するのは当たり前です。狐が取り憑くとか、そんな意味ではないのです。

人間の脳と脊髄の間の門が神社の鳥居に対応し、タロットカードでいえばそれは月のカードで、犬が吼えている場所が人体では首に当たるのです。つまりこの吼える犬は、日本では狛犬とか稲荷神社の狐のです。大脳辺縁系を刺激する狐の正しい位置はまさにそこです。

東京の中で名所は無数にありますが、個人的なことで書いてみると、毎年、花見の時期とかお盆前には、靖国神社に行きます。特に意識はしていませんでしたが、気がつくとそうなっていました。これは千鳥ヶ淵の桜の花が綺麗だからというのが発端でした。

花園神社の中の稲荷から靖国神社は、八九度でちょうど四キロです。そして靖国通りが蛇行しながらつながっています。コースを中断するのは、市ヶ谷駅前の大きな橋です。これも極めてノーマルな春分・秋分の日の出のコースということになります。

コースは時間をかけた方が染み込みますので、創造的な精神を強化したい人は、花園神社のお稲荷さんから靖国神社へ。迷いが浄土に転送され、同時に、これまでやってきたことの成果を見たい人は、靖国神社から花園神社のお稲荷さんまで歩くとよいことになります。

また稲荷ということでは大きなものに豊川稲荷があります。花園神社の中の稲荷神社から、この豊川稲荷東京別院までは一二六度ですから、あまり正確な冬至

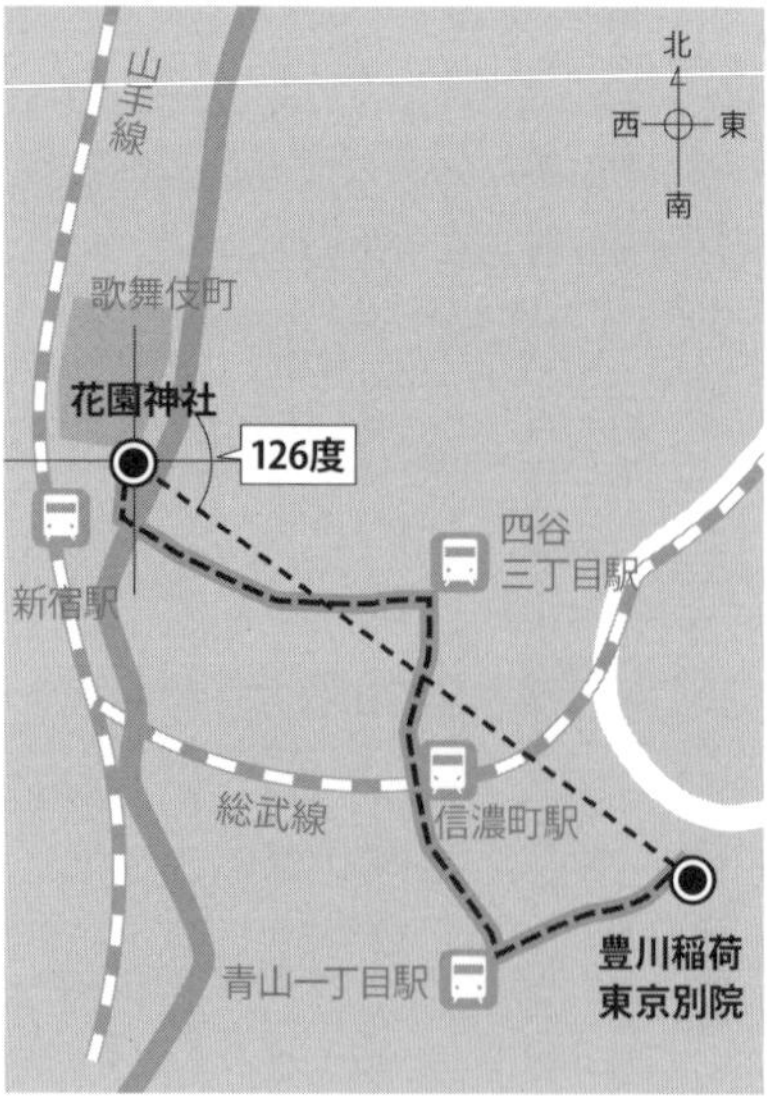

の日の出のラインではありません。三・一二キロなので、これも歩いていける距離です。

通常の稲荷と豊川稲荷は同じ系列ではありません。豊川稲荷は、後者が神社でなく寺という違いがあります。豊川稲荷は、動物としての狐を仏教思想で管理し、その管理の上で働かせるという作用です。もともと狐はダキニ神と連動します。仏教の如来や菩薩がダキニを支配し、ダキニは狐の上に乗るという複雑な伝達です。

神社として神道系の稲荷は狐を眷属として活用し、管理することはありません。狐が稲を口にくわえて、稲荷大明神に自発的に従っているというものです。私たちの無意識としての狐を管理するのか、それとも引き寄せて自由に働いてもらうかという姿勢の違いに、神道の神様の世界と仏教の仏様の違いが出てきます。

稲荷狐の主人の稲荷大明神は白髪ぼさぼさの老人です。仏教徒は、剃髪してつるつる頭ということに、違いが見て取れます。髪は世俗へのアンテナで、稲荷大明神は世俗的なことにも関心があり、仏教の世界は細かいことにこだわらないことを理想とします。ということは、正確な角度ではないけれど、冬至の日の出方向は社会的な進出と野心を表しますから、野放し狐を意識的に管理して社会的なペルソナを作るという方向でならば、花園神社から豊川稲荷東京別院に歩くとよいことになります。反対に、夏至の日没方向としての豊川稲荷東京別院から花園神社へは、仏教的な管理や抑圧という姿勢から、もっと自分の無意識の力を解き放ち、心の広がり、そして親しい人脈の輪を作り出したい人向きのコースということになります。その代わり少し無秩序な面も否定できなくなります。

花園神社を突き抜けてさらに進むと、歌舞伎町に突入してしまいます。野放し本能を管理したい人は歌舞伎町から花園神社経由で豊川稲荷東京別院へ。反対に、自由にしたい人は、豊川稲荷東京別院から花園神社経由で歌舞伎町と歩いてもよいでしょう。

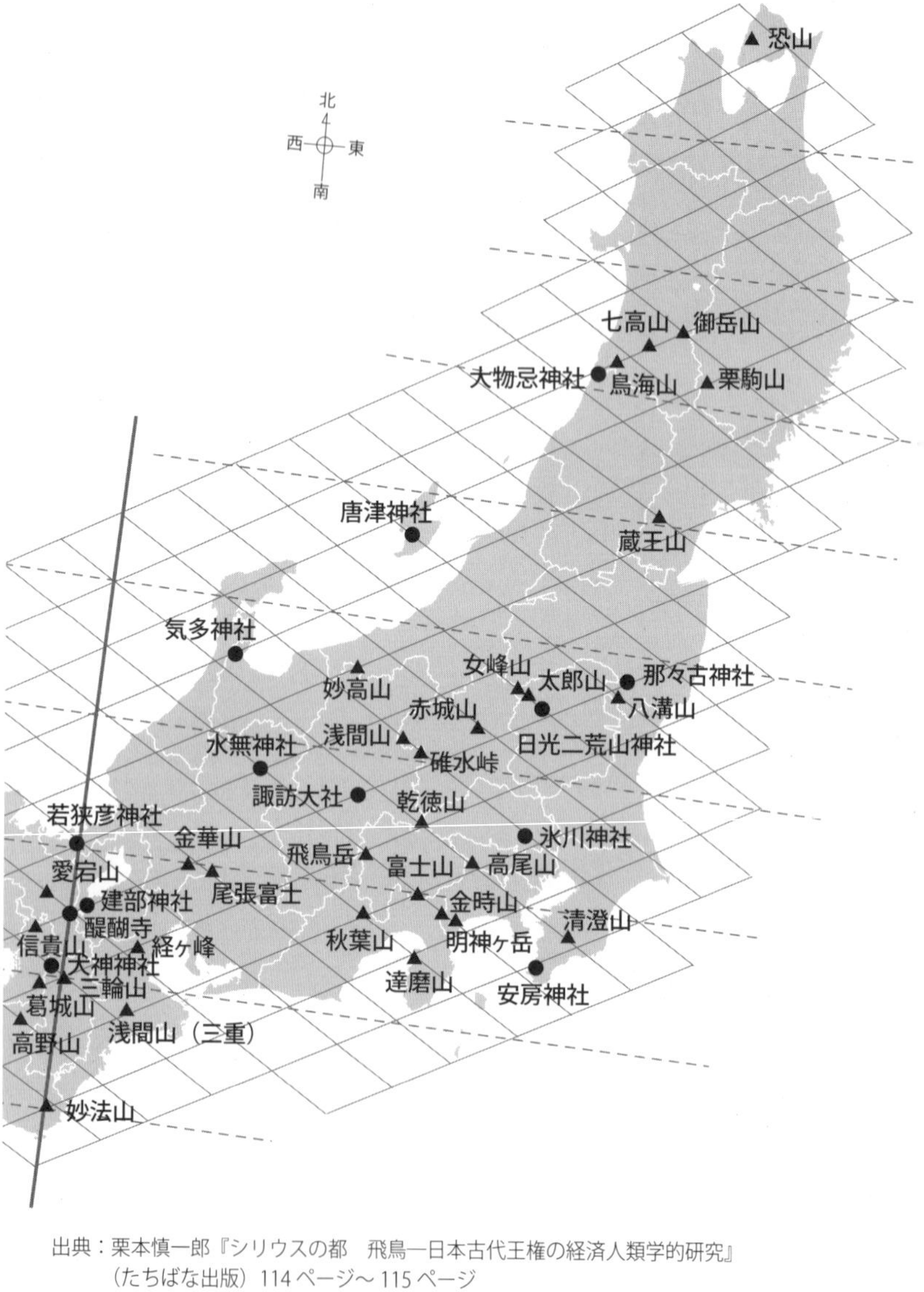

出典：栗本慎一郎『シリウスの都　飛鳥―日本古代王権の経済人類学的研究』
（たちばな出版）114ページ～115ページ

【30里 30里ネットワーク図（三輪山基点分）渡辺豊和氏作成】

おわりに

昔、引っ越しをする時には、いつも候補になる場所を夜歩いていました。昼は視覚に注意力を奪われて、その場所の雰囲気というものがなかなかわからなかったのです。しかし、夜はその町の全く別の顔が現れるようで、空気の匂いというものを主に重視していました。

そういう時には、地域というのはそれを管轄するものがあるようで、ある意味、神社というのもそういう管轄を持っているように見えました。土地を見る時は、形や状態、目に入るものすべてを考慮に入れるのはもちろんですが、それ以外に目ではわからないものを夢で見たり、また深くリラックスして心の奥で受け止めたりしながら、じっくりと接触してみるとよいのです。

こうした土地に接触するということを習慣にしていたからなのか、ある時期にインドに旅行した時に、体を壊したことがあります。プーナという場所にオショー・ラジネーシという教祖が住んでいて、そこにアシュラムがありました。私はこの信者ではなかったのですが、たまたまプーナに滞在したのです。夜になってみると、このオショーのエーテル体というのか、まるで神社が管轄エリアのすみずみまで影響を広げるように拡大してきたのです。もう手に取るようにはっきりしています。それが海の波のように押し寄せてきて、私のいるホテルの場所にやってきました。私は信者ではないのでこのネットに触れたくなかったのですが、それを避けることは不可能でした。接触したとたんに何か破れるような感触があり、それから一週間は幻覚を見ていました。何かぬめぬめした毛のない生き物が、どこにいても私を見ているという映像でした。体調は最悪でした。

この海の波のように押し寄せてくる黒々とした圧力は、たぶんオショーと土地の力のブレンドではないかと思います。それを食べて下痢してしまったような状態だったわけです。日本に戻る時にも検疫にひっかかり、体調はあらゆる面で良くない状態でした。

しかし、これは悪い思い出ではありません。人間として生きている存在が、夜になると土地の力と混じり合って町全体を覆うくらい大きな網の目を作り出していることを初めて体験できたのです。今のところ、私はこの人物以外にこのようなことをしている事例を見たことはありません。

モンロー研究所のヘミシンクでは、自分が拡大していき、地球のサイズ、あるいは銀河のサイズまで拡張するというくだりがあります。これは自己拡大のように見えるので、それを嫌がる人がいるかもしれませんが、実は反対です。自分以外の周囲にあるものをどんどん吸引し、受け入れることでのみ拡大が可能なのです。それに対して自己のエゴのようなものを拡大しようとしたら、すぐさま障害物に当たって、そこでストップしてしまいます。この時に、周囲には土地がありますが、この土地の個性、すなわちゲニウス・ロキと混じり合いながら拡大します。それが気に入らないと思うと拡大することはありません。

道教では「魂魄《こんぱく》」という言葉がありますが、これはゲリー・ボーネルのいう「トライアード」と「ダイアード」に似ています。魂《こん》はトライアードで魄《はく》はダイアードです。土地を切り離して魂だけが宇宙に飛ぶと、それは魂の飛翔です。今度は土地の力に混じり合って地球と深く結びつくと、ダイアードの魄の経験が深まります。

アメリカには魂魄の魂の部分だけが強く発達した人が多い。それらは死んだ後に宇宙に戻ります。しかし日本では魂魄両立した生き方をする比率は、海外よりも多い。それは日本の、神道と仏教の混じり合った「神様仏様」という合祀の姿勢にも関係します。

このためにはセドナに行くよりも、富士山や恐山に行った方がよいのです。

本書でも繰り返し説明してきましたが、もっと土地に愛着を持ち、自分のお気に入りのパワースポットを持つとよいのではないでしょうか。


編集の高木さんには大変にお世話になりました。どうもありがとうございます。

松村　潔（まつむら　きよし）

1953年生まれ。占星術、タロットカード、絵画分析、禅の十牛図、スーフィのエニアグラム図形などの研究家。タロットカードについては、現代的な応用を考えており、タロットの専門書も多い。参加者がタロットカードをお絵かきするという講座もこれまで30年以上展開してきた。タロットカードは、人の意識を発達させる性質があり、仏教の十牛図の西欧版という姿勢から、活動を展開している。著書に『完全マスター西洋占星術』『魂をもっと自由にするタロットリーディング』『大アルカナで展開するタロットリーディング実践編』『タロット解釈大事典』『みんなで！　アカシックリーディング』『あなたの人生を変えるタロットパスワーク実践マニュアル』『トランシット占星術』（いずれも説話社）、『決定版!!　サビアン占星術』（学習研究社）ほか多数。
http://www.tora.ne.jp/

パワースポットがわかる本《ほん》

発行日　　2010年10月16日　初版発行

著　者　　松村　潔
発行者　　酒井文人
発行所　　株式会社 説話社
〒169-8077　東京都新宿区西早稲田1-1-6
電話／03-3204-8288（販売）　03-3204-5185（編集）
振替口座／00160-8-69378
URL　http://www.setsuwa.co.jp/

デザイン　　染谷千秋（8th Wonder）
編集担当　　高木利幸
印刷・製本　　株式会社 平河工業社

ISBN978-4-916217-87-5 C 0011